社会共通资本

SOCIAL COMMON CAPITAL

宇泽弘文

[日] 宇泽弘文 · 著　李博 · 译

BY UZAWA HIROFUMI

后浪出版

浙江人民出版社

前　言

　　20 世纪是资本主义和社会主义的世纪。资本主义和社会主义这两种经济体制的对立和抗衡曾威胁世界和平，也造成了诸多悲惨的现实。20 世纪末同 19 世纪末一样，是一个充满混乱且令人迷茫的时代。为了超越混乱和迷茫，在我们展望崭新的 21 世纪之时，制度主义的概念将会发挥最为重要的作用。

　　制度主义是超越资本主义和社会主义的概念。它让所有的人都享有作为人应得的尊重，使人们拥有自己的尊严和灵魂，进而实现一种近乎理想的经济体制。这种经济体制使人们能够最大限度地享受作为公民应该享受的所有权利。制度主义最初是托斯丹·凡勃伦（Thorstein Veblen）在 19 世纪末提出的，经过 100 多年的岁月，至今仍能用来解释现代经济社会中的各种问题。社会共通资本正是制度主义的具体表现，也可以说是 21 世纪的象征。

　　社会共通资本可以视为一种社会结构，这种结构能让一个国家或

序　富足社会

何谓富足社会？

所谓富足社会，是指这样一种社会，人人都能在其中充分发挥先天和后天的禀赋及能力，参与社会分工，最大限度地实现自己的梦想和抱负，并在实现自身理想和对社会发展做出贡献的同时获得相应的回报，拥有幸福而稳定的家庭，尽可能地拥有丰富多彩的社会关系，度过高文化水准的一生。它必须满足以下各项基本条件：

（1）能够稳定、持续地维持美好、富足的自然环境；

（2）能够给人们提供整洁的居住环境，以及舒适生活的文化环境；

（3）能够建立良好的学校教育制度，让所有的孩子都发挥自身多样化的禀赋和能力，成长为均衡发展的社会有用之才；

（4）身患疾病和受到伤害的人能够随时接受最高水平的医疗服务；

（5）拥有完善的经济和社会制度，使各种稀缺资源的分配更加高效、均衡，从而实现上述各项目标。

我想再次重申富足社会的特征，简单来说可以概括如下：每个人都能够从事实现自身理想和抱负的职业，能够在达成自身理想和对社会做出贡献的同时得到相应的经济和精神上的回报，能够拥有幸福而安定的家庭，能够平安度过高文化水准的一生。在这样的社会中，我们作为人的尊严和灵魂的独立性都会受到保护，公民的基本权利也会得到最大限度的承认。从这些特征来看，富足社会可以说是实现了自由主义最初理想的社会。

那么，能够实现富足社会的经济体制具有哪些特征？为了建立这样的经济体制我们具体应该做些什么呢？这些问题的答案就是，通过以社会共通资本为中心的制度主义来决定这种理想经济体制的特征。

社会共通资本

就像前言中提到的，社会共通资本是一种社会结构，能够使一个国家或地区的人过上富足的生活，让他们的优秀文化得到发扬和传承，还能够持续、稳定地维持一个充满人性魅力的社会。社会共通资本还具有不可或缺的重要作用，它让人的尊严和灵魂的独立性得到保护和尊重，能最大限度地保障公民的基本权利。即使社会共通资本由私人所有或者由允许私人管理的稀缺资源构成，也仍然要视作是全社会共有的财产，并遵循社会性标准来管理和运用。从字面意义上看，社会共通资本与私有资本乃至稀缺资源是相对立的，但是社会共通资本的具体内容并不能够依照某种先验或者逻辑标准来决定，而要根据每个国家或地区的自然、历史、文化、社会、经济以及技术水平等诸多因素，并遵循一定的政治程序来决定。

换句话说，社会共通资本为确保分权的市场经济制度顺利运行以及社会实际收入稳定分配提供了制度上的条件。它是美国著名经济学家托斯丹·凡勃伦提倡的制度主义的具体体现。凡勃伦的制度主义来源于美国著名哲学家约翰·杜威（John Dewey）的自由主义思想。因此，社会共通资本绝对不能作为国家统治机构的一部分接受官僚式管理，也不能作为逐利目标而受制于市场条件。社会共通资本的各个部门，必须由各行业的专家基于专业知识、遵循职业规范来管理和维护。

社会共通资本大致可以分为三个部分：自然环境、社会基础设施以及制度资本。自然环境包括空气、水、森林、河流、湖泊、沼泽、海洋、沿海湿地以及土壤等。社会基础设施包括道路交通设施、上下水管道、电力、燃气等，也就是一般意义上的社会资本。但是社会资本通常过于侧重土木工程学的角度，因此我决定还是使用社会基础设施这个名称。制度资本则是将教育、医疗、金融、司法、行政等制度作为广义上的资本来考虑。

当然，上述对社会共通资本的分类并不是绝对全面和不可更改的。这样分类只是为了便于对社会共通资本的内容进行具体说明。自然环境和社会基础设施已经广为人知，不需要再做更多的解释，但是制度资本的概念尚未得到普遍传播。制度资本对于探讨社会共通资本的功能和作用具有非常重要的作用，本书后面的章节还会详细说明。

制度资本中的教育和医疗对社会发展有着巨大的作用。教育的目的在于尽力培养和挖掘每个孩子先天和后天的能力和资质，帮助他们成长为富有个性的社会个体。另一方面，医疗是指依靠医学知识，诊断治疗那些因为疾病或受伤而无法正常生活的人。教育和医疗都着眼于保护每个公民的尊严，使他们最大限度地享受公民自由，是保持社会稳定必不可少的要素。可见，教育和医疗对维系人们的生活水平起到了至关重要的作用，因此它们既不应受到市场的支配，也不能接受官僚式管理。

日本的"世纪末"

正如日语里"世纪末"这个词所表现的含义一样，现今世界正处于一个特殊的历史阶段。"世纪末"一词一般是指 19 世纪末期。19 世纪末，以欧洲为中心，爆发了一场规模巨大的政治、经济混乱，对当时的学术、艺术乃至整个社会都产生了极大影响，如同地壳运动，波及范围甚广，导致了第一次世界大战的爆发。20 世纪末，同样发生了规模宏大的政治经济变革，规模与 19 世纪末的动荡相比，有过之而无不及。

20 世纪末出现的混乱和迷茫在日本表现得尤其严重，影响范围也非常广泛，给日本的社会、文化、经济各个方面都带来了巨大变化，致使日本面临第二次世界大战以来最严重的危机，甚至可以称作"世纪末断层"。其中，最能体现日本此次世纪末式的混乱和迷茫的，就是学校教育。

被卷入阴险残忍的欺凌事件的身心受损的孩子、混乱不堪的教室、拒绝上学的学生、涉及青少年的频发的恶性犯罪，这些令人悲伤的内容几乎每天都会出现在电视新闻上。可以想见，日本的学校教育已经何等异常。但是，这些问题反映的只不过是日本学校教育的表征，如果我们更深入地探讨，会发现还有很多更严重、更棘手的问题，如同癌症晚期患者，癌细胞已经转移到了全身各个器官。这也是现行大学升学考试制度的矛盾之处，一再使学生陷入残酷又不可理喻的应试深渊。这一切的根源就在于没有认清学校教育是一种对社会具有重要意义的社会共通资本，反而在学校教育中毫无批判地引入市场原理，让学生们彼此肆意竞争。日本学校教育的畸形发展还表现为以立法的方式强制推广升国旗唱国歌的活动，恢复天皇二战前颁布的教育勅语中所传达的精神，一些不负责任的政治家企图按照官僚的标准来管理教育。可以说，正是这些做法，使日本近代教育体制产生了本段开头的悲惨现状。教育制度本是我们最重要的社会共通资本，却受到官僚式管理，或者被简单粗暴地待之以反社会的错误思想。如今日本学校教育面临的荒芜景象都是源自于此。

放眼全球，20世纪末最具象征性的问题是环境问题，以全球性气候变暖和生物多样性受到威胁为代表。尤其是全球气候变暖，可谓是人类有史以来面临的最为严重的问题。可以断言，在21世纪，全球气候变暖对人类的负面影响还将持续扩大，遗患无穷。空气本是全人类的共同财产，自工业革命以来，特别是20世纪的100年里，却不断遭到人类大肆破坏，由此产生了气候变暖问题。以空气为代表的自然资源，本是人类赖以生存的重要社会共通资本，但是在各资本主义国家，却被定义为没有定价、也没有所有权的商品。人们随意且毫无节制地使用这些自然资源，最终造成了严重的大气污染问题。此外，社会主义国家也没有幸免于污染和自然环境的破坏。

可见，20世纪出现的这些世纪末式的问题都可以归结为一个共同的原因，即无论是资本主义国家还是社会主义国家，在20世纪这整一个世纪中，都没能切实有效地管理和维护好各自拥有的各种社会共通资本。如今，我们要跨越20世纪末的混乱，探索21世纪崭新的可能性，社会共通资本的问题也就成为我们必将面临的重要命题。

本书首先介绍社会共通资本的概念与概念起源，以及社会共通资本在现实经济社会中具有的功能、发挥的作用等。然后，针对日本的情况，就自然环境、城市、农村、教育、医疗、金融等这些社会共通资本的核心领域，围绕具体事例展开说明。最后还将从人类如何管理和维护社会共通资本的视角，深入探讨全球气候变暖和生物多样性受到威胁等与全球环境相关的问题。此外，虽然未做系统论述，本书还将探讨要实现以理想的形态来管理和维护社会共通资本，实现可持续性的经济发展，需要满足哪些制度前提。

第 1 章

社会共通资本的概念

01 社会共通资本

20世纪的"世纪末"

1986年，时任苏联共产党中央总书记的戈尔巴乔夫提出政治体制改革，这股潮流最终引发了以波兰、罗马尼亚、匈牙利、捷克斯洛伐克等国为代表的东欧剧变，并最终促使民主德国和联邦德国走向统一。1991年8月，苏联保守派的军事政变失败，直接导致了苏联共产党的瓦解。接着，苏维埃社会主义共和国联盟分崩离析，继而引发世界范围内社会主义阵营的大崩溃，最终成为世界历史上的重大事件。另一方面，以越南战争为诱因，美国资本主义的内部矛盾不断深化，1992年4月爆发的美国历史上最大规模的动乱"洛杉矶暴动"，更是这一矛盾最具代表性的象征。世界范围内的资本主义内部矛盾在20世纪90年代的10年间迅速升级、日甚一日。

在超过半个世纪的时间里，苏维埃俄国和美国在政治、经济、文化等方方面面，将世界一分为二，各自主导着统治之下的世界秩序。

到 20 世纪的最后 10 年，却相继出现体制崩溃，陷入衰退阶段。对于我们来说，这具有不容忽视的意义。在世纪末出现的这种混乱和迷茫，已经超越政治维度，它触动了思想、文化乃至人类生存方式的根基。如果我们回避对这些问题进行深入探讨，也就无法展望未来。

"世纪末"的前奏

从 1917 年俄国革命，到 1922 年苏维埃社会主义共和国联盟的正式建立，一种基于经济学理论及思想的设想变为现实的政治体制，存在于这个地球之上。有很多人曾为此送上衷心的祝福，对它的未来寄予厚望。与此同时，第二次世界大战之后，曾经沦为帝国主义殖民地的众多国家和地区也纷纷迎来独立，其中就有很多国家以社会主义为理念，开启了建国大业。当时，我们也曾满心欢喜地迎接新时代的到来。但是，此后各社会主义国家的发展并不都尽如人意。尤其是为了将东欧各国纳入社会主义阵营，斯大林诉诸暴力和强权，在后世招致了强烈的批判和反感。而且，苏联自身在建设社会主义的过程中也曾充斥着专制和暴力的强制手段，牺牲无数。随着这些专制和暴力陆续为世人所知，很多人对社会主义的理念及理论前提愈发感到怀疑，从最初的支持转而对它的存在方式持否定的态度。

同样的暴力也发生在资本主义世界。美军在越南战争期间近乎种族灭绝的行为造成了史无前例的大规模伤亡。世界上有很多人曾经或多或少对美国主导下的和平体系抱有信赖和好感。但是，美军在越南战争中惨无人道的行径，把这些信赖和好感消磨殆尽，也加速了美国资本主义的衰退进程。这一切都证明当时处于支配地位的新古典经济学和凯恩斯主义在思想及理论上是站不住脚的。于是，经济学家们开始试图超越社会主义和资本主义的现有体制概念，探索一种新的基于自由主义思想的经济体制的理论框架。这种新型的经济学思想虽然还处于萌芽阶段，但可以看到，更加追求人性化的、和谐的经济及社会新思潮已经开始萌发。

然而纵观 20 世纪 70 年代后期到 80 年代末，以美国为中心的世界资本主义的足迹却与这股新潮流背道而驰。特别是在里根执政期间，强制推行的许多政策和制度改革都带有极端保守主义倾向。这些政策和改革使美国的资本主义发展变得更加不稳定，也进一步加剧了收入分配的不平等。1992 年爆发的"洛杉矶暴动"正是里根政策的必然结果。

里根政策体现的正是反凯恩斯主义的政治思想和经济哲学。在此背景下，供给学派、货币主义以及理性预期学派等各种经济学流派涌现，导致保守、反动色彩浓厚的经济理论在 20 世纪 70 年代后期至 80 年代前期大行其道。直到 20 世纪 80 年代后期，随着里根政策带来的社会经济问题日益凸显，上述各种经济理论的影响力才开始逐渐消退。但是，要超越一直占统治地位的市场经济哲学的局限，构建一种全新的经济学框架并非易事。琼·罗宾逊（Joan Robinson）提出的"经济理论的第二次危机"仍在持续。此时，一份文件的出现对当时经济学家的思想产生了巨大的影响，这就是罗马教皇约翰·保罗二世发布的《新事》（Rerum Novarum）通谕（Encyclical Novarum）。

两道《新事》通谕

1891 年，当时的罗马教皇利奥十三世发布了题为"Rerum Novarum"（新事）的通谕，也就是直到今天仍然具有重要历史意义的《新事》通谕。"Rerum Novarum"一般译为"新事物"，有时也译为"革命"。在这份通谕中，利奥十三世认为，19 世纪末，以欧洲为中心，全世界面临的最为严重的问题都具有一个共同的特征，那就是"资本主义的弊害和社会主义的幻想"（abuses of capitalism and illusions of socialism）。在资本主义制度下，资本家为了追求更高的利润而大肆压迫劳动者，大多数劳动者被迫过着悲惨的生活，这与社会正义背道而驰。与此同时，许多人抱着幻想，认为在社会主义制度下，这样的悲惨情形会一扫而空，社会和生活将处处充满和谐和正义。利奥十三世在《新事》通谕中为我们敲响了警钟。在《新事》通谕发布 100 周年之际，约翰·保罗二世于 1991 年 5 月 15 日发布了新版的《新事》通谕，重申了"社会主义的弊害和资本主义的幻想"这一极富预见性的核心议题。

1917 年，伴随着俄国革命的胜利，世界上成立了第一个社会主义国家。其后 70 余年间，又有多个采用社会主义体制的国家陆续诞生。但是，这些社会主义国家或多或少都存在内部矛盾，造成了无数人的牺牲，也导致社会、文化以及自然遭到巨大的破坏。以波兰、民主德国为首，东欧诸国陆续脱离苏联的控制和压迫，东欧的社会主义随之解体，人们选择了新的政治、经济体制。

这些前社会主义国家不约而同地引入市场经济制度，踏上了通往资本主义之路。但是，必须清楚地认识到，资本主义国家同样存在着各种各样的内部矛盾，严重程度有过之而无不及。

超越资本主义和社会主义的问题框架，人类最理想的经济体制究竟是怎样的？罗马教皇提出的这个问题，经济学家必须谦虚、诚实地对待。

新版《新事》通谕问世后仅三个月，在 1991 年 8 月，爆发了震惊全世界的"八一九事件"，苏联社会主义体制崩溃，苏维埃社会主义共和国联盟解体。

从社会主义到资本主义

约翰·保罗二世的新版《新事》通谕关注从社会主义到资本主义的发展，这是当时的经济理论无法想象的。古典马克思主义描绘了从资本主义到社会主义的历史发展过程，但是现实世界面临的情形恰恰相反，苏联解体之后，东欧诸国面临的是如何才能从社会主义顺利地过渡到资本主义。但是，经历了这样的体制转换，真的能够建立稳定、和谐的经济体制吗？这是约翰·保罗二世对经济学家提出的问题。对这个问题，很多经济学家都无法给出确切的回答。因为，无论是分权制的市场经济制度还是集权制的计划经济制度，都有自身深刻的内部矛盾。

中央集权制的计划经济制度总是表现为明显的国家权力的扩大，而且这种权力往往不受约束。在此背景下，公民往往只享有最低的权利，一些本应享有的自由权利也受到极大限制。过去 70 年来社会主义各国的经验表明，带有浓厚的中央集权色彩的计划经济自不必说，即使带有相当多分权色彩的计划经济，也都无一例外以失败告终。这部分是由于计划经济体制本身的技术性缺陷，更本质的是因为计划经济体制与每个个体的内在动机之间存在着必然的矛盾。在计划经济体制中，人们追求的生活品质不能得到实现，大多数人的梦想和激情也无法从根本上得到满足。

但是，分权的市场经济在运行中也充满了矛盾。虽然推行了诸如累进税制等促进平等的政策，仍然没能抑制实际收入及财富分配的不平等和不公平趋势。市场价格和供需条件的剧烈变动，让经济学家托斯丹·凡勃伦提出的"生产伦理"（instinct of workmanship）越来越难以在现实经济中体现。人们在追求更大利润的心理支配下，肆意地突破来自伦理、社会以及自然条件的制约，极端地推动整个社会向非伦理化的方向发展。与此同时，投机性动机支配生产性动机的倾向也变得更为常见，各种社会性、伦理性的制约形同虚设。

制度主义与社会共通资本

在这种情况下，是否存在一种经济制度能够最大限度地保障公民自由，让每个人都得到尊重，让每个人在工作中都坚持职业操守，同时还能够实现稳定、和谐的经济发展？我们要研究的问题就是，这种制度具有什么特点，具备哪些制度上和经济上的特征。托斯丹·凡勃伦的制度主义（institutionalism）构想正好能够最确切地反映出这种制度的基本特点。我们需要的这种经济制度并不是从一个普遍的、统一的原理中按照逻辑演绎出来的，而是由每个国家或地区拥有的伦理、社会、文化以及自然环境等诸多条件相互交织汇集出来的。制度主义的经济制度会根据经济发展的不同阶段以及社会意识的变革随时变化。马克思主义的思想认为，生产和劳动的关系决定了伦理、社会、文化等各方面的诸多条件。新古典经济学的理论追求的则是脱离伦理、社会、文化以及自然环境等各方面条件独立存在的理想经济制度。制度主义的经济制度超越了马克思主义的思想框架，同时也否定新古典经济学派的立场。亚当·斯密在《国富论》中反复强调，仅仅基于逻辑一致性对经济制度进行的改革，必然会与人类追求多样性的根本倾向相矛盾。亚当·斯密认为，最理想的经济制度是通过民主主义的进程，在经济、政治条件得到发展的过程中产生的。我们对制度主义经济制度的研究也正是基于亚当·斯密的这些主张。

制度主义经济制度的特征取决于社会共通资本（social overhead capital）以及管理各类社会共通资本的社会组织的存在方式。

为了说明制度主义的基本属性，本章首先介绍整体情况。对于其各组成部分情况，将在后文各章详细介绍。

在制度主义的背景下，制约生产、流通、消费过程的稀缺资源被分为社会共通资本和私有资本两大类。社会共通资本不同于私有资本，并不由各经济主体根据私有观点来管理和运营，而是作为社会全体的共有资产，需要进行社会性的管理和运营。即使曾经属于私有或者以私营方式管理的社会共通资本，也要作为全社会共有的财产，按照社会性标准进行管理和运营。

　　某种特定的稀缺资源被归为社会共通资本，按照社会标准而非市场标准分配其提供的服务，这里的社会标准应该依据什么思想来确定呢？我们不能单纯地依据经济及技术条件来决定，而应该让这一标准具有卓越的社会和文化特征，要根据该社会共通资本提供的服务在满足公民基本权利方面所发挥的作用和功能来决定。

　　社会共通资本不仅包括土地、空气、土壤、水、森林、河流以及海洋等自然环境，还包括诸如道路、上下水管道、公共交通系统、电力、通信设施等社会基础设施，以及教育、医疗、金融、司法、行政机关等制度资本。

　　纵观整体，社会共通资本在广义上意味着环境。在社会共通资本的网络中，各个经济主体可以自由活动、从事生产。社会共通资本的构成方式也影响着市场经济制度的效果及其发挥的作用。

社会共通资本的管理和运营

　　管理社会共通资本的时候，有一点极为重要，社会共通资本必须基于各个领域的专家的专业见解，遵照职业规则进行管理和运营。社会共通资本绝不能按照政府规定的标准或者规则来管理和运营，也不能遵循市场标准。这是考虑社会共通资本问题时最根本、最重要的原则。社会共通资本在管理和运用上要基于信托（fiduciary）原则进行信托管理。

　　社会共通资本对社会来说极为"宝贵"，因为由它产生的服务在满足公民的基本权利的过程中发挥着举足轻重的作用。接管如此"宝贵"的资产，已经超出单纯的委托行为，而具有了信托的性质。受托管理社会共通资本的机构必须保持独立、自主的立场，基于专业的知识做出行动，谨守职业规范，并对全体公民直接负有管理责任。

政府的经济职能就包括监督各类社会共通资本是否按照信托原则妥善管理和运营，以及如何保持社会共通资本之间的财政平衡。在制度主义经济体制下，政府的经济职能并不是作为国家统治机构，而是要起到监督的作用，确保所有的国民，不论其收入多少、居于何地，都能够享受公民的基本权利。

每年为组织运营各种社会共通资本投入的资源数量，决定了政务财政支出的规模；为建设社会共通资本投入的稀缺资源数量，决定了政府固定资本的大小。这意味着，从经济学角度来看，社会共通资本的性质，以及对社会共通资本的建设、运营和维护，体现了广义上的政府或公共部门的职能。

02 公民权利与经济学设想

资本主义与市场经济

不言自明，资本主义制度的特征就是通过市场机制进行资源分配和收入分配。市场机制意味着商品和服务的生产与消费都以追求私人利益为目的，通过市场相互交换。因此，资本主义如何发挥作用、存在怎样的问题，都与市场经济制度的运行密切相关。

关于纯粹意义上的市场经济，我们必须提到一个制度性前提，即生产和消费过程中所需的稀缺资源原则上都属于私有，通过市场交换实现流通。从土地、房屋、工厂、机器设备以及劳动力等生产要素，到住宅及耐用消费品等，大多也都是实行私有制。也就是说，使用这些生产要素生产出来的商品和服务也是私有性质，分属于各个经济主体，这种私有性是不同的所有者或管理者各自追求利润的目标，也是市场经济的制度前提。

为了实现利润最大化，各个生产主体要选择最适合的生产计划，按照生产计划雇佣劳动、采购相应的生产要素，最终向市场供应生产的商品或服务。各个消费主体为了实现各自的最大效用，制订商品或服务的购买计划，同时向市场供应自身拥有的生产要素或稀缺资源。构成市场经济的各经济主体做出彼此相反的行为，但是通过市场上的交换过程，这些反向的行为又得到调整。在市场均衡的条件下，所有的经济主体都做出使自身利益最大化的行为，所有的生产要素、商品和服务都达到需求和供给的完全一致。市场均衡通过各经济主体的合理行为以及市场的价格机制得以实现，而不是凭借政府或第三方机构的强制措施，这就是市场经济制度最重要的特征。

在市场经济制度下，收入分配也由市场机制决定。各经济主体能获得多少经济报酬，取决于他们拥有的稀缺资源和生产要素在市场中的稀缺程度。拥有的生产要素稀缺性越高，其市场价格也就越高，经济主体的收入也就会更丰厚。相反，如果经济主体仅有的生产要素在市场上的稀缺性很低，那么获得的收入将会很微薄。极端情况下，如果某种生产要素的市场价格为零，拥有这种生产要素的经济主体的收入也将为零。失业就是这种情况，劳动者的劳动在市场上的价格为零，相应地，劳动者也就无法获得收入。在市场经济制度中，这是一种正常的状态。新古典经济学的理论认为，给收入极低、连生存都无法保障的劳动者在收入上提供某种形式的保护，将会损害市场机制调节资源分配的效率。

由此可见，以生产要素私有制为前提的市场经济制度，虽然能够实现高效率的资源分配，却无法保证收入分配的公平。特别是在以私有财产世代相传为前提的资本主义制度下，市场机制主导的资源分配必将带来不公平和不平等。这一问题不仅存在于当前，考虑到后代人的收入分配，不公平和不平等的现象只会扩大。因为，一般来说，收入水平越高，生存和生活必需的消费支出占收入的比例越小，能够留给下一代的财产也就越多，下一代的收入也就变得更多。

市场经济制度存在的收入分配不公平、不平等问题，随着代际积累日益凸显。这种现象很早就得到人们的关注。特别是从 19 世纪后半叶到 20 世纪初，收入分配不平等在众多资本主义国家发展成为严重的社会和政治问题。很多国家因此引入累进税制和遗产税等，想要用这些措施来防止收入分配不平等继续扩大。但是，收入分配的不公平、不平等是资本主义制度的固有问题，人们也渐渐发现，仅仅凭借收入再分配政策是无法解决的。

经济理论与公民权利

从上文中我们看到，新古典经济学试图从理论层面上分析市场经济制度下的资源分配机制。19 世纪 70 年代，威廉姆·斯坦利·杰文斯（William Stanley Jevons）、卡尔·门格尔（Carl Menger）以及里昂·瓦尔拉斯（Leon Walras）引领了经济学史上的"边际革命"，新古典经济学就是以此为契机发展起来的。新古典经济学过于着眼于资源分配的效率，忽视了收入分配的公平。新古典经济学认为，市场经济制度才是最适合社会发展的制度。

资产阶级革命之后，追求公民自由的政治思想逐渐形成，也成为新古典经济学的基础，决定了新古典经济学的基本性质。公民自由包括公民居住和职业选择的自由，思想和信仰的自由等。新古典经济学认为，只有市场经济制度才能有效实现公民自由。市场中的交易活动是各经济主体根据自己的意愿进行选择的结果，而不是政府或其他第三方机构强制推行的结果。新古典经济学还认为，如果把社会视为一个整体，市场经济制度的优势就是能够实现高效的资源分配。但是在分配的过程中，新古典经济学完全不考虑分配不公的问题，并认为政府的核心作用是保证私有制，确保公平的完全竞争市场能够运行。

新古典经济学的假设

新古典经济学虚构了一种纯粹意义上的市场经济制度，并在这一框架内进行理论性和伦理性演绎。纯粹意义上的市场经济制度具有三个理论前提。第一个前提是稀缺资源的私有制，我们已经在前文做了详细论述。对新古典经济学来说，私有制是最重要的一个前提假设。否定私有制，新古典经济学就会自相矛盾、破绽百出。

新古典经济学的第二个前提是假设所有的生产要素都具有"可变"（malleable）乃至"非摩擦"的性质。也就是说，无论在什么情况下，任何生产要素都可以随意地、无成本地、瞬间从一种用途转变为另一种用途。比如，某一个产业使用的资本设备，根据价格、需求等市场条件的变化或其他因素的变化，可以改变用途，用于其他产业的生产，并且不需要为此付出任何费用和时间。

此外，新古典经济学在政策上提倡的贸易自由化想要成立，生产要素的"可变性（非摩擦性）"（malleability）是不可或缺的条件。

新古典经济学的第三个前提，是避而不谈收入分配的公平问题，对此采取默认态度。前面讲过，新古典经济学只研究资源分配的效率问题，无视收入分配的公平问题。像这样仅以效率为标准考虑资源分配机制，本身就体现了一种价值判断。收入分配的不公平和不平等在现实中已经成为严重的社会性问题，我想再次强调，忽视这一问题，也就意味着偏离了经济学本应具有的社会问题意识。

新古典经济学基于这些前提假设，构建了纯粹意义上的虚构的市场经济制度，试图从理论上阐明资本主义制度下的资源和收入分配机制。但是，自19世纪末至20世纪初，资本主义国家接连进入经济衰退和萧条，失业和贫困成为日益严重的社会问题。人们渐渐发现，现实与新古典经济学设想的理想状态之间隔着巨大的鸿沟。

公民基本权利与经济学

与此同时，公民的基本权利进一步发展，在自由权利思想之上，生存权思想成为占支配地位的政治思想。自由权利思想强调公民享有居住和职业选择的自由，思想和信仰的自由等；生存权思想则认为，公民不仅生来享有自由权利，还拥有为获得社会认可的适当报酬而劳动的权利，以及获得维持最低限度的生存所需收入的基本权利。基于这样的思想，政府需要担负起不同于以往的职能。也就是说，政府必须实行必要的经济政策促进充分就业，同时还要通过收入再分配政策保障公民的生存权。

进入 20 世纪，以自由权为主线的政治思想进一步扩大。在大部分资本主义国家，生存权思想也日渐深入。20 世纪 30 年代的大萧条则是这种政治思想的转变最激烈的体现。

大萧条几乎在同一时间席卷了全世界主要的资本主义国家，无论在规模和波及范围上还是在破坏程度上，都是资本主义历史上前所未有的。1929 年 10 月，纽约股票市场的历史性大暴跌拉开了大萧条的序幕。到 1932 年，美国的失业率达到了 25%，如果只看工业部门的情况，失业率甚至已经突破 37%，远远超出正常水平。除此之外，有超过 1 万家金融机构在大萧条中倒闭，美国的金融制度几乎彻底崩溃。至此，宣称在市场经济制度下可以自动实现充分就业、稀缺资源能够得到高效分配的新古典经济学的神话随之破灭。也就是在这样的背景下，出现了取代新古典经济学的新的经济学说。1936 年，凯恩斯（John Maynard Keynes）出版了著作《就业、利息和货币通论》（*The General Theory of Employment, Interest, and Money*）。

凯恩斯主义经济学

凯恩斯在《就业、利息和货币通论》（简称《通论》）中，从理论上证明了资本主义市场经济中并不存在能够带来充分就业的自律机制，非自愿性失业才是更"普遍"的状态，新古典经济学理论描述的充分就业状态只不过是极"特殊"的情况。凯恩斯还进一步论证了在市场经济的前提下，为实现充分就业和稳定物价的政策目标，需要实行怎样的财政政策和货币政策。对此，凯恩斯认为，政府的经济政策一般会对有效需求产生影响，因此可以通过适当地刺激有效需求，实现充分就业的目标。第二次世界大战之后，经济增长理论研究的中心问题变成怎样的政策措施才能实现长期的经济增长，这正是由凯恩斯主义经济学带来的新发展。

凯恩斯在《通论》中指出，稀缺资源的可变性和市场均衡过程的稳定性这两个新古典经济学的理论前提，与现代资本主义的制度性条件之间存在着不可调和的矛盾，因此必须构建一个替代的理论框架。

托斯丹·凡勃伦在 1904 年出版的《企业论》（*Theory of Business Enterprise*）一书中提出了机械操作（machine process）的概念，凯恩斯对此做了进一步论述。自工业革命以来，生产中开始使用体现现代化技术的机械。人们基于某种特定的功能和用途设计相应的机械，安装在特定的工厂，用于某种特定的生产工序。并且，某个工厂生产出来的产品会被用于另一个工厂的生产活动，第二个工厂生产出来的产品又会被用于第三个工厂。像这样，各个工厂的生产密切相关。因此，机械一旦被制造出来并安置于某个工厂，再想转变用途或组装到其他生产工序里，即便不是不可能，也要耗费大量的金钱和时间。换句话说，大部分机械都具有极强的固定性，无法轻易改变用途。这也适用于包括劳动在内的几乎所有的生产要素。因此，从机械操作的理论来看，新古典经济学假设的稀缺资源的可变性并不适用于现代资本主义的生产过程。

这样一来，生产过程的固定性也随之提高，生产要素被配置于特定工厂的特定生产过程，作为生产主体的企业的性质也随之发生根本性的改变。在新古典经济学中，企业被假设能够根据不同时期市场条件的变化，随时调整生产要素的组合，以达到利润最大化的目的。与此相对，凯恩斯理论中的企业是一个有机组织，具有浓厚的实体性质，并且会随着时间的流逝，逐渐形成自己的特征（identity）。企业作为实体性组织构成了现代资本主义生产的核心。凡勃伦在《企业论》中最先指出了这一点，凯恩斯在《通论》中考察了凡勃伦式企业，并以此为中心，进一步构建了宏观经济学的理论框架。

对凡勃伦式企业来说，最重要的是固定投资，即固定生产要素的积累。从宏观经济的角度来看，经济总体的固定资本形成，即投资总额，是决定经济活动的水平，即有效需求大小的基本因素。投资总额是决定有效需求或就业的核心因素。一般来说，并不能保证投资总额一定处于能够产生与充分就业相对应的有效需求的水平，要么眼睁睁地看着发生非自愿性失业，要么忍受物价的不稳定上涨，这才是更"普遍"的情况。

凯恩斯还在《通论》中进一步阐释了凡勃伦强调的现代资本主义制度的另一个特征在宏观经济上的含义，即金融资产市场的不稳定性问题。随着资本主义的不断发展，金融和资本市场日益成熟高效。企业发行的债券和股票的流动性迅速提高，只需要少许的手续费，就可以在极短的时间内大量买卖。于是，人们开始持有这些企业债券作为金融资产，以期获得资本收益。在这个过程中，投机性动机居于支配地位，市场价格完全由投资者的行为决定，不再反映这些负债的实际价值。于是形成了投机性经济。但是，这样的投机性泡沫不可能长时间持续，一旦现实与预期的差距超过一定的心理承受值，就会引发股价大暴跌。凯恩斯认为，1929 年 10 月在纽约股票市场上发生的金融恐慌，正是来自于这种投机性泡沫的破裂。

股票市场上的金融恐慌终会对投资边际效率的变化产生巨大影响，引发实体经济部门的投资大幅减少，结果造成国民收入的下降，以及大规模非自愿性失业。国民收入的降低又会进一步诱发消费和投资的大幅减少，伴随着非自愿性失业，经济螺旋式恶化，陷入持续的慢性停滞。凯恩斯经济学明确指出，在现代资本主义的制度条件下，大萧条是一种必然现象。

凯恩斯主义经济学否定了新古典经济学资源分配的可变性和市场均衡的稳定性这两大公理，把目光转向现代资本主义中最重要的参与者——企业及其作用，并进一步阐明金融市场的高度发展对宏观经济的含义。凯恩斯的理论可称为对现代资本主义的病理剖析。

然而，对于新古典经济学的另外两条公理，稀缺资源的私有制和收入分配的公正性，凯恩斯所构建的宏观经济学框架则完全没有涉及。

在收入分配的公正性问题上，凯恩斯主义经济理论的前提是：生存权一般应该通过收入的再分配加以保障。换句话说，对于那些收入低于维持最基本生存所需的最低限度的人，应该通过直接的转移收入进行事后救济。这种做法，不是事先采取制度性或政策性的倾斜措施，降低市场经济中的个人收入减少到最低收入水平的概率，而是试图通过收入保障，救济实际上已经处于最低收入水平以下的人。凯恩斯的经济理论并不试图通过追求制度性条件来降低市场经济带来的不稳定性。这一点在与后文论述的社会共通资本理论的关联方面具有重要意义。

经济理论的第二次危机

　　第二次世界大战后的四分之一个世纪里，凯恩斯主义经济学不仅
是一种学术上的理论，而且也是经济政策的核心指导思想。这一时期，
世界上的大多数资本主义国家都实现了稳定的经济增长。而经济的稳
定增长导致有关公民基本权利的社会舆论也在性质上发生了重大的变
化。原有的生存权思想得到进一步扩展，生活权的政治思想逐渐占据
主导地位。早在 20 世纪 30 年代的瑞典，冈纳·缪尔达尔（Gunnar
Myrdal）等经济学家就明确提出，将生活权思想作为经济制度或经
济政策的基本目标。接着，1942 年的《贝弗里奇报告》（Beveridge
Report）提出了具体的政策措施。

　　生活权思想在生存权思想的基础上更进了一步。生存权思想认为
公民应该获得维持最低生存水平的收入，生活权思想则认为，公民还
拥有维持健康、享受最低限度的文化生活的基本权利。因此，对政府
职责的要求就包含了创造物理和政策上的条件，让所有公民都能够享
受到这些权利。

　　以生活权思想为基础，需要深入分析财政支出的实质内容，即
政府提供怎样的公共服务，按照什么样的标准来分配等。凯恩斯主义
经济学以生存权思想为背景，提出了实现充分就业的政策目标，从宏
观经济学的角度分析了财政支出对有效需求的影响，但是没有具体分
析财政支出的实质内容。正如琼·罗宾逊曾经一针见血地指出的，凯

恩斯理论的口号是"实现充分就业！"，但更需要弄明白的是"为什么要实现充分就业！"。虽然缪尔达尔和《贝弗里奇报告》已经涉及生活权思想，但是在经济学领域，这个问题直到20世纪70年代之后才被明确提出。1970年12月，在美国经济学协会年会的理查德·艾黎讲座上，琼·罗宾逊发表了题为"经济理论的第二次危机"（The Second Crisis of Economic Theory）的讲演，认为"为什么要实现充分就业"的问题是经济理论的一次危机，猛烈抨击了凯恩斯经济理论，倡导构建新的经济理论。

琼·罗宾逊提出"经济理论的第二次危机"时，她指的是20世纪的第二次危机。这里的"危机"是托马斯·库恩（Thomas Samuel Kuhn）的定义。也就是指，尽管既有范式（paradigm）的理论基础已经崩溃，现实的有效性也已经消失，但还没有形成新的范式。

20世纪30年代的大萧条是引发经济理论第一次危机的导火索。它让新古典经济学在理论一致性和现实适用性两个方面都完全失去了可靠性。凯恩斯主义的出现化解了经济理论的第一次危机。将近半个世纪之后，资本主义社会再次陷入大规模混乱，迎来了不平等和不稳定的时代，凯恩斯主义也失去了有效性。但是，能够代替凯恩斯主义经济理论的范式尚未形成，经济理论面临着第二次危机，这就是琼·罗宾逊在理查德·艾黎讲座中提出的观点。虽然发生在1970年，但是琼·罗宾逊提出"经济理论的第二次危机"时至今日仍然没有解决。这期间的经过与本书的主题——社会共通资本理论密切相关，在此我要做详细的介绍。

从 20 世纪 60 年代中期开始，资本主义的不稳定因素开始显现，市场的不均衡也逐渐成为常态。直接的诱因是美国深陷越南战争泥沼无法自拔，面临通货膨胀、失业、国际贸易赤字的"三难困境"（trilemma），无论在本质上还是在结构上，市场的不均衡趋向于螺旋式扩大。由此产生的负面影响迅速波及全世界各主要资本主义国家，凯恩斯主义的财政、货币政策失去了有效性。与此同时，世界主要发达工业国和发展中国家之间的经济差距日渐拉大，资本主义国家和社会主义国家之间的经济、政治关系日趋紧张。20 世纪七八十年代，发达国家内部的各种问题也日益严重。比如，城市与农村之间的经济差距不断扩大，城市基础设施不稳定，医疗及教育等基础部门出现混乱等。从整体来看，社会生活的实质内容与经济表现脱节，环境破坏和污染问题普遍。琼·罗宾逊在"经济理论的第二次危机"中认为，首先需要解决的问题并不是追求效率和实现经济增长这类新古典经济学和凯恩斯主义经济学中的基本问题，而要从追求公平分配、消除贫困这一经济学的最根本立场出发，形成新的范式来构建必要的理论框架。

越南战争引发了美国资本主义的地壳变动，随之而来的是经济循环过程的不稳定和社会混乱，并在整个 20 世纪 70 年代扩展到全世界。特别是 1973 年 11 月爆发的石油危机，在某种意义上使这个过程变得不可逆转。但是，经济理论并没有向着琼·罗宾逊所指的方向发展。我曾经用"历史的逆流"来形容这时的经济学发展特征。20 世纪 70年代至 80 年代中期，经济学的研究方向用一句话来概括，就是成为反凯恩斯主义经济学，凯恩斯以前的新古典经济学理论以更极端的形式得到了发展壮大。这些反凯恩斯主义的经济学理论包括货币主义、经济理性主义、供给经济学以及理性预期假说等多种形态，究其核心仍然是以新古典经济学的理论为前提，共同特点是理论前提具有非现实性、政策取向具有反社会性，都以市场机制的正当性为前提，强调市场机制作用。

此外，反凯恩斯主义的经济学，都过于强调纯粹意义上的市场经济的重要前提条件，即生产要素的私有制，也过分宣扬分权制资源分配机制的优点。

因此，反凯恩斯主义的经济学势必极大地限制了政府的经济职能。也就是说，这些经济理论试图在政策上要求稀缺资源和生产主体私有，尽可能低地限制政府和公共部门的职能，最大范围地应用自由、分权的资源分配机制。

从 1970 年下半年开始，经济政策和制度的选择开始日益显现出这些政策倾向。当时的美国总统里根、英国首相撒切尔夫人，以及日本首相中曾根等主要资本主义国家的政府首脑，都不约而同地举起了新保守主义的大旗，谋求通过制度改革激发所谓的民间活力。这并不是偶然的现象，背后都有上文提到的那些新保守主义经济理论的支持。这些经济理论强调中央集权式资源分配机制的低效和反社会性，突出它在政治上和经济上的含义，提倡尽最大可能将所有稀缺资源都置于私人管理或所有之下，追求能够更有效地发挥分权的市场经济优点的制度。

纠正历史逆流，重返经济理论的原点，探讨如何创造更人性、更宜居的社会，这就是社会共通资本的思想赖以形成的基础，也是社会共通资本希望达成的目的。

01 农 耕

农 耕

日本的农业现在正面临着 20 世纪 30 年代大萧条以来最严重的危机，处在生死存亡的紧要关头。在这个意义上，可以说日本的农业面临着有史以来最大的危机。

这里所说的农业包括畜牧业、林业以及水产业，是广义上的农业。也许"农业"这个词本身，会把我们的思考束缚在一种偏见或既有概念的框架之中。

当我们说到农业时，就规定了它具有这样的性质，即在所处的经济体制中能够作为一个产业独立存在。比如，资本主义市场经济制度下的农业就具有下文描述的一些性质。

资本主义市场经济制度的价格体系决定了每个农户能够得到的收入。农户用这份收入支付家庭生活开销及子女教育，购买种子、肥料、农药等农业生产所需的生产要素，还要购买新的耕地，或是用于开发新技术、改良农作物栽培方法等活动或投资。原则上我们认为，农户的收入与支出是平衡的。

然而，根据封建时期的历史经验，可以肯定这样的前提并不具有普遍性。20 世纪 30 年代大萧条时期，农村的情况更是证明了这种不普遍性。

所以，与其使用"农业"的概念，不如从农耕来展开论述。

农耕的历史跟人类一样久远，甚至可以说，农耕是人类的特征。从这个意义上看，农业与自然息息相关，遵循自然规律，与自然共存，生产人类生存必不可少的粮食，提供建造居所的原材料。当然，在农业生产过程中，与自然共存的同时，还要通过人为改造自然来进行生产活动。但是，不同于工业部门，农业生产活动不会带来大规模的自然破坏，它与自然中的生物息息相关，这是农业最基本的特性。而且，人们从事农业，往往可以根据个人的主观意愿来制订生产计划并付诸实践。

农业具有的这种基本特性与工业部门的生产形成鲜明对比，并且对我们讨论农业相关问题有不可忽视的重要意义。工业部门中从事生产的人，多数都属于某个特定的企业组织，作为其中的一员，按照企业下达的经营指示参与生产。在这种情况下，商品化的劳动力与劳动者的人格主体之间往往会形成一种强烈紧张的关系，哲学上称之为"自我异化"（Selbstentfremdung）。无论是资本主义市场经济中的企业活动，还是社会主义中央集权式的计划经济生产，企业的生产经营活动中的自我异化都不在少数，非常普遍，也是现代社会的病症特点。

农耕与自我异化

凡勃伦在《企业论》中对上述观点的论述令人信服。他还进一步指出，这种自我异化是现代资本主义中的有效需求不足、非自愿性失业，以及稀缺资源分配效率低下等一系列病症的根源所在。

与此相反，从事农业生产的劳动者可以在维持自身人格同一性的同时，在大自然的怀抱中自由生存。导致农业生产中的资源分配效率低下的主要原因，或者是不可预知的自然条件的变化，或者是投机导致的农产品市场价格的异常波动，或者是由于政策变动扰乱了生产条件。总而言之，干扰农业生产的都是外部因素，而不是与自身生产条件相关的内部因素。

此外，在农业生产活动的特征中，还必须看到它对保护自然环境的作用。前文提到，农业部门的生产活动不必过分改变自然条件。尤其是日本的农业生产以水田耕作为主，除了能很好地保留水源之外，还能在夏季发挥调节气温的作用。而且，日本的水田耕作还能最大限度地抑制甲烷的排放，为减缓全球气候变暖做出卓越贡献。

林业的社会价值及环保作用

必须指出，林业在日本的森林保护过程中一直发挥着非常重要的作用。日本的地理构造比较特殊，河流落差大，多雨地区广布。因此保护森林不仅是维护自然环境不可或缺的部分，也对文化和社会发挥着不可替代的作用。

林业在保护森林、让森林维持良好状态的过程中扮演着重要的角色。只有通过林业工人在森林中辛勤劳作，森林环境才能够得到保护。特别是在日本，林业对森林具有重要的意义。相反，如果不为林业经营创造良好的条件，森林维护会变得异常艰难。

但是这并不意味着林业就能把追求利润或维持就业作为生产经营的主要导向，如果从这两个角度出发，森林是否还能够得到妥善的保护值得怀疑。日本林野厅管理下的国有林区的悲惨景象就说明了这个道理。

《农业基本法》的破坏性作用

前述内容并不代表日本具备相应的条件，能够确保农业充分发挥保护环境的作用。在这一点上，需要详细介绍 1961 年制定的《农业基本法》。自经济高速增长时期至今，《农业基本法》一直决定着日本农业的发展方式，也是现今日本农业面临困境的罪魁祸首。最近，日本制定了新的《农业基本法》，但是根本的性质几乎没有任何改变。

《农业基本法》的特征可以概括如下：在农业中也要采取高效率准则，提高农业部门的生产力，追求利润创造，目标是创造让农业能够与工业部门竞争的条件。为此，政府在农业用地的基础准备、提高农业生产的机械化水平，以及改善农村社会条件等各方面采取了积极的政策。同时，以米价保护政策为中心，人为提高农业部门的利润率，创造环境吸引更多的劳动力和资本投入到农业部门中来。

《农业基本法》的确使日本农业在经济高速增长时期得以维持和发展，而且在提高农民收入方面发挥了重要作用。但是，肯定《农业基本法》作用的同时，也必须看到《农业基本法》的基本思想本身存在着严重的问题。具体来说，《农业基本法》认为农业和工业具有相同的性质，对农业部门的资源分配也要以市场效率的高低为判断标准。关于这一点，后文还会详细论述。

农业和工业的非对称性

上文我们强调，在农业问题上应该回归人类发展的原点，从农耕这一更广泛的角度来考虑，而不是将农业作为一个产业来观察。农业不仅具有生产维系人类生存的基本资料这一最基本的功能，还在保护环境、在生产活动中避免实质上的自我异化，以及维持社会整体稳定等方面发挥着核心作用。农业自古以来就发挥着而且将来还会继续发挥这些作用，这样的农业难道应该和工业同台竞争吗？

因为这些特性，农业如果以效率为基准和工业部门比较，必然会面临很多不利条件。工业部门在市场效率方面具有农业无法比拟的优势。在工业部门的生产过程中，规模经济占支配地位，这与工业生产自身有着本质联系，而规模经济的结果之一就是生产主体的不断扩张，最终表现为巨型企业以及垄断式的市场构造的形成。在这种情况下，价格形成的过程已经远离完全竞争的状态。农业虽然一般也存在规模经济，但在程度上无法与工业部门相比。

公共投资的政策倾向，使得工业部门和农业部门在生产方面的差距进一步扩大。这种情况的背后存在着一种根深蒂固的思想，认为扩大工业部门的规模，特别是推动重化学工业的发展才能从根本上促进日本的经济发展。这种带有偏向性的思想并不一定为日本所特有，但是不可否认，引起的政策导向对日本经济发展过程的影响尤为严重。20世纪50年代中期开始的大规模工业用地开发不断走向顶峰，就是这种思想的集中表现。其中，最典型的例子是以鹿岛工业区为首的大面积临海工业基地的建设。在这些工业基地的建设过程中，国家及各地方自治体政府发挥了核心作用，从制订计划到付诸实施，全程处于主导地位。像这样以公有资本为主体，建设生产基础设施的做法，对经济高速增长背景下的日本重化学工业的发展所起的作用，我们很难准确评价，但是不难想象，作用是极其巨大的。

对工业的政策倾向，不仅体现在建设工业基础设施上，还包括促进出口贸易的各种税收优惠，以及为引进技术而制定的各种扶持措施。需要指出的是，受过高等教育的优秀人才绝大部分都被吸收到了工业部门中。这源自于一种社会偏见，认为与农业部门相比，工业部门更现代、更创新、更城市化，伴随而来的还有工业部门极高的投资回报率。显然，工业部门的劳动者和技术人员的收入水平大幅高于农业部门。

在经济高速增长时期，农业和工业之间的差距不断扩大。得益于工农业整体都保持着较高的增长率，部门之间的相对差距拉大才没有酿成政治问题。原因之一是日本农村从封建时代延续至今的封闭性。另一个原因是日本农业中最基础的水田耕作，唯有通过村落共同体才能实现。个体的农民逐渐对农耕失去了主动性和积极性，他们甚至开始期待自己的后代能够离开农村，移居到城市从事工业生产。

在这样的背景下，《农业基本法》充分地发挥了自身的作用。在市场经济的理论框架中，引导一国经济发展的原动力是实现工业化，农村的存在价值仅在于提供优秀人才。曾经有一种观点的核心意思即认为，在就业、收入及生产的统计中，农业的重要性相对越低，说明这个国家的经济发展和增长越显著。

在日本的整个经济高速增长时期，这种思想创造出来的局面，无论对工业还是农业，都非常令人满意。特别是工业部门在生产、就业、收入水平等各方面都获得了史无前例的持续增长。与此同时，农村人口的流出，特别是青壮年劳动力不断流向工业部门，也给农业带来了人均生产力持续高速提升的奇特现象。

新古典经济学的假设

然而，从国际的角度来看，上述情况表现为日本农业的相对地位下降。

援引新古典经济学乃至新李嘉图学派（neo-ricardian school）的理论可以这样来解释：在日本经济中，土地与人口以及经济活动水平的相对比率都显示出土地是一种稀缺资源。因此，要最大化日本经济的效率，在资源分配中应该使用尽可能少的土地，最大化单位面积土地的收益。

基于这一观点，赫克歇尔－俄林（Heckscher－Ohlin）理论下的国际产业分工就是日本经济乃至日本农业最理想的方式。即每个国家都专门生产需要更多地使用本国相对丰裕的生产要素的商品，从别国进口需要更多地使用本国相对稀缺的生产要素的商品，因为从经济福利的角度来看，这样更有利于国民经济。对于土地资源相对稀缺的日本来说，就应该尽量缩小农业这种土地密集型产业，着重发展工业，这样的做法才更有利。

《农业基本法》背后的经济思想与关税及贸易总协定（GATT）如出一辙，而 GATT 与国际货币基金组织（IMF）共同决定了第二次世界大战后的国际经济关系。这些协定和组织，以及上文提到的政策，都是以新古典经济学的理论为基础，提倡削减关税及非关税壁垒，认为自由贸易和资本流动将提升世界各国的经济福利。

当然，国家的政策选择并不是在清楚地意识到这些思想立场的基础上做出的。但是，从经济高速增长期末开始，针对日美之间悬而未决的贸易摩擦，美国提出的不合理要求依据的就是上述经济思想，也正因为如此，才让这些不合理要求看似具有一定的说服力。

完全坚持新古典经济学的立场，一国的理想产业结构可能是这样的：在国内废除与生产、流通、消费有关的各种政策性介入，在国际上削减关税及非关税壁垒，让贸易自由展开，资本自由流动，最终实现最有利于该国经济福利的理性产业结构和就业状况。这种理想的产业、就业结构无法事先规划，它是市场竞争的结果，是事后决定的。

因此，按照新古典经济学的理论主张，鉴于日本经济中土地资源相对稀缺，最为合理的资源分配方式就是完全消除农业部门，将全部资源都集中在工业部门。我曾经在某次会议上指出，农业对保护自然环境有着重要的意义，当时有新古典经济学派的学者竟然扬言，只需将所有农业用地改建成公园就能实现保护环境了。

上述新古典经济学的思想以及基于这种思想的政策命题是如何脱离现实，染上反社会的性质的，对此我不再赘言。可以肯定的是，这些政策命题的理论基础存在着严重的谬误。

首先，在上述理论中经常会用到国家的"经济福利"水平这个表达方式，但是它的概念定义非常模糊，有时甚至自相矛盾。当他们说一国的"经济福利"，会设想代表性的个人，基于这个代表性的个人享受到的边沁（Jeremy Bentham）式效用来评价资源分配的表现。在这个过程中，收入分配的不平等问题被无视，企业只是一个虚幻的存在，仅仅意味着生产要素的瞬间结合。而且，在这个设想的世界里，既不存在人们从事生产的职业自豪感，社会及文化的悠远芳香也会消失殆尽。新古典经济学中的个人就像零星飘散在虚无世界中的一个个气泡，是一种非人性的、抽象的经济人。

新古典经济学理论的第二个谬误是它假设生产要素完全可变，即所有的生产要素都可以随时根据市场条件的变化，自由地变更自身的用途。以农业为例，意味着农业失去比较优势时，分配到农业中的生产要素可以不耗费任何金钱和时间成本转用到工业部门。相反，农产品国际价格上涨，农业重获比较优势时，原本用于工业部门的生产要素又可以不耗费任何金钱和时间成本转用于农业部门。显然，现实情况不可能满足以上前提条件。但是，可变性却是新古典经济学理论不可或缺的基础。如果无法满足这个条件，新古典经济学的结论就难以成立。

新古典经济学还有一个重要的理论前提，即生产工具或生产要素的私有制。也就是说，所有制约生产活动过程的生产要素都是私有的，分属于不同的经济主体，并通过市场进行交易。在这个制度性前提的基础之上，新古典经济学的理论才能够成立。换句话说，它的理论前提是，不存在像社会共通资本这样按照某种社会标准而非私有标准创造或使用的事物。

作为社会共通资本的农村

考虑农业问题时，必须将农业生产的地点和在当地工作、生活的人作为一个整体，也就是说，要在"农村"的概念框架下讨论。

一个国家不仅要在经济层面上实现稳定发展，在社会和文化层面上也需要稳定发展。因此，农村的规模必须保持在合理稳定的水平。这一点从前文论述的农业特性中也很容易推论出来。特别是，一个国家想要维持较高的社会文化层次，就需要有一定规模的出生、成长于农村的人口，通过农村与城市的不断交流，才能创造出必要的、优越的人文环境。

从我个人的经历来说，我在旧制第一高等学校学习的三年一直住在学校宿舍，在那里我第一次结交了很多来自农村的朋友，与他们的交流对我此后的人生产生了很大的影响。当时的旧制高中里，大部分学生都来自农村，我就读的一高也不例外。在此之前，我一直在城市的小学和初中读书，往来的朋友也比较单一。所以，农村出身的朋友爽朗的性格、对生活的坚定信念，以及看透事物本质的智慧都给我留下了深刻的印象，至今记忆犹新。后来，我选择了研究的道路，如果说我作为研究者也曾取得些微成就，毫无疑问都是得益于旧制高中期间农村朋友们对我的影响。

即使我的个人经历不具有普遍性，我仍然坚信，农业本身的特性让农村的人文氛围能够培养出更多像我朋友一样给我留下难忘印象的年轻人。

在农村从事农业生产的人，普遍性格爽朗、健康。我这 30 年一直关注经济发展带来的环境问题，也实地考察过很多地方，而很多环境问题都发生在农村（或渔村）。我接触的农民（或渔民）无一例外都极具人格魅力和杰出的生活观念，他们都自发地关注经济发展导致的环境破坏问题，并且积极地采取行动。这些人选择的生活方式在农村中也比较特殊，因此我的个人印象也许不具普遍性，但是我相信，农村才是我心目中最为理想的居住、生活的地方。

上文不成体系地介绍了农村在经济、社会、人文方面所发挥的重要作用，但是在资本主义经济制度中，农业和工业的生产性质差别很大，如果以市场效率为标准分配资源，结果可能是农村的规模不得不逐年缩小。并且，如果采用盛行全世界的市场经济原理，日本经济就会高度集中在工业部门，农业占比极低，结果有可能是农村在事实上走向消亡。这也是从《农业基本法》的理论基础中我们可以归纳出的结论。

农村的合理规模

在这种情况下，首先需要稳定地保持农村的规模在整个社会中处于理想的水平。农村的合理规模，按照人口比例考虑和按照土地面积的比例考虑会有所不同，而且也很难计算出具体的百分比。我想强调的是，农村的合理规模不是按照市场效率的标准事后决定的，应该按照全社会的一致意见事前决定。

假设农村处于合理规模时，农村人口占总人口的 20%，为了维持农村的人口始终有 20%，可以采取怎样的政策措施呢？当然前提是人口能够自由流动，于是就有必要创造一些条件，促使 20% 的人口自发地选择在农村居住，从事农业生产。为此，首先需要提升农村的经济、社会、文化环境，让农村的生活充满魅力。这不仅仅包括建设农业生产必需的基础设施，也包括学校、医院及各种文化设施，还包括保障人们生活尊严的街道、交通设施等公共服务。也就是说，要将农村作为一种社会共通资本，形成一种具有人性魅力，既能保持杰出的文化和秀美的自然，又能实现持续发展的公共物品。

但是，仅仅创造环境条件，并不能弥补农业和工业之间的巨大差距。如果不给予一定形式的收入补贴，很难消除这种差距。我的想法是对专职从事农业生产的农户提供收入补助，以户为单位支付一定金额，不考虑农户的规模和产量。目前，日本专职从事农业生产的农户约有 60 万户，实施收入补助政策，预测可以带动农户数量的增加，假设增加到 80 万户，即使每年支付给每户的收入补助为 100 万日元，总额也不过 8 000 亿日元。

基于这个想法，我曾经提出建立农村文化功劳者养老金制度，不过看来是没有实现的可能了。

我提出的这种制度需要全方位改革现行的粮食管理制度，尤其是要全面废止米价保护政策。迄今为止，米价保护政策发挥了一定的社会和经济作用，维持了大米及其他主要谷物的价格稳定，也让农户得以维持生活。但是，如果从资源分配效率的角度看，米价保护政策已经阻碍了农业整体的发展，而且从经济全球化的角度看，这种直接的保护政策也已经行不通了。

日本的农业政策

要维持农村的合理规模，日本农林水产省是行政方面的当事者。回顾迄今为止的农业政策，不由得对此深感担忧的应该不止我一个人吧。

日本的农业政策深受许多偏见的影响，农业被当作一个资本主义产业，从事农业的人也被看作仅仅是经济人，只考虑追求效率。日本的农业政策完全忽视了长久以来承担着农业最根本功能——农耕的人，他们的优秀品格和充满魅力的生活方式对于维持日本的社会稳定和文化传承做出了巨大贡献。

在讨论日本农业时，还必须提及与过去的农林省、各自治体相关的研究所和试验场的作用。遍布全国各地的农业实验场在水稻、小麦的品种改良，以及新品种开发等方面取得的领先事迹不胜枚举，闻名世界。例如，众所周知的蚕丝试验场自明治时期以来就是日本蚕丝业的驱动力，还为全世界蚕丝业的发展做出了巨大贡献。如今，日本的蚕丝试验场拥有的丰富基因资源在全世界都处于领先地位，聚集了优异的丝蚕原种。林业试验场则准确地掌握了日本山体陡峭、多雨且横跨温带、亚热带、亚高山带的特性，为奠定林业发展的科学基础做出了巨大贡献。

现在，这些高水平的试验场和研究所在农林水产省的管辖下，被重组为 20 余个研究所（或研究中心）以及 6 个区域农业试验场，为日本农业实现重新调整和新的飞跃打下科学基础。日本农业面临着阴暗、闭塞的环境，但是这些研究所和试验场的存在和活动为我们带来了光明的希望和对未来的展望。

02 日本农业的复兴之路

日本农业的复兴

日本农业正面临全面危机。1991 年的应届毕业生，仅有 1 800 人选择从事农业生产，这个事实比什么都能说明问题。虽说职业不分贵贱，但是农、医、教育是最为神圣的职业，这一点应该没有异议。然而，对经济具有重要意义的农业，后继者居然每年只有 1 800 人。不久的未来，人数甚至还会减少到不足 1 000，对此感到黯然神伤的应该不只我自己吧。

正如前文所述，农耕为人类历史创造了最重要的契机，在未来仍将继续处于根本性地位。农耕也远远超越了经济或产业范畴的农业，对人类、社会、文化和自然具有卓越的意义。它为人类生存生产必不可少的粮食，提供居所和蔽体衣物的原材料，还守护着栖息在森林、河流、湖泊、土壤中的丰富多彩的生物物种。以农村这个社会性场所为中心，农耕使人类与自然的和谐共存成为可能。纵观人类历史，无论哪一种社会，有一定比例的人口在农村生活对维持社会稳定都是必不可少的。

农村或农业为何对年轻人失去了魅力？大部分的农业生产都需要付出繁重的体力劳动，耕作土地常常被视为"脏活"。即使机械化减轻了体力劳动的强度，但是也增加了危险性。此外，农产品市场的价格波动大，从经营的角度看，农业是最不稳定的行业之一。

但是我认为，农业对年轻人失去吸引力的最大原因在于，现在从事农业能够获得的职业满足感越来越少，并且无论是在知识层面上，还是在社会层面上，从事农业生产的存在感也变得越来越薄弱。一般来说，从学校毕业步入社会，就意味着进入某个社会组织工作。不论是公司职员还是公务员，都是大规模组织中的一员，同时又超越组织，以各式各样的形式融入社会关系之中，展开个人生活的广大世界。然而，从事农业往往意味着封闭在自己成长的狭小、守旧的农村社会中，难以预见新的发展，而且还伴随着繁重的体力劳动和不稳定的经济条件。可以说，自愿选择农耕作为职业是很少有的现象。即使能够理解农耕对社会和经济的重要意义，或者即使是性格志趣适合农耕，也不得不承认，让年轻人选择从事农业是不合理、不现实的。基于这样的观点，我们现在需要解决的是，如何改变农耕或农村的现状，让年轻人能够更多地感受到它们的魅力。

迄今为止，日本的农业政策一直聚焦于扩大农户经营规模和提高劳动生产力，以此来提高农业效率，让农业不逊色于工业部门，同时也能与世界各国的农业一较高下。这一点突出体现在《农业基本法》中，而《农业基本法》又决定了目前日本农业的现状。但是，这种政策有其自身的局限。日本农业现在面临的重要问题是，如何才能改善农业的经营形态以及农村的社会、文化各方面条件。"三里塚农社"就是研究这一课题的组织，它作为日本农业复兴契机的原型（prototype），承担着重要职责。

"三里塚农社"的构想来自于探索日本农业复兴的根本课题、和平解决成田国际机场问题，以及现实需求的结合。为了探讨"三里塚农社"在经济、社会以及政治上的重大意义，我们需要超越各自意识形态上的偏见和独断，以良知来判断。

正式展开讨论之前，有必要对"农社"这个陌生的词语加以说明。"社"应该是"公地"（commons）①这个词最贴切的翻译，或者说"社"比"公地"更贴切地表达出了我的主张。"社"原本是耕耘土地的意思，后来逐渐用来表示耕作之神或土地之神，再后来又引申为祭祀这些神灵的建筑。于是，"社"成为村落的中心，村民聚集到"社"里商谈、决定重要的事情，"社"也就被用来指人们的集会和组织集团。

在元代末期，社是最小的行政单位，文献记载"五十户为一社"。社是以农耕为中心形成的组织，社里一定会设有学校，称为社学。在社学授课的老师被称为社师，社师一般是社里最年长、最受人尊崇的人。社师最重要的职责就是把社里代代传承的学问、农业技术知识、思想以及人文积累传授给孩子们。可以说"社"就是"公地"。

---

①原文中，此处为コモンズ（commons）。commons 一般译作"公地"，指公共资源。

《农业基本法》的影响

自 1961 年制定至今，40 多年来《农业基本法》确立了日本农业政策的基础，这期间的农业政策被称为"基本法农业政策"。那么，基本法农业政策在这 40 多年里究竟给我们带来了什么呢？

农林水产省发布的《农林业普查》以及《农民就业动向调查》淋漓尽致地反映了 40 年来日本农业的变化。从这些调查数据中可以清楚地看到，在这 40 年中，日本农业的发展与《农业基本法》想要达到的目的背道而驰，一步步走向衰退。1961 年农户数量超过 600 万，1999 年已经降至 320 万，38 年间竟消失了近一半。农业家庭的人口数量也不断减少，1961 年有超过 3 400 万人，到 1999 年只有 1 100 万人，仅剩不到 1/3。此外，主要从事农业的人口数量[1]由 1961 年的约 1 200 万降至 1999 年的 230 万，38 年间只剩下 1/5。

这样的倾向在青年农业从业者中表现得更为显著。1961 年，主要从事农业的人口中，65 岁以上人员所占比例仅为 7%，但是到 1999 年，这一比例超过了 45%。目前，60 岁以上人员在主要从事农业的人口中所占比例已经超过 60%。应届毕业生从事农业的人数在 1961 年时约有 9 万人，到 1991 年只有区区 1 800 人，比全国地方自治体的数量还要少，这意味着平均一个自治体只有不到一名毕业生从事农业的悲惨现状。

那么，《农业基本法》实现扩大农户经营规模的目的了吗？从全国

---

①主要从事农业的人口是指在从事农业生产的家庭人口中，在调查日期前 1 年之内，平时的主要状态为"从事农业活动"的人。

农业生产的面积来看，1961 年约 530 万公顷，到 1999 年减少到约 400 万公顷，是 1961 年的 75%。每户农户拥有的生产经营用耕地面积在 1961 年约为 0.9 公顷，1999 年约为 1.6 公顷，略有扩大。但是，比较不同阶层农户数量的构成比例变化，以及耕地面积占有率的变化，能够看得更清楚。

只看北海道以外地区，1961 年耕地面积少于 0.5 公顷的农户占 39%，到 1999 年这一比例降至 23%。他们的耕地面积占有率也从 1961 年的 13.7% 降至 1991 年的 7%。另一方面，拥有 3 公顷以上耕地的农户在 1961 年仅占 0.6%，到 1999 年上升为 6%，其耕地面积占有率从 2.8% 上升为 25%。再看拥有耕地面积在 0.5 公顷到 1.5 公顷之间的农户，数量占比从 1961 年的 70% 降至 1999 年的 50%；耕地面积占有率从 60% 减少为 40%。从这些变化可以发现，基本法的两个目的，即扩大经营规模以及整理耕地面积在 0.5 公顷到 1.5 公顷之间的农户，在一定程度上得到了实现。

但是，对于基本法中的自立经营农户 ① 而言，情况就极为悲观了。1961 年，在 80 万户专职农户中，自立经营农户的比例约为 8.6%。按照当时的标准，自立经营农户是指每年农业收入超过 48 万日元的专职农户，人数占所有专门从事农业人员的 16%，耕地面积占 24%，农业生产总值占 23%。1998 年，自立经营农户定义中的最低农业收入

---

①自立经营农户的家庭农业经营规模是指，在正常结构的家庭中，农业从业者发挥正常效率劳动力就能够实现全就业，并且确保该农业从业者从中获得的收入能够实现与从事其他产业相当的生活。

被提高到 578 万日元，在所有的 43 万户专职农户之中，自立经营农户占比跌破 6%，人数占所有专门从事农业人员的比例不足 30%，耕地面积也仅为 23%。虽然自立经营农户的农业总产值占比近 35%，但是依靠每年仅 578 万日元的农业收入，不得不怀疑这些农户还能否称为自立经营农户。

更严重的问题出现在第二类兼业农户[①] 的比例上。第二类兼业农户就是指总收入中非农收入超过 50% 的农户。1961 年，在所有农户中，约有 30% 的第二类兼业农户。到 1999 年，70% 的农户都被归为第二类兼业农户。

《农业基本法》的制定者认为，在经济高速增长的背景下，农业兼业化趋势是经济发展的正常现象，他们还强调第二种兼业农户的整体收入水平并不低，甚至可以说，他们的政策就是要扩大第二种兼业农户的规模。但是，从日本农业应有的正常面貌来看，第二类兼业农户占比 70% 的现状绝不可取。尤其是，1991 年只有 1 800 名应届毕业生选择从事农业，不久的将来有可能减少到 1 000 人以下，这样的情况与第二类兼业农户的高比例不无关系。

那么，导致日本农业陷入目前困境的原因，是《农业基本法》本

---

① 1961 年颁布的《农业基本法》将农户分为专业农户（纯农户）和兼业农户。专业农户是全部家庭成员都从事农业生产而不兼营他业的农户；兼业农户又分为第一类兼业农户（一兼农户）和第二类兼业农户（二兼农户），第一类兼业农户指以农业收入为主，从事农业生产时间每年在 150 天以上的农户，第二类兼业农户是指以非农业收入为主、以农业收入为辅的农户。1999 年 7 月，日本颁布新的《食品·农业·农村基本法》，废止《农业基本法》，新的《基本法》在原分类的基础上，将专业农户划分为自给自足农户和销售农户。

身存在缺陷？还是基于《农业基本法》的农业政策存在重大的问题？抑或是经济高速增长期以来的日本经济发展偏离了最初预设的路线，置身于这股洪流中的日本农业，因其所处的环境必然面临这样的结果呢？可以说，上述种种因素的错综交汇，共同导致了日本农业的现状。但是，此时此刻，探索日本农业的复兴之路，必须要注意隐藏在《农业基本法》背后的思想。而且，这种思想实际上并不限于《农业基本法》，还广泛地关系到日本的经济、社会，以及理想的发展理念，它与社会共通资本以及管理共通资本的社会组织有着密切的关系。

社会共通资本与《农业基本法》

《农业基本法》将单个农户作为经营单位，赋予其与工业部门中的工厂或者企业同等的地位。正如自立经营农户的概念，各农户自主制订生产计划，决定雇佣方式，做出投资决策。农户以农业收入作为行动标准，从这一点来看，农户与工业部门的企业扮演着同样的角色。

从这个意义上来看，农户作为独立的经营主体，要与工业部门中的企业在同样的条件下参与市场竞争。结果就是在市场竞争中失败的农户成为第二类兼业农户，或者转而从事其他行业。在竞争中能够存活下去的生产效率较高的农户，则会被视为自立经营农户。于是，虽然《农业基本法》对农业部门采取了多种形式的保护政策，包括建设生产基本设施、结构改革、价格保护政策等，但是与工业部门获得的或直接或隐蔽的保护政策相比，农业保护政策无论从规模还是性质上看都是微乎其微的。而且，个体的农民仍然负担沉重，要做出牺牲。

像这样规定单独的农户为农业生产的主体，几乎不可能产生规模经济，也无法诱导农业部门产生社会分工。就农业部门的生产活动来说，主要以自然条件为基础，以有机的生产方式为中心，因此无论是规模经济的大小，还是资本收益率和利润率，一般都远远低于工业部门。而且，农业部门的生产力受气候等自然条件的影响较大，农产品需求的价格弹力也较低，农产品市场经常会出现无法预料的大幅价格波动。在这样的技术、自然和市场条件下，把每个农户作为独立的生产单位，与工业部门的企业，而且一般是大规模企业进行竞争，最后必然导致农业部门的衰退。

农业部门的生产活动中，作为独立的生产、经营单位的不应该是单个农户，而必须是一个个类似"公地"的农村。虽然性质和规模还有待详细界定，但这里所说的"公地"农村应作为一个统一地、有计划地进行生产、加工、销售、研究开发等广义农业活动的社会组织。构成"公地"农村的农户数量因地理条件、社会及经济环境、历史文化条件等不同而各不相同，一般为几十户至一百户左右。此外，这里所说的农业与《农业基本法》里的定义相同，指包含林业、渔业、农产品加工等的广义上的农业。

将"公地"农村作为农业部门的主体单位或组织，就可以与工业部门中的工厂或者企业站在同一起跑线上进行市场经济竞争了。从这个观点看，第二类兼业农户能够发挥的作用也就自然明确了。也就是说，第二类兼业农户包含在"公地"农村之内，但是他们的劳动成果大部分被工业部门或者其他产业部门吸收，只以工资的形式保留极少一部分，而且还要将其中的很大一部分用于购买工业部门生产的拖拉机等农业机械和农药，或者用于填补农业生产的损失。因此，第二类兼业农户的比例越高，就越容易使农业部门与工业部门相比在市场经济的竞争中处于不利的地位。

但是，把"公地"农村而不是单个农户作为经济或者经营的单位也有一个问题，即与经济上的分权制和政治上的民主主义前提存在根本的矛盾。在讨论探索日本农业的复兴之路课题时，首先必须解决这个事关经济体制性质的问题。接下来就先从简单地介绍"共同体"（commons）理论开始。

公地悲剧

1968 年，生物学家加勒特·哈丁（Garrett Hardin）在《科学》（*Science*）杂志上发表了题为《公地悲剧》（The Tragedy of the Commons）的论文。他引用了当时并不知名的威廉·洛伊（William Lloyd）在 1833 年写的一篇文章，提出了自己的理论，认为公有土地会因为过度滥用而超出承载能力，丧失恢复能力，最终遭到毁灭。此后，文化人类学家、生态学家以及经济学家围绕"公地悲剧"展开了一次大规模辩论。关于公地的争论在探讨"经济的可持续发展"（sustainable economic development）这一重要的现代性课题时发挥了核心作用。从这个意义上来看，有必要对源于哈丁论文的"公地悲剧"辩论做一些概括性说明，再进一步论述"公地悲剧"辩论与社会共通资本之间的关系。

洛伊曾参与了一场有关人口问题和劳动问题的讨论。他认为公共牧场的特征是所有人都享有它的使用权，也就是说公共牧场是共有的，结果必然导致公地过度使用，最终造成牧草枯竭，牧场毁坏。洛伊进一步指出，劳动市场也具有同样的性质，他担忧劳动供给过剩引发工资水平下降，最终导致劳动阶级陷入贫穷。哈丁的论文从现代视角重述了洛伊的命题。他认为，多人共有的公共牧场，即使使用者们明知过度使用会破坏牧场，但对于每个个体来说，只要增加牲畜数量带来的边际收益大于牧场遭到破坏产生的边际损失，他们就会继续增加牲畜数量。假设增加一头牲畜产生的边际收益为 1，牧场遭到破坏带来的边际损失一般仅为几分之一。因此哈代的观点是，即使每个个体都采取合理的行动，但是从整体来看，却导致了不合理的结果。

哈丁的论文引发的关于公地悲剧的争论存在两大流派。其中一个流派认为，发生公地悲剧是由于稀缺资源没有实行私有制，这是传统的新古典经济学派的思想。与此相反的另一个观点与公地的制度条件相关，从经济学思想的角度来看，属于凡勃伦制度学派的分支。

本来，洛伊和哈丁的论点都源自对公地概念的否定性理解。借用洛伊的话来说，通过分割共有权实现私有化，人们将不得不承担自身行动的结果，无论好坏，必然会迫使人们自发地做出更合理的选择。对此，哈罗德·德姆塞茨（Harold Demsetz, 1967）以及菲吕博顿和佩乔维奇（Furubotn and Pejovich, 1972）分别做出了更为现代化的表述。他们认为，通过分割共有权，导入私有制，可以将成本和收益同时内部化，减少不确定性，更加明确每个人对环境所应承担的责任，这样就能够实现更高效的稀缺资源分配了。也就是说，在公地制度下，市场机制无法充分发挥作用，只有通过私有化才能使亚当·斯密提出的"看不见的手"发挥作用。公地悲剧争论中新古典经济学的观点在经济学思想中根深蒂固，从 20 世纪 70 年代到 20 世纪 80 年代，它包含在里根、撒切尔以及中曾根的政治思想中，也是众多资本主义国家面临"世纪末"现象的诱因，这一点前文已经做过论述。

从新古典经济学的思想出发来分析公地悲剧有一个共同点，认为或者实行私有制，或者通过国家权力来管制，解决方案只有两个选项，非此即彼。他们阐述国家权力管制带来的种种弊端，认为只有将公地分割，实行私有化，贯彻市场机制，才能消除私人合理性与社会合理性之间的矛盾，使其相互融合。但是对于现实存在并运转至今的诸多公地，这种二选一的方法却无法解释清楚。自从哈丁的论文问世以来，传统公地以何种方式组织和管理的问题得到了进一步研究。比如，在灌溉水利问题上，就有对伊朗的耕犁队（Boneh）[1]、西班牙的韦尔塔（Huerta）[2]、菲律宾的桑赫拉（Zanjera）[3] 以及印度尼西亚的苏巴克（Subak）[4] 等的详细研究。在沿岸渔业方面，以日本的"入会"[5] 制度为

———————

①耕犁队（Boneh）是配合伊朗历史上灌溉和水利技术发展起来的农业组织。

②韦尔塔（Huerta）是指环抱或接近城镇的界定明确的灌溉区域。

③桑赫拉（Zanjera）是菲律宾北伊罗戈省和伊罗戈省地区的灌溉系统，是由想要建立公共灌溉系统的拥有土地的农民和通过自主组织寻求土地的人民一起建立起来的。

④苏巴克（Subak）是印度尼西亚巴厘岛的一种古老灌溉系统，由水稻梯田、水渠、水坝和印度神庙等组成，至今仍正常运行。

⑤入会：根据日本《大辞林》（第三版）的解释，入会是指特定区域的居民行使惯权利，以采集薪柴、绿肥和海产品为目的，共同使用特定的山林、原野、渔场的行为。

主,有对意大利的瓦利养殖（Vallicultura）①、西非的阿卡加（Acadja）②
的研究。关于牧场则从公地论争的出发点英国牧场公地为开端,对摩
洛哥的阿格达勒传统资源管理体系（Agdal）③、中东地区阿拉伯的赫马
保留牧场（Hema）④、马里的迪纳（Dina）⑤ 进行了研究。此外,森
林公地的研究,有日本的"入会地"制度、印度传统耕作方式稼胡米
（Jhum）⑥、马来西亚的拉当（Ladang）⑦、菲律宾的烧荒（Kaingin）⑧
等多个详细研究。综合这些对传统公地制度的研究,可以发现德姆塞
茨等人的主张缺乏实证依据,理论归结也欠妥。

在德姆塞茨等学者的公地概念中,有几个没有明示的前提条件。

---

①瓦利养殖（Vallicultura）是现存的最古老的水产养殖方式之一,它的起源可以追溯到亚得里亚海和伊特鲁里亚沿海使用的最早的鱼池和育肥系统。用于利用从海洋进入潟湖或三角洲水域,后来又回归海洋进行季节性洄游的一些鱼类。大片的半咸水水域被包围起来（瓦利）,同时建立了复杂的永久性捕捞系统（拉沃里埃里）。后来,捕获的天然幼体也被放养其中,进行数年的培育。

②阿卡加（Acadja）是在西非贝宁传统地用于沿海潜水潟湖栖息环境保护的各种样式的灌木丛。

③阿格达勒（Agdal）这个词在非洲北部的游牧部落广泛使用,指的是一个地区,一种资源以及为管理这种空间资源而制定的规则。

④赫马（Hema）是传统的伊斯兰保留地。

⑤迪纳（Dina）的意思是"信仰"。19世纪,阿赫玛杜·洛博（Sekou Amadou）领导西非富尔贝人建立了马西纳帝国（在今马里共和国境内）,迪纳就是指在阿赫玛杜·洛博领导下的政治文化革命,它基于伊斯兰法而建立,目标是建立理想的国度。后演变为一种综合的资源管理系统,在这个系统中农田、牧场和渔场通过互惠协议在不同的社会团体中共享使用。

⑥稼胡米（Jhum）,在印度东北部被称为Jhoom,是一种轮耕制。耕作方式是在冬季对林木进行砍伐和焚烧,在南亚季风到来时进行耕种,待谷物收获后,这片土地会被休耕数年,村落也会迁徙并选择新的地点生活。它有五个特点:土地轮种、长时期休耕、以人力为主、几乎不使用畜力、使用原始而简单的劳动工具。

⑦拉当（Ladang）在马来语里是农田的意思,指东南亚地区的迁移农业,以轮作耕作方式生产农产品。

⑧Kaingin在菲律宾语中是清理的意思,指当地土著部落传统的烧荒耕作方式。

第一个就是"开放性"（open access），无论是谁都可以自由使用公地。但是，一般来讲，公地往往由某个特定团体或社区"共有"，不属于这个团体或社区的人则无法自由使用。很多国家以法律的形式规定自然资源属于自由商品，所有人都可以自由使用。特别是西欧国家，多是这样。美国的一些州也以法律规定，所有的海洋资源包括渔业资源属于所有人，不得私人所有。从这样的前提出发，公地的确能够满足开放性条件。但是，传统公地并非都能够满足这个条件，而且在探讨公地存在方式时，最好不受这个前提的束缚。

第二个前提条件是假设试图利用公地的人，他们的行动完全基于利己的动机，并时刻追求个人利益最大化，而且不受社会行为规范或者社区规则的约束。但是，拥有公地的集团或社区中的人在使用公地时，一般都要求遵照传统规范来行动。例如，日本的森林入会地就是典型例证。

第三个前提条件是公地稀缺资源一定会遭到过度利用，并且最终导致枯竭。但是，这个前提条件不能凭先验经验一概而论，需要根据每个公地的具体情况判断是否符合。

公地思想

公地原本是一种制度，它限定了对特定集团或社区的生活及生存能够发挥重要作用的稀缺资源，或限定了产生稀缺资源的特定场所，并对利用方法加以规范。也就是说，公地意味着一种用来确定特定的场所，限定能够使用的资源，规定使用这些资源的人所属的集团或社区，并制定资源使用规范的制度。因此，德姆塞茨设想的只是某个特定的公地，能够满足他设定的前提条件的公地都非常特殊，只能作为特例存在。也可以说，德姆塞茨设想的对象并不能准确地称作公地。

传统意义上的公地包括灌溉用水、渔场、森林、牧场、烧荒耕地、野生地、河流、海滨等多种形式。地球环境，特别是大气、海洋本身其实也可以作为公地的例子。这些公地都包含于前文介绍的社会共通资本的概念之中，可以直接适用于社会共通资本的理论。但是，还需要关注对各种公地的组织和管理方法，特别应该注意到，对于公地的管理并不一定需要通过国家权力来进行，通过信托（fiduciary）的形式管理才是公地特征的重要性质。此外，公地的所有权也并不是德姆塞茨等人定义的单纯的理论上的所有关系，而是以特定的社会条件为基础，拥有历史规定的复杂内容。大多数公地的体系中，权利、义务、职责和成本相互制约、彼此协调。就像马林诺夫斯基（Bronislaw Kasper Malinowski）对特罗布里恩群岛（Trobriand Islands）上传统的所有权制度的研究，公地统治者并不是简单地在私有制和国家管制中二选一。麦凯（B. J. McCay）和艾奇逊（J. M. Acheson）于1987年编著的《公地问题：公共资源的文化与生态》（*The Question of the Commons：The Culture and Ecology of Communal Resources*，The University of Arizona Press，1987）中也囊括了几篇有关这一问题的最具代表性的论文，涵盖了广阔的领域范围，包括北极圈、亚马孙河流域、巴布亚新几内亚以及美国的狩猎和渔业公地，印度尼西亚、爱尔兰、西班牙、埃塞俄比亚、博茨瓦纳的农耕、畜牧以及海洋公地，还包括马来西亚、冰岛、加拿大的水产业公地。

　　日本的公地制度，也有学者做过大量研究，其中包含灌溉用蓄水池、森林入会制、渔业合作公会制度等。其中，空海大师大规模重建的满浓池以及管理蓄水灌溉的制度不仅具有历史意义，对实现农耕的可持续发展也具有重要的现实意义。公元 804 年，31 岁的空海被选为赴唐僧人，在长安留学 2 年。空海通过中国东晋时期的高僧法显的著作，学习到了斯里兰卡的蓄水灌溉技术。法显曾在公元 399 年赴印度学习佛经，但是当时印度的佛教已经没落。法显又转赴当时的世界佛教中心斯里兰卡，20 年后才重回故土。法显在斯里兰卡不仅对佛经进行了深入的研究，也学习了众多其他领域的知识和技术，尤其是留下了关于以蓄水灌溉为中心的斯里兰卡农业的详细研究。公元 1 世纪到 3 世纪之间，斯里兰卡僧伽罗文明的水利文化处于世界最高水平，核心就是溜池灌溉的土木建造技术。

　　满浓池是日本规模最大的农业用灌溉蓄水池，周长 20 公里，水面面积 140 公顷，灌溉面积达 4 600 公顷。满浓池建造于 8 世纪初，由于规模过于庞大，建成不久即严重损坏。公元 821 年，空海受命担任总监重建满浓池，运用的就是在法显的著作中学习到的斯里兰卡蓄水灌溉的土木技术。空海主持重建的满浓池作为日本土木工程史上的重要里程碑保留至今。空海还将管理蓄水灌溉的公地制度引入日本，为日本农业生产力取得飞跃性发展奠定了基础。

三里塚农社的设想

日本农业正面临严重的危机，政府的农业政策也开始大规模转型。从 20 世纪 80 年代中期开始，农业的概念逐渐扩大，超越了一个单独的产业。人们开始将农业视为在广泛的社会、文化以及自然环境中产生的，让人们生活在其中的集体。农业政策着眼点的转变，不仅直接反映在政府的农业预算投入上，还促使政府修订《农业基本法》为中心的法律制度。比如，大规模放宽农地法的规定，使农业用地的利用以及对农民的定义更加自由。不仅如此，政府还付出了真诚的努力，探索如何克服日本农业面临的现状，创造契机促进新型农村的建立。

下面要详细介绍的"三里塚农社"的设想就是基于上述的农业政策变化做出的一个现实性、实验性的尝试。

三里塚农社(the Sanrizuka Commons)的目的在于扩大农耕的外延，深化其内涵，探讨可持续农业（ sustainable agriculture ）的理论，并开展实践。

扩大农耕的外延是指，农耕不再限定于生产农作物，还广泛包括以农产品为中间产品进行的加工和其他生产活动，以及销售和研究开发活动，使农耕的规模和组织具有综合的业务形态，在分权型市场经济背景下，从经营视角来看，能够作为一个有机的经济主体而存在。另一方面，深化农耕的内涵则是指，追求一种新的生产形态，使农社多种多样的生产活动和生活方式不会对所处的自然及社会环境带来污染和破坏，而且还能产生从健康、文化以及环境来看都极为优秀的劳动果实。这样一来，农社的生产活动在分权型的市场经济制度下，就具有了相对于工业部门的比较优势，能够作为稳定的经济及经营主体以存续，农社的生活方式从文化及环境上来看也非常理想。同时，与农社密切相关的社会共通资本，特别是自然环境，也能够保持稳定。在这个意义上，农社能够具体地实现农业的可持续发展。为了实现上述目标，农社要成为人口和土地都具有相当规模的组织，但说到底，它仍然是在分权型的市场经济制度框架内发挥作用的经济及经营主体，所以与农社业务相关的一切决议都要遵循民主主义规范来进行，这是农社存在和发展最重要的前提，需要再次强调。

三里塚农社的合约条款

农社由社员组成。社员必须充分理解并认同农社的业务目的，并且愿意为了实现这一目标而合作。社员需要拥有一定数额的农社股份，除非经过农社的批准，社员的所有股份禁止出售转让。

农社土地由公有土地和私有土地构成。公有土地由农社所有，或者由农社向他处租借取得。公有土地用于农社业务相关的途径，也可以租借给社员使用。私有土地是社员私人所有的土地。私有土地即使用于农社业务，社员仍然保留私有土地的一切权利，并可以自由行使其所有权。

要探讨农业可持续经营的形态和组织的理论，开展实践，农社应该开展以下业务：农业生产、农产品加工、销售、研究开发以及相关的多种生产和建设活动等。为此，农社分为大学部、农场部、工厂部和建设部四个部门。大学部主要负责农社的全盘规划和经营，从事农业大学、总务、会计、对外宣传等业务。农场部通过有效利用、开发土地和水资源以及农业技术创新，从事可持续农业发展的实践工作。工厂部以农产品为中间产品进行加工及生产的同时，从事销售活动。建设部建设并维护和大学部、农场部、工厂部业务相关的所有建筑及设施，同时还负责社员的住房和配套设施、农社的文化和社会性设施的建设及维护。

农业大学以实现农社的理念为目标，针对农业以及与农业直接或间接相关的问题进行理论性探索和实践活动，同时还负责农社生产活动的综合性规划和经营。

农社设立理事会，负责计划实施农社业务。理事会由五名理事构成，从中推选出一名理事长，其余四名理事则分别负责大学部、农场部、工厂部和建设部。理事通过社员总会的选举产生，任期两年，可以再次当选。

社员总会作为农社的最高决议机关，每年召开一次年度总会，必要时也可以召开临时总会。社员总会的成立条件是有过半数以上的社员参加。由 10 名评议员组成评议会，其中 5 名由理事兼任，另外 5 名由理事会委任，任期两年。评议员可以再次当选。

农社的公有土地根据实际需要可以出租给个体或者多名社员用于农场部或工业部业务。农社在进行生产活动时也可以租用社员的私有土地。农社的公有土地在需要时可以租给社员用作住宅用地，而当社员丧失资格时，原则上应将租用的公有土地归还农社。但是，经理事会审议，也可以继续租给前社员或其家属。社员可以在农社外部从事工作，接受雇佣。

　　三里塚农社的设想应该以何种形式来具体实现，还有待今后的努力。但是它为日本农业的存在方式提供了崭新的视角，希望它能指出一条通往让年轻人拥有梦想农村的道路。

第 3 章 ——

城
市

01　作为社会共通资本的城市

日本城市的变迁

日本的城市在第二次世界大战后的 50 余年间经历了巨大的变化，获得了前所未有的规模和性质。

战后 50 余年间，城市人口规模显著膨胀。第二次世界大战前，日本的城市居民人口约为 2 800 万，占总人口的约 38%。战争使城市人口大幅减少，1945 年战争结束时约为 2 000 万，占总人口的比例降至 30% 以下。其后，城市人口迅猛增加，截至 2000 年已经远远超过 9 000 万人，总人口的 80% 以上都居住在城市。

日本城市人口的扩张在始于 20 世纪 50 年代的经济高速增长时期尤其明显。这一时期，日本的产业和经济规模获得了飞跃性扩大，也加快了人口向城市集中的步伐。尤其是三大城市圈（以东京为中心的首都圈，以名古屋为中心的中京圈，以大阪为中心的近畿圈）的人口集中最显著，高度经济增长期以来的 25 年中新增了 2 000 万。如此大规模的人口流入伴随而来的，是日本城市在经济、社会、文化等诸多方面史无前例的变动和摩擦。另一方面，正是当时经济、社会、文化等各方面的变动引发了如此活跃的人口流动。总之，日本现在面临的重大问题中，有很多都和这个时期的城市人口剧增密切相关。城市人口问题可以说是我们面临的最严峻的问题。

城市作为一种社会共通资本，为众多居民提供了一个居住和工作的环境。人们在城市中工作，获得生活必需的收入，同时城市也将人们密切地联系在一起，实现文化的创造和延续。

城市和农村最根本的区别就是，城市可以不依赖本源意义上的土地生产效率进行生产活动。农村的生产活动依赖土地和时间为主要生产要素。在城市中，可利用的土地规模和功能都极为有限，但是以何种形式利用土地将决定城市的社会、经济、文化和人类活动的性质。城市被称为"文明之脸"，尤其表现在一线城市，也就是在一个国家中发挥核心功能的大城市中。城市的面貌直接体现了时代的鲜明特征，也反映了一国政治、经济等各方面的特质。

日本的城市，特别是东京、大阪等超大城市在经济高速增长时期发生了天翻地覆的变化。投资支撑了日本的经济高速增长。初期以生产基础设施的资本形成为主，主要投资于工业用地的开发和建设等。20世纪70年代之后，投资的重心转移到积累能够影响生产基础设施的社会共通资本上，特别是城市基础设施的建设，配套、修建公路、街道、铁路，建设电力及煤气的供给设施和上下水道，兴建学校、医院等教育、医疗、文化设施。以此为中心，在建设城市基础设施的过程中，日本的城市发生了巨大的变化。与此同时，民间资本投资总额也逐年上升，私有资本的巨额积累以企业厂房、个人住宅、社会及文化设施的建设为主，与社会共通资本的积累互为补充，使日本的城市实现了多样化的发展。

很多人都会认为，在这一时期，日本的城市得到了大幅改善，内涵也变得更加丰富。从土木工程学或从物质上来看，日本的城市的确变好了。从街道的构造、建筑的质量和造型来看，日本的城市至少在外观上有了长足的进步。但是，从城市本应具有的功能来看，日本的城市真的与它的物理及土木工程外观一样，取得了进步吗？再进一步，从文化、社会以及人类等多个角度来看，多数日本城市恐怕称不上有所进步。解答上述疑问之前，我们必须首先面对一个更加根源的问题：城市本来的功能是什么？

20 世纪的城市

20 世纪的城市是以现代城市规划理念为基础建设而成的。这一理念始于英国人埃比尼泽·霍华德（Ebenezer Howard）倡导的"田园城市"（garden city），后传入美国，由帕特里克·盖迪斯（Patrick Geddes）加以扩充，在他首创的区域规划思想中得到继承。勒·柯布西耶（Le Corbusier）的"光辉城市"（radiant city）的理念则是对"田园城市"的进一步升华。勒·柯布西耶的"光辉城市"将城市视为艺术作品，以合理主义精神为基础，追求几何和抽象之美，并最大限度地发挥几何和抽象的功能性。光辉城市的具体形象是，在广阔的空间中，高层办公楼、住宅零散分布在草坪之间，商业街、学校、医院、图书馆、美术馆、音乐厅等文化设施和公园都按照规划配置。设施的布局遵循几何学的直线或者曲线排布，笔直、宽阔的公路四通八达，开车可以直接到达所有建筑或设施。建筑中大量使用玻璃、钢铁、混凝土以及大理石等材料，建筑形态超越传统建筑的概念，基于合理主义的自由精神得到淋漓尽致的表现，与兼具现代设计和功能的车流相映生辉。勒·柯布西耶将高度发展的 20 世纪工业技术与抽象派艺术完美结合，用城市的形式呈现了出来。

然而，勒·柯布西耶的"光辉城市"作为抽象派艺术作品也许是杰出的，但它并不是适合人类生活、交流以及孕育文化的空间和场所。在勒·柯布西耶的城市中，人仅仅是不具有主体性的机器人。

勒·柯布西耶的光辉城市思想对 20 世纪城市的形成和再开发产生了持续的决定性影响。其中最大的原因在于，构成勒·柯布西耶的城市的汽车和大量使用玻璃、钢筋混凝土修建的高层建筑，在 20 世纪的"企业"资本主义体制下，能够诱导出符合人们期望的经济形势，同时产生出符合政治视角的有利条件。在经济高速增长时期至今的日本城市规划中，这一点表现得尤其突出。

近现代城市规划完全忽视了在城市中居住和生活的人，只不过是城市规划者自身片面、单调、浅薄的人性特征的直接投影。这一倾向由于日本土地制度的缺陷而被扩大，也加剧了日本城市的非人性化。

在此我们提出"最适宜城市"（optimum city）的概念，目的在于超越近现代城市理念，从居住和生活在城市中的居民的视角出发，探索最为理想化的城市应该具有的构造和制度。最适宜城市的思想力求探讨的是，在一个限定的区域内，受到技术、风土、社会以及经济等各方面条件的制约，应该配置怎样的城市基础设施，按照何种规则或制度运营，才能让居住在城市中的人过上从人类、文化以及社会观点来看最理想的生活。从上述意义上考虑最适宜城市时，应该留意哪些事项，需要以何种形式深入思考，下文各节将尝试解答这些疑问。

02 汽车的社会性费用

"汽车社会"与大学

20世纪90年代前期，我曾在地方的某国立大学任教。大学校园距离市中心十几公里，四周松林环绕，和自然融为一体。和我一样在这所大学任教的同事们大都做了长远的打算，以悠然的节奏专注于研究，我也觉得这里是最佳的研究和生活环境。但是，这所大学也有一个非常严重的缺点，将我们的生活和研究笼罩在阴影之中。

大学正门前有一条宽广笔直的马路，路上汽车川流不息，车速也很快。但是所有的商店都在马路对面，去电车站也必须横穿马路。而且这条路经过大学校园的前后几公里内都没有信号灯。据说是因为在这里设置信号灯会影响汽车通行，引发交通拥堵，甚至这所大学里也有对设置信号灯持否定态度的老师。因此，大学里的人，尤其是学生们，不得不冒着生命危险，趁着车流中断的短暂间隙横穿马路。

在很长一段时间里，大学所在地区的居民人均公共投资水平都远远高于其他县，并且大部分都用在道路建设相关的方面，因此该地区的公共交通设施极不发达。结果导致人们的生活主要依赖私家汽车，大学里也有很多学生开私家车上下学。虽然开车来上班的老师并不多，但是大学以及附近区域的生活方式都是以汽车为中心，到处散发着"汽车社会"特有的气息。虽然大学处于近似完美的物理和自然环境中，周围的"汽车社会"特征却给在这里生活或学习的人们带来了巨大的阴影，并成为制约大学功能的重大因素。

汽车社会给大学带来了种种负面影响，学生频繁遭遇交通事故就是最典型的一例，尤其是在道路结冰的冬季。每当听说学生遇到交通事故，我都会深感痛心，甚至有很多学生因此重伤或死亡。

大学校园被汽车社会包围，就很难形成自由和学术的氛围。特别是从学生的角度来看，这个问题具有重要意义。人与人的接触原本是产生文化最重要的契机，大学也并不是学生被动听课的场所。只有学生与学生之间、学生与老师之间保持密切联系，同时通过人格方面的丰富交流，大学才能有效地实现本来的目的。在大学的学术场所中，汽车的存在极为不合时宜，也格格不入，是大学研究和教育的极大障碍。事实上，这种情况不仅存在于大学，也同样适用于社会的方方面面。

汽车的普及

日本的交通状况从经济高速增长时期至今发生了很大的变化。特别是 20 世纪 60 年代中期开始，不论是量上还是质上，变化都很突出。以国内运输为例，货物运输量在 1965 年约为 1 800 亿吨公里，到

1998 年增至 5 500 亿吨公里。此外，旅客运输也从 1965 年的 3 800 亿人公里上升至 1998 年的 12 000 亿人公里。

通过分析内部结构，可以发现货物运输在质的方面也发生了戏剧性变化。1965 年的货物运输，有约 1/3 是依靠铁路实现的，汽车运输的比例仅占 1/4 左右。而在 1998 年，铁道运输的比例仅为 4.2%，汽车运输比例则超过了 50%。顺便提一句，内航海运的比例在 1965 年和 1998 年都在 45% 左右。

虽然不像货物运输那么剧烈，旅客运输的内部构造也发生了质的变化。1965 年，铁道运输占旅客运输的近 70%，其余约 30% 依靠汽车运输。到了 1998 年，铁道运输比例降至不足 40%，相反，汽车运输比例则上升至 60%，两者所占比例彻底颠倒。

毋庸置疑，交通系统的这些变化对汽车保有量产生了巨大的影响。1970 年日本汽车保有量超过 1 700 万辆，这个数字在 1998 年激增至 7 400 万辆。虽然人均汽车保有量与美国等相比可能并不算高，但是如果按照单位土地面积来看，日本是全世界汽车密度最高的国家。

从经济、社会和自然的角度来看，过去 30 年里日本的公路规划和建设的步伐已经远远超出了适宜水平。为什么日本的公路建设会持续这种异常的状态？为什么汽车的普及速度比原本已经很快的道路扩张步伐更快？其中暗藏的是日本政治、经济各方面之间的内部矛盾，这些矛盾使日本的文化变得更不稳定、更贫瘠。

前一节简单地介绍了我曾经任职的地方国立大学身处"汽车社会"，难以发挥大学正常形式下的功能。实际上，这所国立大学面临的问题并不是孤例。虽然程度各有不同，全国各地的大学都存在着相同的问题，或者说这种状况正好符合日本的经济社会现状。导致上述情况的最根本原因，我认为是在对汽车的社会性费用还缺少正确认识的情况下，片面强调汽车带来的正面影响，建设、维护交通系统和城市基础设施，建设形形色色的公共设施，乃至制订和实施国民经济整体的计划和国土利用计划。

汽车的社会性费用这一概念，已经在 1974 年出版的《汽车的社会性费用》一书中做了详细论述。社会共通资本的思想也是当时为了更准确地理解汽车的社会性费用而创造出来的。该书详细地推算了汽车的社会性费用之大，讨论了汽车的社会性费用与城市的形成有着怎样的关系。此后，日本经济以我未曾预料的方式发展至今，汽车的保有量以及城市的形态也都走上了与我的期待截然相反的方向。但是，《汽车的社会性费用》中的理论在今日仍然有效，甚至可以说在今日尤为紧迫，在考虑建立人性化城市的问题时，仍然能够发挥重要作用。

汽车的社会性费用

汽车的社会性费用是指，汽车的所有人及驾驶人将本应负担的成本转嫁给行人或者居民、自己却没有任何成本地使用汽车时，采用某种方法衡量的全社会遭受的损害。如果对这种社会性费用放任不管，人们越是频繁地使用汽车，就越能从私人角度获得更多利益，甚至能够导致对汽车的需求无限增大。

为了防止人们对汽车的需求无限增大，第一点可以根据汽车的社会性费用，在汽车的销售价格中增加相应的税金，使人们对汽车的必需程度能够准确地反映在需求中。随着公路的拥堵达到一定水平后，应该降低个人使用私家车的便利。比如征收道路，尤其是公路的使用费，金额相当于边际社会性费用。但是，正如前文所提到的，现实中并未采取上述方法，汽车保有量逐年飞速增加，随之而来的是建设新的公路或扩建原有道路，进一步诱发人们对汽车的需求，这种螺旋式恶性循环重复至今。要打破这种恶性循环，使用汽车过程中发生的社会性费用就应该全部由使用汽车的人来负担，也就是要实现社会性费用的内部化。由此看来，研究如何具体地测量汽车的社会性费用的大小也是重要的课题。

探讨汽车的社会性费用时，首先必须指出，仅仅考虑修建和维护公路、配备交通安全设备以及提供相关服务的成本是不够的。曾是行人通行或儿童玩耍的街道改建成可供汽车通行的公路，只计算建设的费用就可以了吗？由于汽车通行，行人和儿童无法像以前一样安全地使用这条街道，他们蒙受的损失也要考虑进来。这与社会性费用的第二个构成要素紧密相关。

汽车的社会性费用的第二个构成要素是指，如何评价交通事故带来的生命及健康上的损失。汽车带来的便利之一是每个人都能根据需要随时使用汽车，特别是在自己居住的地方就能直接使用汽车，非常方便。但是，人们习以为常地享受汽车的便利，忽略一个重要的问题：使用汽车的同时伴随着巨大的直接危险。私家车主在车库门口撞倒并轧死自己孩子这种悲惨至极的事故之所以会发生，就是由于这个原因。

不同于公共交通，大多数汽车都由非专业人员来驾驶，并且和行人在共同的空间里通行，导致汽车交通事故的发生概率增加。

可以想见，汽车引发事故的概率本来就很高。特别是在日本，很多道路结构原本并不适合汽车通行，还有很多城市的结构在规划之初并没有预留给汽车通行的道路。因此，汽车交通事故的发生概率在日本格外高。日本遍布着不利于汽车行驶的狭窄而曲折的道路，行人和汽车在这些道路上的处境都极其危险。尤其是雨雪时节，危险度更是大幅增加，这也是我在日本生活时感到最为危险的情形之一。

那么，交通事故给人们造成的生命或者健康损失应该如何衡量呢？按照如今被广泛利用的霍夫曼制度，应该这样计算：假设某个人由于交通事故失去了生命，可以计算出这个人终其天年的情况下能够获得多少收入，然后再以一定的折现率计算出未来收入的现值，也就评估出了因交通事故丧失的生命具有的经济价值。这就是汽车的社会性费用的第二个构成要素。如果因交通事故失去生命的是时日不多的老人或病人，那么这个生命的经济价值可能为零甚至为负，由此可知，用霍夫曼制度来衡量是多么缺乏人性、不合逻辑。

汽车事故导致的生命和健康的损失，这样的社会性费用不能用新古典经济学的框架来考量，应该设计尽可能将交通事故控制在最小限度的道路，计算将现有道路改造成理想的道路需要付出的成本，来推算汽车交通事故有关的社会性费用。这个问题实际上与我们追求的理想化的道路结构密切相关，从更深的层面来说，与我们追求的城市结构以及交通体系密切相关。

汽车的社会性费用的第三点是如何测量汽车行驶中产生的污染和环境破坏相关的社会性费用。

汽车行驶带来的大气污染、噪音以及震动等，威胁着人们的健康，有时甚至危及生命。除此之外，汽车行驶还会破坏人们的居住环境，严重阻碍街道发挥应有的功能。其中，大气污染对健康造成的危害尤其严重。

伴随大气污染而来的健康问题，与水质浑浊共同引发了日本经济高速增长时期最严重的污染问题。20世纪60年代的污染问题主要来自工业活动，之后汽车尾气引起的污染逐渐成为环境公害问题的焦点。

西淀川地区的环境公害诉讼问题极具代表性地体现了上述情况。这起诉讼于1978年4月第一次提起，经过长达20年的漫长诉讼，双方于1998年终于达成和解。

西淀川公害诉讼由公路沿线受大气污染公害影响而遭受健康损害的民众，以10家企业以及国家和道路集团为被告提起。

1972年宣判的四日市公害诉讼（1967年提起诉讼），法院以流行病学为基础做出法律因果关系认定，判定了多个企业的共同违法行为责任，对解决环境公害问题具有历史性意义。西淀川公害诉讼更进一步在判决结果中认定，国家和道路集团作为公路的建设者和管理者，与民间企业同样对共同违法行为负有责任。这也表明，在过去的22年间，汽车在大气污染的形成原因中扮演着越来越大的作用。

西淀川公害诉讼在有关汽车的方面还有一个重要的意义，即确认了导致大气污染的物质除了二氧化硫，还包括二氧化氮和固体悬浮颗粒物。20 世纪 60 年代的大气污染主要是因为工厂排放的硫氧化物，这种污染物容易引发人们的呼吸系统疾病，反环境公害运动的焦点也都主要聚焦于硫氧化物，并对二氧化硫设定了极为严格的环境标准，因此从 20 世纪 70 年代至今，二氧化硫的浓度实现了大幅降低。但是，汽车排放的有毒气体，特别是二氧化氮会严重危害人们的健康，并且影响范围极大。

二氧化氮不同于二氧化硫，颗粒更为细小，可以到达肺泡深处，通常会引发伴有喘鸣的肺部疾病。近年来的医学以及流行病学研究结果显示，二氧化氮与某种悬浮颗粒物结合是引发肺癌等恶性肿瘤的重要因素。

但是，1978 年日本环境厅强行推出政策，大幅放宽二氧化氮的环境标准，从原来的"每小时平均值低于 0.02ppm"，放宽为"日平均值低于 0.04 ~ 0.06ppm"。同时还变更了测定方法，二氧化氮的排放标准实质上放宽了 3 倍以上。这次标准放宽也产生了一个不可思议的现象：分布于全国的测定局所监测的数据，能够符合原有标准的只有不到 5%，却有 95% 都符合新的标准。

此次标准放宽，是环境厅屈从于日本经济团体联合会为首的财界的压力，在完全无视医学和流行病学知识的情况下做出的。修改环境标准的背景包括修建公路的问题，依据原有标准，公路建设将变得难以为继，于是产业界施压要求放宽标准。

汽车的社会性费用的第四个构成要素是对自然环境的破坏。修建公路，特别是观光公路、超级林道等，不仅会破坏森林和地形的平衡，在公路上行驶的汽车排放的有毒气体还会使树木枯萎，森林因此变成枯木的墓场。在日本的地形条件之下，很难保持森林的均衡，而汽车造成的自然破坏不仅会损坏环境景观，还会引发大规模自然灾害。

提到破坏自然环境，还必须强调汽车对文化以及社会环境的破坏。特别是在城市中，随着汽车在城市交通系统中的地位不断提高，社会环境变得不再稳定、危机四伏，文化环境也变得恶劣不堪。而且，与汽车能实现的功能相比，汽车本身占据了过于庞大的空间，城市不得不给汽车提供极大部分的空间。特别是在日本，单位国土面积可居住的人口及可运行的经济活动水平极高，因此分配给汽车使用的土地具有极高的稀缺性。可以推测，这一方面使得汽车的社会性费用接近天文数字，另一方面加油站的潜在危险、废旧汽车及废弃零部件的处理厂也造成了城市环境的恶化和丑陋化。此外，伴随汽车普及而产生的恶性犯罪还形成了暴走族之类的人群，对人们的生活造成了恶劣的影响，汽车带来的毒害真的是不胜枚举。

关于汽车的社会性费用，最后还要提到汽车生产和使用过程中耗费的能量资源越来越稀缺，以及随之而来的地球环境均衡遭到破坏的问题。汽车在生产和使用过程中浪费了数目庞大的能源，而且使用化石燃料引发了温室效应，在全球范围内破坏了环境平衡。燃烧化石燃料，特别是石油，如果不采取内部化社会性费用的政策，就无法从根本上平息由此引发的环境问题。此外，还必须指出，为了修建公路而破坏森林在双重意义上对全球气候变暖产生了负面影响。

03 城市思想的转变

社会性费用被长期忽略的原因

汽车的社会性费用在经济、社会、文化以及自然等各个方面的形态各异，总量之大也达到了天文数字的水平。设计各个城市的时候自不必说，在规划全国的交通系统时，也应该实现汽车的社会性费用的内部化，考虑公路的设计和建设费用、城市基础设施的建设，以及对购买和保有汽车征税的制度。只有这样，才能够高效地实现对包括社会共通资本在内的稀缺资源的最佳分配，保持经济和社会的稳定。

但是在日本，现有的规划完全没有进行这些考量，反而迅猛推进公路修建，促使汽车保有量加速增长。结果,日本成为全球罕见的"汽车社会"，深陷于汽车社会综合症候群的困扰中，人们的实质生活内容极度匮乏，文化水平更是恶劣至极。总而言之，在日本，汽车的社会性费用之高已经超出常理，但是内部化仍然遥遥无期。原因主要有以下几点。

公路和公路相关设施的修建促进了汽车在日本的普及。修建公路作为公共事业，一方面拉动了对土木建设的需求，确保了土木建设产业能够获得较高的利润，另一方面，它还巧妙地利用政治偏好，起到了维护以自民党为核心的专制体制的作用。

公路建设对汽车产业的发展具有巨大影响的同时，还为汽车相关产业创造了就业机会，乃至对整个日本经济社会的成长都具有促进作用。这样的情况对人们的精神结构也具有不可忽视的影响，使大家的思维形成一种普遍的风潮，即只关注光辉灿烂的一面，对负面影响视而不见。归根结底，在人们的精神结构中，汽车的普及一直被误认为是标志社会进步的最重要尺度。日本的公路建设之所以能够无休止地进行，与这种错误认识占据支配地位不无关系。

理想的城市

理想的城市应该是怎样的，这个问题到现在还没有一个社会性的共识。或者说，正是因为非人性化的近代城市规划理念处于统治地位，才没有形成对理想城市的共识。

前文介绍过，20世纪处于支配地位的城市设计理念，以勒·柯布西耶的"光辉城市"为代表。始于英国人埃比尼泽·霍华德的"田园城市"传入美国后得到了帕特里克·盖迪斯的扩充，此后勒·柯布西耶的"光辉城市"以美国为中心，在现实社会的城市建设中发挥了主导作用。

勒·柯布西耶的"光辉城市"使用混凝土、钢铁、玻璃、大理石等建筑材料，使不拘泥于传统建筑风格的极具自由感的建筑群，与兼具近代化设计和功能的汽车群巧妙地相互协调，规划出艺术作品般的城市。在空旷宽广的空间中，林立起高层建筑群，具有单一功能的不同区域划分得井然有序，所有的建筑都正对着笔直、宽广的马路。勒·柯布西耶将自己设计的城市视作抽象派艺术与 20 世纪辉煌的工业水平和谐结合的产物，但"光辉城市"中缺乏人的存在。"光辉城市"不是人类居住、生活以及从事活动的场所。在这样的城市里，人们只是按照勒·柯布西耶的意愿行动的机器人。

勒·柯布西耶的"光辉城市"对 20 世纪全球大城市的变迁具有决定性的影响。这些影响不仅出现在美国、西欧等发达国家和地区，还波及非洲、印度以及亚洲的第三世界国家。时至今日，这些国家或地区的城市都苦苦挣扎于前所未有的社会混乱和文化倒退中。日本的城市也不例外。

简·雅各布斯（Jane Jacobs）犀利地指出了勒·柯布西耶的"光辉城市"在人性上的匮乏和在文化上的恶俗。简·雅各布斯的思想已经获得广泛传播，在此不再赘述，仅简单介绍一下雅各布斯思想中与汽车的作用有关的部分。

《美国大城市的死与生》（*The Death and Life of Great American Cities*）一书淋漓尽致地表现了雅各布斯的思想。这本著作出版于 1961 年，在当时的思想环境之下，立刻抓住了众多年轻建筑师和城市设计师的心，被奉为新的城市设计理念的"圣经"。

雅各布斯在这本书中指出，美国的许多大城市都曾经魅力无穷，但是在 20 世纪 30 年代到 50 年代期间，几乎全部"死亡"。然后，雅各布斯总结了四个条件，引入创造具有人性魅力的城市的必要标准，从而实现城市的"起死回生"。雅各布斯的四个条件绝不是通过理论或是演绎得来的，而是倾注大量心血，巡回调查了美国多个濒临死亡的大城市，以及残存于城市中的仅有的具有人性魅力的社区，在此基础上归纳而成的经验之谈。雅各布斯的四大原则从正面否定了勒·柯布西耶的思想，也与意在提高土木建设产业利润的城市规划和根据行政官员的世俗思想形成的城市规划泾渭分明。

雅各布斯提出的第一点是尽量缩小街道的宽度，而且道路以到达每个街区的距离最短为佳，即使蜿蜒曲折也可以。她强调最好的街道依据人们的生活需要自然形成，勒·柯布西耶"光辉城市"以笔直、宽广、不断延伸的道路为基础，追求非人性化的环境。在这一点上，二者就形成了鲜明的对比。

第二个原则是，城市再开发时，应该尽可能多地保留古旧的建筑。雅各布斯认为，新建筑数量过多需要支付高额的折旧费用，会阻碍自由灵感的产生。

第三个原则关于城市的多样性，要求城市中的各个区域必须具备两个或两个以上的功能。这个原则彻底否定了勒·柯布西耶等近代城市设计师们一致推崇的分区规划思想。

第四个原则是在城市规划中，必须尽可能地提高各区域的人口密度。

正如前文所述，雅各布斯的四大原则并不是根据某种理念进行理论演绎得出的，而是详细考察美国大城市的历史和现状之后，总结兼具人性魅力和文化多样性的城市具有的特征推导得来的。雅各布斯否定了勒·柯布西耶的近代城市理念，提出了新的城市理念。

根据雅各布斯的城市理念，关于新的城市形态，特别是公共交通系统应该发挥的作用，都需要 180 度转换迄今为止的城市规划思想。

富有人性魅力的城市要以步行为前提来建造。雅各布斯式的街道狭窄、蜿蜒，并且每个街区距离都比较短。带有十字路口的道路交叉点应该以丁字路为基础来设计，原则上避免过街天桥之类的设施。当然，人行道和行车道在物理上应该分开，为了使行人不受汽车行驶的直接影响，应该利用树木等作为绿化隔离带。日本的城市里经常可以看到行人躲在电线杆的后面避开飞驰而过的汽车，没有比这种光景更能象征日本城市的贫瘠了。

一般而言，城市中的交通系统多以公共交通设施为中心，这样的城市规划下城市规模自然会存在极限。以东京和大阪为代表，日本大城市的规模扩张已经超出了正常的限度。对规模如此大的城市而言，很难设计出以公共交通设施为中心的交通系统，而且随之而来的还有对稀缺资源的大量浪费。

雅各布斯的四大原则提供了一种最基本的思想，帮助我们超越汽车社会型城市的束缚，创造出富有人性魅力的城市。但是要把雅各布斯的思想变为现实也绝非易事。特别是在日本，在 1955 年政治体制下，自民党、行政官僚以及土木建筑行业组成了利益同盟，使以汽车为核心的勒·柯布西耶的城市规划理念一家独大。但是，日本多数大城市

01 作为社会共通资本的教育

　　教育最能够鲜明地反映出人之所以为人的特征。对每一个人来说，要超越各自的先天、历史或社会条件，在以知识、精神以及艺术行为为代表的所有人类活动中取得发展和进步，都是教育的功劳。

　　要让这样的教育理念在现实社会中以具体的形式实现，最有效的方法是学校教育。从社会角度看，学校教育也扮演着非常重要的角色。小学、中学的基础教育，在帮助孩子形成健全的人格并成长为社会的一员上发挥着重要的作用。以大学为中心的高等教育则传授给学生更高深的知识和技术、技能，将他们培养成具有职业能力和修养的人，使他们能够为科学、技术、艺术、文化、经济等方面的进步做出贡献。因此，对一个国家或地区来说，基础教育和高等教育都是社会共通资本的重要组成要素。

教育的本质

教育是指帮助每一个孩子，尽可能地发挥他们多样化的先天及后天资质，最大程度提高和发展他们的能力，让每个孩子都能获得丰硕的成果，幸福地度过一生。在教育的过程中，不能将某个特定的国家、宗教、人种、阶级，以及经济上的意识形态作为教育孩子的基础。因为教育的目的在于帮助每个孩子成长为社会的有用之才，使他们实现个人的幸福，度过富有成果的人生。

谈到教育，必须注意下面这些问题。每个孩子拥有的先天及后天的资质、能力非常多样且极具个性，他们的愿望和梦想也各具特色、形式不一。因此，以某种单一的尺度衡量或比较孩子拥有的能力，或者以排名的形式评价孩子的表现，都远远偏离了教育的初衷，应该坚决避免。

有的孩子善于理解和写作文章，能够准确地完成数学计算、掌握图形性质，有的孩子擅长唱歌、绘画或者喜欢手工制作，还有的孩子喜欢跑步和模仿。教育的首要目的是尊重每个孩子的独特禀赋，尽可能地培养他们的能力。同时，教育还有另外一个重要的作用，就是提供各方面条件，帮助孩子塑造完善的人格，使他们长大成人步入社会之时，能够创造出充实、美满的人生。因此，教育不应该限定在狭小的单个家庭、特定地区或者阶层之中，应该尽可能地在广阔的范围内进行，让具有不同社会、经济、文化背景的孩子一起学习和游戏。学校教育制度就是基于上述教育理念的必然结果，世界上绝大多数国家都采用学校教育制度，可以说正是出于这样的考虑。

先天的知识与能力

在此，我们需要关注人类具有的一个与教育的原本目的密切相关的特征。它一直被众多教育学家忽视，直到美国语言学家诺姆·乔姆斯基（Noam Chomsky）将这一特征指出。乔姆斯基的发现是针对语言的习得过程提出的，但也同样适用于数学，即每个孩子在语言和数学上具有的先天的（innate）知识和能力。"innate"也被翻译为天生的、与生俱来的或者固有的。

毋庸赘言，教育的出发点就是语言的习得和对数学的学习。诞生在美索不达米亚平原上的人类最初的文明，就始于使用语言和计算数目。每个孩子成长为人，契机就是能够说话和数数。老话说，学校教育从读书、写字、打算盘开始。

每个孩子都生来就具有理解语言和数学思想的能力，这种理解能力是先天的。但是先天能力（有时也包括孩子在家庭环境中后天学习到的能力）在每个孩子身上的表现因人而异、千差万别。在学校教育中，最困难的就是必须让个性不同的孩子聚集在一个教室里同时上课。这也是讨论学校教育时必须注意的问题。

关于数学的先天知识

乔姆斯基的发现在语言学中比较容易理解，接下来详细介绍一下关于数学的先天知识。简单地说，数学就是从逻辑上以及数学上对数字、空间、时间的性质加以考察。在教授数学时，孩子们与生俱来的关于数字、空间、时间的先天知识和能力会发挥重要作用。

平面几何的学习最能鲜明地体现出孩子们对数字、空间以及时间的先天理解力。以下以全等三角形判定定理的证明为例进行说明。

两边及其夹角对应相等的两个三角形全等。这个命题是平面几何中最早的定理之一，证明如下：

定理 假设两个三角形 ΔABC 和 $\Delta A'B'C'$，$\overline{AB}=\overline{A'B'}$，$\overline{AC}=\overline{A'C'}$，$\angle A=\angle A'$，则 ΔABC 和 $\Delta A'B'C'$ 为全等三角形。

证明 首先，将三角形 ΔABC 的顶点 A 移至 $\Delta A'B'C'$ 的对应等角的顶点 A'，使边 AB 和边 A'B' 互相重合。此时，由于已知 $\overline{AB}=\overline{A'B'}$

因此 ΔABC 的顶点 B 和 $\Delta A'B'C'$ 的顶点 B' 重合。

同时由于已知 $\angle A=\angle A'$

因此边 AC 和边 A'C' 重合，且由于已知 $\overline{AC}=\overline{A'C'}$

因此顶点 C 和顶点 C' 为同一点。

由此可知，两个三角形 ΔABC 和 $\Delta A'B'C'$ 完全重合，即两个三角形 ΔABC 和 $\Delta A'B'C'$ 为全等三角形。

在上述证明过程中利用了图形移动时边长不变的性质，更准确地说，是两点间的距离在运动过程中始终保持不变。孩子们能够直观地理解这个性质，但是我们在教授平面几何时对此却闭口不谈。

如果说孩子本身拥有的先天理解力是一颗花蕾，教育的目的之一就是对这颗花蕾施以适当的刺激，助其成长并开花结果。但是，孩子拥有的先天理解力也像花蕾和树芽一样，极为纤细稚嫩，决不能粗暴对待，必须耐心等待它自然成长。

两点间的距离在运动过程中始终保持不变，这其中蕴含着相当复杂的含义。首先，必须明确"两点间的距离"这个概念。使用数学术语来解释，平面几何中的空间是指二维欧几里得空间，两点之间的距离是通过勾股定理得出的。运动是指在上述二维欧几里得空间中的由平行移动和垂直变换组合而成的线性转换，任意两点间的距离在运动中保持不变。上述理解随着19世纪现代数学的发展得到加深，教授平面几何时不仅完全没有必要提及，反而有可能阻碍孩子学习探索空间性质这一数学本来的功能。几何教学必须尽可能地尊重孩子与生俱来的先天知识和能力，并注重培养他们充分使用后天获得的知识和技能的能力。

这个道理不仅适用于数学，对学习语言以及其他所有教育也都完全适用。教育的终极目标就是在所有的人类活动中，最大限度地尊重每个孩子与生俱来的知识和能力以及后天获得的知识和能力，培养、促进孩子智力、身体以及情感的发展，使他们以社会一员的身份长大成人。教育是适当地刺激每个孩子拥有的智力和情感的花蕾，为它提供养料，使它绽放出美丽的花朵。每个孩子拥有的天赋花蕾都极为纤弱且容易受到伤害。但是，现今日本的学校教育制度缺乏对每个孩子拥有的智力和情感花朵的尊重和保护，反而使孩子们稚嫩的心灵受到伤害，并侵蚀他们的身体。于是，从文化、社会以及人性的角度来看，这样的学校教育制度造成的必然结果，是变得杀气腾腾、恶俗无比的日本社会。

02 杜威和自由主义的教育思想

杜威的教育理论

学校教育是以具体的形式实现上述教育理念的最有效的方法。同时，从社会性观点来看，学校教育也发挥着重要的作用。约翰·杜威（John Dewey）就注意到了这一点，并对学校教育的本质展开了深刻锐利的分析。杜威的思想基于自由主义立场，直至今日仍然是考虑教育问题的基本视角。虽然日本和美国的学校教育制度性质不同，有很多方面无法用共同的视角来比较，但是，杜威的思想至今仍然有许多值得学习之处。

约翰·杜威在其经典名著《民主主义与教育》（*Democracy and Education*）中指出，学校教育制度具有三个功能，即社会统合、实现平等以及促进人格成长。

第一个重要功能社会统合，指通过教育最终把孩子培养成能够在经济、政治、文化等众多方面对社会做出贡献的社会成员，学校教育在其中发挥的作用就是"保证使每个人有机会避免他所在社会群体的限制，并和更广阔的环境建立充满生气的联系"。

教育的第二个功能是有助于实现平等。

杜威认为，学校教育能够有效地纠正社会、经济体制内必然的不平等。学校教育使每个人都拥有平等的机会，抵消了社会、经济体制的矛盾，这不仅是自由主义教育思想家的信条，也是很多从事教育实践的教师们坚信的信条。自由主义派当中，还有很多人认为，学校教育不仅能够带来机会的平等，还有助于实现最终的平等。杜威将学校教育的这一功能称为平等主义功能。

杜威强调的第三个功能是教育在促进个人精神及道德进步方面发挥的作用，即促进人格成长功能。每个孩子都有其独特之处，他们与生俱来的身体、智力、情绪以及审美方面的潜在能力各不相同。潜在能力通过教育可以向哪个方向发展以及发展的程度，因人而异。

衡量学校教育的表现水平，要从社会统合、实现平等以及促进人格成长这三个功能出发考虑，看它对每个孩子造成的效果如何。但是，必须指出，判断效果好坏的尺度不是单一的，而是极具个性特点的。

学校教育与社会体制

学校教育的三个功能——社会统合、平等主义、促进人格成长，与社会体制的基本前提密不可分。以杜威为代表的自由主义派，对资本主义的社会、经济体制，以及政治上的民主主义，是站在肯定的立场上展开讨论的。

杜威认为，资本主义社会中多种多样的职业选择，与通过学校教育实现的人格成长密切相关。换句话说，资本主义社会中的职业等级制度（hierarchy）与从学校教育中获得的人格成长具有互相协调的关系。

杜威指出的自由主义学校教育制度的思想，需要以另一个意义上的平等主义理念的实现作为前提。也就是说，需要制度性保障，使所有孩子，无论出生在多么偏僻的地方，无论在何种家庭中长大，都能在每个成长阶段接受社会提供的最优质的教育。杜威从这一平等主义立场出发，认为应该通过免费的公立学校制度，消除人种或民族之间的不平等、经济或社会阶级分化以及男女差别。综上所述，自由主义最基本的主张是，在资本主义社会中，让教育的三个功能协同发挥作用。

杜威认为，兼具资本主义和民主主义政治的美国社会制度，就具备让学校教育的三个功能充分发挥作用的条件。

可以说，在20世纪前半叶，约翰·杜威的教育理念决定了美国基于自由主义思想的学校教育制度的性质。但是，越南战争的爆发给美国社会带来了前所未有的伦理崩溃和社会混乱。在这种环境变化的影响之下，以杜威的教育理念为基础，以公立学校为中心的美国学校教育制度，其性质也发生了巨大的改变。基于杜威倡导的平等主义教育理念的美国学校教育制度，在现实的非人性及掠夺性下，转变成了直接反映美国社会矛盾、经济不平等、文化恶俗的一面镜子，成为扩大再生产这些问题的社会装置。

鲍尔斯—金迪斯的对应原理

杜威的教育思想在 20 世纪前半叶成为自由主义教育理论的基础。但是，20 世纪 60 年代以后，美国社会经历了越南战争、种族问题、城市问题等剧烈的社会变动，自由主义教育理论大幅倒退，远离了杜威的理想。

面对这样的状况，自由主义教育理论被大规模修改。杜威提出的教育三大理念虽然仍旧有效，但是学校教育对劳动生产率的促进作用成了最受重视的方面。这种"专业技术—能力主义"理论（Technocratic-Meritocratic School）成为从经济学角度考察学校教育最基础的论点之一。它基于这样的考虑，即在资本主义制度下，每个人拥有的收入水平、社会地位和权利都取决于个人拥有的知识、身体素质和其他能力，学校教育应该培养和发展孩子的知识、体魄及其他能力，并且教育的结果体现为完成学校教育的年轻人所从事的职业以及获取的经济性、社会性报酬。通过学校教育，学生的认知和思考能力得到发展，并实现个人人格成长，毕业之后能够在资本主义社会的就业、薪资、权力分配制度中找到自己的一席之地。这就是"专业技术—能力主义"的基本立场。

按照上述观点，资本主义制度下的收入、权力以及地位分配的不平等都来源于劳动者的知识、技术以及身体能力的不平等。因此，要解决资本主义社会中的贫困和不平等问题，就必须首先实现学校教育的机会平等。事实上，20 世纪 60 年代，美国对教育制度进行了多次改革和创新，主要目的就是要解决当时美国社会中严重的贫困和不平等问题。

但是，专业技术—能力主义理论并没有统计分析的支持。比如学历高低与经济成就之间的统计相关性并不突出。鲍尔斯（Samuel Bowles）和金迪斯（Herbert Gintis）在他们的著作《美国：经济生活与教育改革》（*Schooling in Capitalist America: Educational Reform and the Contradictions of Economic Life*）一书中就对此做了详细论述。受教育时间越长，通过 IQ 得分衡量的认知智能发展程度越高。然而，认知智能发展程度高却并不一定能够获得经济上的成功。认知智能发展程度对学校教育与经济成功之间的相关关系没有直接影响，反而学校教育的综合功能对经济成功具有更大的影响。

学校教育和 IQ 指数

讨论学校教育与经济成功之间的相关关系，必须提到 IQ 指数。

20 世纪 60 年代初期，美国教育改革的主要目的在于通过教育机会的平等化，消除社会、经济乃至文化方面的差距。为了实现这个目标，美国政府对低收入阶层的孩子实行了各种形式的教育补偿。美国教育部在 1964 年对 4 000 所中小学约 60 万名学生进行了大规模调查。1966 年的《科尔曼报告》（Coleman Report）公布了详细的调查分析结果。《科尔曼报告》极具说服力地指出，20 世纪 60 年代为了改善教育不平等实施的财政再分配政策并没有取得预想的结果。

《科尔曼报告》公布之后，1972 年以克里斯托弗·詹克斯（Christopher Jencks）为首的社会学家发表了《不平等：美国家庭和学校教育影响的再评估》（Inequality: A Reassessment of the Effect of Family and Schooling in America），强调自由主义的教育改革没有任何实际效果，只不过是一种虚无缥缈的空谈。这种思想潮流后来在美国教育心理学者阿瑟·詹森（Authur Jensen）的理论中得到进一步阐释。詹森认为一切经济和社会的不平等都源于遗传决定的 IQ 差距，这种遗传特性无法通过学校教育改变。此后，心理学家理查德·赫恩斯坦（Richard Herrenstain）进一步对詹森的理论进行扩充和发展，他展开论证，认为 IQ 的分布状况决定了经济、社会特性的分布，而 IQ 具有很强的遗传倾向，因此社会和经济特性也会从一代人传到下一代人，以遗传的形式世代相传。

鲍尔斯—金迪斯的论文明确地指出了 IQ 学派的观点在统计学上的谬误，论证了这种理论的基础非常薄弱。

IQ 学派认为，个人的社会及经济背景越优越，IQ 也就越高，因此在经济上获得成功的可能性也越大。对于这种主张，鲍尔斯—金迪斯通过对下列命题的证明否定了 IQ 学派的论据：经济上的成功会平均地由父母遗传给子女这一倾向，与从父辈继承的 IQ 指数没有任何关系。因此，社会、经济背景不同的两个群体，即使 IQ 水平完全相同，他们的经济地位平均来讲也会具有父母遗传给子女的倾向。

进而可以证明，经济不平等在世代之间的传递，与通过 IQ 发挥作用的遗传机制之间不存在任何统计学意义上的关系。

学校教育与平等化功能

至于学校教育是否真的发挥了平等化功能，至少就美国的学校教育而言，回答是否定的。鲍尔斯—金迪斯研究中的统计观察可以概括如下：根据 1962 年美国人口普查的结果，在孩子 IQ 指数相同的情况下，学历是由社会背景决定的。

但是，不论是从统计学的证明来看，还是按照常理来看，家庭社会经济背景较好的孩子一般而言学习成绩也较好，所以是不是可以说家庭的社会经济背景造成的学历差距，是以学习成绩为基础的。对于这个问题，可以进行否定式推论。即使 6 至 8 岁的孩子 IQ 得分相同，拥有较好的经济社会背景的父母，相较于社会经济背景较差的父母而言，他们的子女教育水准更高一些。这种因父母的经济社会背景不同而导致的子女受教育年限的差距，很少能够用不同阶层间的 IQ 差距来说明。

当然，受教育年限的不平等只是学校教育不平等的极小部分。特别是在日本，学校之间的差距非常明显，因此学校教育的不平等远远超过受教育年限的不平等。

学校教育并没有向着解决社会及经济不平等的方向发展。相反，学校教育加剧了这些不平等，这已经成为毋庸置疑的事实。

退一步说，即使学校教育是朝着平等化的方向发展的，仍然存在统计学上的事实证明它并不能促进经济平等。劳动经济学家雅各布·明塞尔（Jacob Mincer）对于上述问题从广泛的视角进行了细致的研究。明塞尔原本倾向于专业技术—能力主义的立场，但是在统计分析了美国学校教育对收入分布的影响之后，却得出了与自己的预期完全相反的结论。

学校教育与法人资本主义[①]

专业技术—能力主义思想在产业资本主义体制下具有很强的说服力。以高度发展的技术为基础的现代产业生产技术，只有通过受过教育的人，才能有效地发挥作用。为了实现经济发展，必须提高劳动力的整体知识水平。于是，学校教育把以前只有极少数特权阶级才能享受的教育向一般民众敞开了大门，使大家都能分享现代化产业社会带来的利益，这背后就存在着前面提到的平等主义思想。

美国虽然在 20 世纪 60 年代积极地推进了自由主义教育理论为基础的教育制度改革，但是这些改革几乎全部以失败告终。鲍尔斯与金迪斯认为，最主要的原因是，在资本主义的经济及社会体制下，学校教育的社会统合、平等化和促进人格成长这三个功能无法以统一的形式发挥应有的作用。

----

① "法人资本主义"由奥村宏在《法人资本主义的构造》（1973）中第一次提出。它是日本资本主义的一种形态，主要特征为法人企业互相持有股份。第二次世界大战以后，与个人大量持有股份并管理公司的形态相比，日本的公司更多地采用了企业之间互相持有股份，由不持有股份的管理者来管理公司的形态，从这个角度将日本的资本主义定义为法人资本主义。此时的资本主义不同于第二次世界大战之前财阀企业的结合形态，经营者个人不拥有股份，所以看不到自然人的面孔，是以法人为主角的资本主义。根据 1953 年修订之后的《垄断禁止法》，股份公司之间的相互持股得到法律允许。此外，随着 1963—1964 年以后经济体制的开放，为了防止外资流入后篡权夺位，大藏省和通产省积极推行公司之间相互持有股份的做法，使这一形态得到进一步发展。

在法人资本主义体制下，社会生产关系随着等级式分工的发展，遵循官僚秩序，由自上而下的权限和管理体系来决定，而不是以新古典经济学完全竞争市场为前提的边际生产力理论为基础。开展生产活动的企业作为一个有机组织，依照核心经营管理体系规定的秩序运作，这样的社会关系绝不具有民主主义的性质，也缺乏效率。

民主主义的基本前提之一，是具有一种让人们紧密联系、彼此沟通意见的制度，能够保证每个人都根据自发的兴趣和意愿来行动。但是，法人资本主义并不具备这样的条件。事实上，劳动者、技术人员，甚至管理者自身，都不得不遵循外部权威和市场标准以及法人企业的等级分工来开展工作。接受了学校教育的年轻人又是以什么样的形式就业，在什么样的环境中工作呢？答案仍然是这种压抑、非民主主义的等级分工。在法人资本主义体制下，人们依照市场原理就业和劳动，对一般的劳动者或技术人员来说，想要根据内在动机来选择自己的行动几乎等同于失去工作。

鲍尔斯和金迪斯在《美国：经济生活与教育改革》一书中强调的最重要的一点是，在美国这种典型的法人资本主义体制下，学校制度不仅无法发挥霍瑞斯·曼（Horace Mann）提出的"伟大的平等化装置"的作用，甚至反而会强化法人资本主义体制下等级分工的非民主和压抑的性质。"（学校）教育制度与经济的社会关系相对应，于是重复生产出了经济不平等，束缚了人性的发展。"

从这样的观点来看，自由主义思想如果不直接触及法人资本主义这种决定经济、社会关系的制度本身，只改革教育制度，不过是毫无意义的空谈。鲍尔斯和金迪斯认为，美国的自由主义教育改革之所以失败，原因就是没有注意到美国资本主义体制下，压抑的政治、经济及社会制度中的根本矛盾。

世界上有很多国家为了追求教育机会均等掀起一波又一波的运动。美国尝试的"开放型教室"以及"自由学校"等运动也在一定程度上有助于学生实现人格成长、扩大人类解放的可能性等。鲍尔斯和金迪斯并没有否认教育改革运动的这些贡献，他们自信地写道："从历史的角度来看，压抑、削弱个体的力量，以及收入不平等和机会不均等现象并不是源自教育制度，也不是如今不平等且压抑的学校的产物。压抑和不平等的根源存在于资本主义的经济结构和功能之中。这是现代经济体制的特征，它彻底消灭了人们参与管理经济生活的可能性。"

03 凡勃伦的大学论

凡勃伦的大学论

前文主要以鲍尔斯和金迪斯在《美国：经济生活与教育改革》中论述的思想为中心，探讨了学校教育与社会体制之间的关系。鲍尔斯—金迪斯的理论具有一种对应原理的性质，因此可以得出以下结论，即在美国资本主义为代表的压抑、非民主主义的法人资本主义体制下，自由主义教育改革必然以失败告终。

前文还介绍说，乔治·杜威奠定了自由主义教育理论的基础。杜威在当时尚处于草创时期的芝加哥大学任教，是当时美国教育学界的代表性学者。他的信念是，美国民主主义政治体制与资本主义经济制度相调和，可以形成一个乌托邦式的理想社会。

同在芝加哥大学任教的凡勃伦也形成了自己的理论，针对美国资本主义的性质和学校教育的倾向性，提出了截然相反的观点。

凡勃伦的观点主要针对大学教育，他的大学论在 1918 年出版的著作《美国的高等教育》（*The Higher Learning in America*）中有详细论述。该书的副书名是"商业人士引导大学行为的备忘录"（A Memorandum on the Conduct of Universities by Business Men）。

凡勃伦首先阐明了近代社会中大学的定位。

文明社会积累了怎样的知识作为"真理"，决定了它具备怎样的特征。凡勃伦将这些作为"真理"的知识称为"由少数人掌握的深奥（esoteric）知识"。它包含了哪些内容，又由什么人掌握和传承，在不同的文明社会具有不同的形式。但是，所有的文明社会都有一个共同点，那就是"真理"的形式由科学家、学者、智者、神官、牧师、僧侣、医生等具有专业知识和技能的专家或某个行业的知名人物，一起组成精英集团永久地维护。

这些知识一般并不会带来物质或现实的价值，它们本身就具有固有的价值，而且多以宗教、巫术、神话、哲学或者科学体系的形式存在。但是，不论形式如何，作为文明社会的核心，这些知识象征着该文明社会的性质和特征。

对文明社会来说，这些知识也是最基本的真理，是人们认为的永远真实的知识形成的体系。积累和维持这些知识的专家组织，无论在哪个文明社会都被看作是最神圣的。专家组织的目的是永无休止地追求作为"真理"的知识，耗尽毕生心血去积累和维持这些知识。不过，一般来说，他们从事的是分工极为严格和专业化的作业。

近现代的文明社会，特别是西欧各国的大学在这个过程中也占有一席之地。虽然大学的范围和方法因所处的文明社会不同而存在差异，但需要的资质和能力是相同的，都是人类追求知识的本能朝着特定方向发展的结果，这是所有文明社会都具备的特征。

这个特征具有两个方面，说明了在文明社会中积累和维持深奥知识的专家集团的特点。凡勃伦用两个独特的短语"idle curiosity"和"instinct of workmanship"来表达人类固有的这种本能特性。人类会本能地追求知识、崇拜和赞扬知识。"idle curiosity"强调的就是追求知识本身，而不是知识带来的物质或现实有用性。这个词没有对应的翻译，我暂且将它称作"自由求知欲"。"instinct of workmanship"是凡勃伦经济思想中的一个核心概念，指技术人员、工匠以及劳动者具有一种本能，他们总是试图选择那些从生产角度来看最佳的生产技术、原材料以及生产工序。但是在现实社会中，这种本能倾向由于受追求利润等外部因素的支配，往往无法实现，凡勃伦认为这就是劳动者产生自我异化的最重要原因。这个单词也没有恰当的翻译，一般译作"作业本能"，在这里我把它称作"匠人气质"。

基于上述两种本能倾向，大学作为专门寻求知识的场所，在文明社会中居于核心地位。如今，技术在大学中扮演着重要的角色。特别是工业革命以后，一方面产业技术的应用使深奥知识的积累成为可能，另一方面大学里积累的深奥知识也使产业技术得以发展。

然而，现代技术具有目的性和功利性，而且极其僵化。它以机械过程为中心，在产业层面发挥着核心作用，而背后的实际推动者则是法人化的企业。大学对深奥知识的积累，尽管与法人企业对知识、技术的需求在动机上不同，但本质上仍然具有共同的性质。在法人企业中工作的人具有的"匠人气质"，与企业追求利润最大化的经营目标之间往往存在矛盾，形成紧张关系。

只要大学作为法人资本主义体制中的一种制度存在、延续，它的运行就会随时面临着被资本主义追求利润的至高目标支配的危险。

由此可知，大学之所以是文明社会的象征，是因为它是人类基于"自由求知欲"和"匠人气质"这两个本能，追求积累深奥知识的场所。但是，大学只不过是高等教育的一个组成部分。高等教育由性质迥异的两种行为构成，一种是研究学问和探索科学，另一种是教育学生。对大学来说，研究学问当然是首要的，然而教育学生虽然次要也是必不可少的活动，因为教育能够左右研究的质量和成果。不过，还是要强调，教育学生归根结底只是第二位。大学因其首要功能而在本质上有别于其他教育机关，它存在的本源是探求知识，是消除一切功利性和实用性目的，求索知识的场所。因此，大学中的人在行为方式、习惯、基本倾向上自然而然就产生了共同的模式。这也只有在基于自由精神，使用最新科学技术知识进行学术研究的环境中，才有可能实现。大学以外的教育机构中的那些规律、规则在这里没有存在的余地。

但是，美国的大学却引入了那些在法人企业占统治地位的标准。即知识能够带来多少经济利益？他们导入这种市场标准，用一些外在的标准评价大学的研究人员，例如他"生产"出了多少有用的知识？教育了多少学生？大学本身也要在利润最大化的约束条件下经营，就像企业一样。如同凡勃伦的副标题所表达的，利用法人资本主义中占统治地位的利润原理，大学这个曾经的神圣组织沦落到受世俗商业人士的管理和运营。凡勃伦哀叹，法人资本主义下压抑、非民主主义的等级分工理论将占据核心地位，自由求知欲和匠人气质将消失殆尽。

大学的自由

如今，全世界大学中的人都在关注，面对政府的压力，应该如何守护大学的自由（academic freedom）。国立大学自不必说，私立大学对国家财政支持的依赖性也越来越高。

大学作为重要的社会共通资本，本应象征一国文化水平的高低，也在很大程度上决定了该国未来的发展方向。那么，此时的重要课题就是，面对国家（nation）统治机关——政府（state）施加的压力，怎样才能守护大学的自由。

大学的自由包括人事任免自由、研究自由，并且能够自主设定授课及课程内容，对新生选拔方法和标准具有自主性等。但是，在财政上不得不依赖国家或其他外部组织的情况下，大学如何保持自主性成为一个重要课题。

随着科学研究的规模越来越大，所需的研究人员数量越来越多，研究设施的规模也面临着前所未有的扩大，研究所需的经费更是天文数字。在这种情况下，问题就变成了如何才能在不丧失大学自主性和内在动力的前提下，塑造能够进行创造性前沿研究的环境。高水平研究所需要的经费已经无法依靠大学自筹来解决，必须由国家或者企业投入大量资金。但是，如果引入资金阻碍了大学的自由，也就破坏了自由的研究氛围，无法实现真正意义上的独创性研究。

英国的大学制度

关于这个问题，英国大学的历史为我们提供了宝贵的教训。众所周知，"大学基金委员会"（University Grants Committee，以下简称UGC）在英国的大学教育制度中起着核心作用。UGC 在 1919 年由政府主导成立，曾经由财政部直接管辖。UGC 的职责是从财政部获得所有大学的财政预算（lump sum），再分配给各个大学。各大学可以自由利用各自预算内的资金，开展研究和教育。UGC 的主要目的是代表所有大学向政府和国民提出主张，绝不是代表政府向大学传达政府的意志和指示。UGC 最初由 12 名工作人员组成，不干涉大学如何使用各自的预算。英国的大学曾经有一句口号："政府出钱不出意见"，这句话代表了当时大学的特征。

此外，英国大学制度内部也设置了制度性安全阀来守护大学的自由。剑桥大学和牛津大学等起首要作用的大学都是由学院构成的。

美好时代的剑桥大学

比如以剑桥大学为例，它由大约 28 个学院构成，以三一学院、国王学院、王后学院等历史悠久的学院为核心，也包括一些不太知名的新建学院。剑桥大学依靠国家预算运营，但是各个学院都是私立组织，依靠私人性质的资金运营。除了两三个特例外，剑桥的各学院均为四年制"学馆"，学生在各学院住宿，去大学听课。从资金来源于UGC 这一点来看，剑桥大学属于国立，但是如前所述，政府不会干涉剑桥大学的运营。

剑桥大学各学院都拥有丰厚的基金，在人事和财务上完全独立。学院在法律上由院士（fellow）集团所有，这个组织负责学院相关的所有管理和运营。院士原则上要住在学院里，或者在学院附近居住，随时参与学院的日常运作。学院的财务和会计工作人员叫作财务主管（bursar），地位仅次于院长（master），是职责非常重大的岗位。顺便介绍一下，凯恩斯曾经担任国王学院的财务主管，他的继任者是理查德·卡恩（Richard Ferdinand Kahn）。各学院之间曾经展开过名画和名酒竞争，分别由名画委员会（Hanging Committee）和酒窖委员会（Cellars Committee）负责，由院士中年高德劭的成员担任。

大部分院士在大学里都要承担教学任务，但也有不教课的院士。院士的收入有两部分，分别来自大学和学院，由学院调整并确定"适当的"金额。来自学院的收入叫作红利（dividends），因为学院的收入来源于基金投资的股息和收益。我曾工作过的学院的基金就以对前英属殖民地罗得西亚（Rhodesia，现改名为津巴布韦）的投资为主，委任罗斯福家族进行管理。

各个学院对于招生都有各自独特的方法，独立判断和决定。考生获得学院的入学许可即可自动成为剑桥大学的学生。我在剑桥任教时（20世纪60年代中期），政府奖学金非常优厚，家庭收入水平很低的学生可以获得覆盖学费和学院住宿费用（room & board）的全额奖学金。家庭收入越高的学生，得到的奖学金越少，家庭收入超过一定水平则不能领取奖学金。当然，这种来自政府的奖学金不需要偿还。由于学院住宿费用比较昂贵，奖学金制度具有非常重要的意义。

　　由各学院按照各自的方法和标准招生的意义非常重大。我任教的学院专门有一位资深顾问（senior tutor），由他一人独自负责新生入学。资深顾问由地位仅次于院长和财务主管的人担任。当时的这位资深顾问是一位学识造诣颇深的老先生，他的工作非常繁重，一年中几乎没有任何休息时间，不停地奔波于英国各地。只要有学生提交入学申请，资深顾问就需要登门拜访，与学生本人及家长见面，还要去这名学生所在的高中，面对面地向老师详细咨询，或者与考生的朋友一起喝下午茶来了解情况。然后从各个角度来判断这名学生如果成为学院的一员，能够对他本人的人性及人格成长带来哪些益处。此外，资深顾问还要站在学院的角度考量这位学生是否符合学院的特点和特征，在此基础上决定是否批准他入学。总之，资深顾问围绕新生入学的工作需要耗费心血，四处奔波。

　　我经常与资深顾问一同参加学院举办的晚餐会，有时候也和他一起共进晚餐。每一次他都会向我详细讲述前一天或者当天遇到了什么样的学生，去了什么地方。我想这位资深顾问也是在不断地征求同事对自己所做判断的支持或者意见。

　　这位资深顾问本身是一位成绩斐然的物理学家，并且还具有崇高的人格。他不顾自己年事已高，仍然为学院的发展和学生的未来倾注心血，这种忘我的工作热情令人敬佩。院士们对资深顾问可以说是无条件信任，他对学生的判断，院士们从未提出过异议。

　　学院的学生为了听课会赶到大学，但是实际上并不十分积极。特别是在社会科学和人文科学领域，大学的授课都在大型教室进行，大都是中规中矩的课程，内容也缺乏新颖之处。另一方面，因为只要参加期末考试就可以顺利毕业，大部分学生都在宿舍或图书馆看书。午后时分，他们经常三五成群地到学院的草坪上打橄榄球，或者去剑河划小船游玩。日落之后，学生们会聚到学院的公共餐厅中喝杯啤酒。这就是剑桥大学学生的日常写照。

学院的学生需要每周和自己的指导教授面谈一次，大约 1 个小时的谈话多以学习为中心，指导教授会点评学生的汇报，或者为他布置新的课题和作业。虽然我没有做过指导教授，但我曾经指导过经济学院的几名研究生，也和他们一起在公共餐厅喝啤酒。当时一些学生说过的话我到现在还印象深刻。

以首席毕业生的身份从剑桥大学毕业的大部分人都会选择去贵族学校（public school）任教，成绩稍逊一点的学生则选择去做研究或者当公务员，成绩最差的学生才会去银行工作。对他们来说，人生的最高目标是立志成为伊顿公学（Eton College）或拉格比学校（Rugby School）等名门贵族学校的校长。

我在剑桥大学任教的这个学院非常接近大学的理想状态。过了这么长时间，现在我在思考大学作为社会共通资本的问题时，浮现在脑海里的还是这个学院的形象。

但是，就在我面临留在剑桥大学还是回到日本的抉择时，这个学院，或者更确切地说，英国的所有大学都存在的两个问题使我最终还是放弃了留在剑桥大学的念头。

第一个问题是学院之所以能保持自由、开放、充满学术氛围，是因为他们拥有丰厚的基金投资红利，其中大部分都来自对前英属殖民地罗得西亚的投资。英国统治殖民地的残虐和卑劣程度在人类漫长的历史上也是绝无仅有的。想到他们对殖民地人民的血腥压迫和剥削，以及对殖民地自然环境的无情破坏，我放弃了继续留在英国。

第二个问题是大部分学院的院士都把自己看作伊丽莎白女王的骑士，具有强烈的捍卫大英帝国的意识。对于英国的王室，确切地说对于伊丽莎白女王，院士们普遍都怀有挚友一般的亲近感。他们的言谈举止中时常流露出一种意识，认为自己正在保护伊丽莎白女王，支持着大英帝国的荣光和繁荣。

英国大学制度的变革

1968 年，教育科学部接替财务部成为 UGC 的主管部门，英国的大学也进入了全新的环境之中。教育科学部对大学预算分配过程的监管直达细节，同时还从专业角度插手大学的研究和教育内容。特别是撒切尔政权期间，与大学相关的预算被大幅缩减，很多大学渐渐失去了过去自由开放的氛围。应该说，在《罗宾斯报告》（Robbins Report）提出的大学大众化和高效化的时代大潮当中，这是必然的现象。

英国的大学在自然科学、人文科学以及社会科学的众多领域取得了无数独创和进取的研究成果，其中最大的原动力就是英国大学的自由和宽裕。所以，大学的衰退也将使英国文化整个笼罩在阴影之下。那么，日本的大学情况又如何呢？

日本的大学

日本于 1947 年开始实行新的学制。时任旧制第一高等学校校长的天野贞祐先生因反对新学制的改革而辞去校长职务。当时，天野校长把全校学生集中到伦理讲堂，举行了辞职演说。遵照占领军的命令改革为新的学制，旧制高等学校就此废止，这种改革完全忽略了日本的社会、历史条件，必将危及日本的未来。天野校长声泪俱下的辞职演说至今仍然回响在我的耳畔。我们全体肃立，无声地听天野校长宣称他将在此辞去旧制第一高等学校校长职务，而后专事对康德的研究。但是，演说给我们带来的感动还未褪去，天野先生却就任文部大臣，摇身一变成为推行新学制改革名义上的负责人，我们因此深受打击。对于就任文部大臣一事，想必天野先生也是深思熟虑后才做出的决定，但是时至今日我对此仍然无法释怀。

新学制的理念是教育的民主化和平等化，大学教育也在这股潮流中实现了均等化和大众化的发展。从数据来看，1950 年全日本的大学学生总数约为 22.5 万人，到 1999 年激增至 270 万人以上。大学教员的人数也在此期间由 1.5 万人增长至 14.8 万人。目前，日本的国立、公立和私立大学总数已经超过 600 所。大学作为学术研究场所的同时，还应作为促进学生人格成长和向学生传授知识的场所，但是在这股大众化的潮流中，各所大学是否能够充分发挥这些分内的职能呢？或者说，这六百多所大学已经无法用一个具有共性的大学概念来看待了，大学这种制度具有了多种不同的目的，也各自发挥着不同的作用和功能。

美国著名教育改革家克拉克·克尔（Clark Kerr）曾经使用"巨型大学"（multiversity）的概念来阐述大学具有的多样化的目的和功能。克拉克所说的巨型大学多指一所大学具备的多元化的目的和功能，我们可以理解为各所大学分别具有不同的目标，实现不同的功能。

但是，大学的大众化和均等化意味着，像东京大学这样在学术研究和学生教育方面发挥了主导（primacy）功能的大学的相对衰退。特别是以第二次临时行政调查会的成立为契机，提出"教育的高效化"这种莫名其妙的思想，并通过临时教育审议会确定了具体的政策改革程序。战后教育在行政工作上原本就受平等主义和效率主义的错误思想统治，这种趋势今后还将愈加显著。

从第二次临时行政调查会开始至今一直强调的效率原则，一旦在大学行政中付诸实践，将会给社会和文化带来前所未有的破坏，这已经是明白无误的事实，在此无须赘述。这种思想长期统治着战后的教育部，对日本高等教育的现状和未来带来的毒害无法估量。

东京大学、京都大学等领头的大学，作为日本高等教育的核心机构，不仅引导学术研究最前沿的方向和水平，还为青年人才提供了一个青春的舞台。这些青年将在社会的各个方面、各个阶层发挥主导作用。正是用这种方式，大学塑造了日本社会年轻一代的性格。

然而，大学的大众化和均等化让各大学威信扫地。要守护大学的自由，让大学的研究和教育维持较高的水平也变得愈发困难。

大学的自由原本就不是靠法律或制度来守护的，而是大学人一致且明确的目标意识促成的，也需要政府和普通居民对此充分理解并形成共识。要实现大学的自由，每一名大学人首先要洁身自好，将全部精力投入研究和教育中，充分发挥应有的作用，提高日本的整体学术及文化水平。不要忘记，大学要树立威信必须以自由为前提，而要保持大学的自由也只有在树立威信的前提下才能实现，这原本就是一种极其复杂的情况。从这个视角来看，可以说被寄予厚望应该发挥主导作用的那几所大学，本身也存在着严重的问题。

在现代社会，科学研究的性质发生了很大的变化，社会、经济条件也在经历历史性变革。在这样的背景下，这些大学能够为充分发挥自己原本的功能而对内部条件及制度进行真正改革吗？恐怕大多数人都会得出否定的答案。克拉克·克尔曾经把大学改革比喻为墓地迁移，形象地说明了无法依靠内部的动力来实现大学改革。但是，目前日本的大学面临着各种严重的危机综合征，即使是墓地也必须依靠自己的力量来搬迁了。

眼下必须要采取的政策是，对发挥主导作用的各个大学（包括国立、公立及私立大学）进行机构和制度改革，配备相应的财政预算，彻底保证大学的自由，使它们能够进行最高水平的研究和教育。然后，在各个大学设置评议委员会，对大学管理的方方面面发挥监督作用，加深社会对大学存在意义的理解。不用说，这些大学并不需要在所有的领域都投入研究和教育，应该根据自身的历史和传统等条件，有选择地决定在哪些领域展开个性化研究。

近来，日本大学缺乏自主性和主体性的问题越来越显著，在新教育行政程序实施以后，这个问题更是愈发严重。日本也有很多具有优良传统的大学，它们治学严谨，在众多学术领域中发挥了主导作用。但是，时过境迁，优势不再，如今我担心的是大学将全面丧失自由。

第 5 章

作为社会共通资本的医疗

作为社会共通资本的医疗

"医疗"一词的含义通常与《世界卫生组织宪章》所定义的"保健"相同。也就是说,医疗为居民提供服务,保障健康,使人们远离疾病和伤害。如果把医疗作为社会共通资本来考虑,"政府"就有义务制定相应的制度,使所有的居民都能够享受到政府提供的与保健和医疗相关的基本服务。

具体来说,"政府"必须在不同区域制定计划构建医院体系,采取必要的财政措施建设和管理医院。此外,还必须培养医生、护士和检查技师等医疗专业从业人员,建设医疗基础设施,提供医疗设备、检验仪器和药品,为所有的居民提供原则上免费或者低廉的保健和医疗服务。

然而,从国民经济整体来说,可利用的稀缺资源有限,无法按照居民的需求无限制地提供保健、医疗服务。因此,需要在某种意义上按照社会标准来分配稀缺资源。例如医院等医疗设施、设备建在哪里,如何建设;培养多少医疗行业的专业人员,比如医生;将他们分配到哪里,如何分配;以及如何进行实际的医疗行为,看病的费用,特别是检查和药品的成本由谁、按照什么标准负担，等等。

但是，这些社会标准绝对不能用官僚方式来确定，也不能按照市场准则来分配，必须以医疗专家为中心，在医学相关专业知识的基础上决定，不能违反医疗职业规范和道德。因此，这种社会标准要配备一定的制度条件，并以全社会的认同为前提，通过医生之间互评和互检的同行评议（peers review）等方式，随时检验医疗专家的职业能力、日常表现和人格资质。

满足了这些制度前提，在保健和医疗服务中实际投入的稀缺资源和花费的成本就决定了国民的医疗费用，这一金额也是从国民经济整体来看最合理的医疗费用。不是根据经济决定医疗水平，而是使经济发展符合医疗水平，这是将医疗作为社会共通资本来考虑的基本视角。从这个视角出发，同等条件下国民医疗费用占比越高越理想。国民医疗费用高意味着医生等医疗职业专家数量多，经济和社会地位也较高，也就意味着形形色色的稀缺资源被用于保健和医疗服务，更多有形和无形的稀缺资源被投入到与医学相关的学术研究领域。在此情况下，从居民的情感到文化以及社会整体都更稳定、更富魅力。制度主义经济学就包含了应该制定怎样的制度，并且使这种医疗制度能够在经济上、财政上成为可能的思考。

医疗资源的最佳分配

分配给医疗的稀缺资源也包括医生、护士、检验技师等医疗工作人员，他们也属于稀缺资源。不是所有的居民都能够自由地、不受限制地享受所需的医疗服务，因此必须考虑采取怎样的制度，才能在每个时点上以最有效率的方式、并且也是从社会利益的角度来看符合公平的方式，来分配各种优先的医疗资本。此外，如何使医疗服务的供给方（医生和护士等医疗工作人员）的职业和专业道德与个人内在动机保持一致，这样的激励相容（incentive compatibility）问题也是将医疗作为社会共通资本考虑时的重要内容。

自 1961 年开始实行全民保险制度以来，日本的医疗制度发生了天翻地覆的变化。经历了始于 20 世纪 50 年代的经济高速增长期之后，日本经济的各个方面都发生了决定性的变化，医疗规模也显著扩大。随着医疗技术的高速发展，医疗设备的现代化节奏不断加快，国民医疗费用也大幅增加。高龄人群的比例不断增加，并且这一趋势在未来很长一段时间还将持续下去。面对这种情况，国民医疗费用的增加引人瞩目，特别是由此导致的政府财政负担增加逐渐成为焦点。然而，必须指出的是，单纯从国民医疗费用的增加或财政负担加重等视角来看待医疗问题，完全是本末倒置的做法。我们必须把医疗制度作为社会共通资本，从这一视角出发，将医疗制度的实质内容，而不是经济上的医疗费用，作为问题的关键。

现行医疗制度的问题

现行医疗制度最根本的问题是基于保险计分制的诊疗报酬制度。在目前的诊疗收费制度下，医疗供给体制不可能长期保持理想状态。

在现行的社会保险制度下，医疗保险大致分为国民健康保险和职工保险。99% 的国民都可以通过一定形式享受医疗保险，缴纳的保险费大致与收入成正比，并设有一定的上限。应该看到，这样的医疗保险制度具有倒退的一面。

医疗给付的内容包括以实物形式提供诊疗、用药、医疗材料、伤口处理、手术、住院、看护、转移等服务。职工保险中包含一定程度的伤残补助，但是当前的问题是雇用保险中不包含床位差额以及全程陪护门诊等费用，不过给付比例由原来的 50% 提高到了 70%。此外，高龄医疗在 1973 年实现了免费化，但随后在 1983 年又废止了这项制度，最近甚至出现了要求提高个人负担比例的倒退倾向。第二次临时行政调查会主导的财政改革所产生的弊端在医疗制度上尤其严重。

医疗费的 90% 都按照健康保险法的规定，依据诊疗报酬计分标准支付给医疗从业者。也就是说，由各医疗保险机构每个月统计所有保险适用患者当月接受的医疗服务的详细费用，依据诊疗报酬分数，每 1 分折合 10 日元计算出诊疗的明细费用，提供给医疗机构所在地的行政主管部门。然后，经过社会保险诊疗报酬支付基金的审核后，向医疗机构支付适当的金额。

诊疗报酬计分表分为"甲表"和"乙表"，针对诊疗、疗养、检查、手术等常规医疗服务罗列了详细的项目，并针对不同项目设定了相应的分数。保险计分表的评价体系最明显的特征是以物质成本为核心，低估了医生、护士和其他检查技师等技术成本。有研究指出，英国的基础服务制度实质上已经崩溃，其中最重要的原因就是医生以及医疗从业人员的工资体系过于随意，并且常年保持在过去的低水平上；日本的保险计分制度是重复英国旧路，因此面临着同样的危险。

保险计分制度还有一个必须指出的弊端：它完全忽略了医生的经验和技术水准等要素。甚至有时候由于医生技术水准低、缺乏经验，造成手术失败，导致患者出现并发症；但此时保险计分反而增加，患者需要支付的金额也更多。这样的情况也出现在医生以外的医疗专家身上，特别是护士的技术工资被压得极低，却不得不在极其繁重的劳动强度下工作，这也是日本医疗制度中最显著的特点。

了解日本保险计分表后，我们会产生这样的印象：大部分医疗机构都面临着严重的经营困境。因为诊疗、伤口处理、手术等几乎所有的医疗行为都具有很高的技术含量，实际所需的费用仅依靠现行的保险计分表计算出的支付金额远远不够。然而，大多数医疗机构在现实中并不存在经营问题，原因就是检查费、药费、特殊治疗材料费、输血费等项目的盈余填补了医生和护士等人工费用、设施和器械等维护费的赤字。

医疗最优与效益最优的背离

一言以蔽之，日本医疗制度的矛盾来自医疗最优与效益最优之间的背离。从医学角度来看最优的医疗行为，效益上却可能达不到期望的结果。长期以来，很多效益稳定的医疗机构不得不为此付出巨大的努力，让诊疗行为从医学角度看也是优选的行为。因此在探讨现行医疗制度时，需要重点关注的并不是巨额医疗费这样的经济尺度，而应该把医疗标准与效益标准的背离作为最核心的问题。

随着医疗费用逐年增加，经常有人从经济学的角度提出疑问，探讨最优的医疗费用应该占国民收入的百分比。但是，这不是仅依靠经济学的框架就能解答的问题，还必须从医学角度出发，探索理想的医疗制度应该具有哪些性质，想要实现公正、高效需要采取什么样的经济或经营制度。总而言之，应该先确立医疗制度，在此基础上再来设定相应的经济制度，而不是让医疗配合经济，这才是将医疗作为社会共通资本来讨论的最根本的出发点。

综上所述，将医疗制度作为社会共通资本来探讨，最基本的条件是当医生从医学角度判断出的最优诊疗行为，所需的费用总是能够与医生所在医疗机构的收入相一致。从患者的立场来看，无论收入、居住地、人种或性别等条件如何，都能够随时获得医学或医疗技术上最优的诊疗，这是需求面的要求。在这一点上，现行制度虽然还有待改善，但是总体上还是很先进的。保险费率的逐步降低、保险金赔付率的逐步提高，特别是高龄医疗免费化等发展方向都符合人们的愿望，但是第二次临时行政调查会以后的行政财政改革则是完全的倒退。

对医疗制度的静态和动态分析

为了明确医疗制度作为社会共通资本的具体形式，笔者决定分别利用经济学常用的静态分析和动态分析进行探讨。

静态分析或者说短期内需要考虑的问题包括：给定了医疗或检查设施、器械以及医生、护士等医疗人力资源，应该实施哪些医疗行为，以及这些医疗行为产生的费用应该如何负担？给定了医疗机构的区域设置、规模、设备、器械等硬件资源，医生、医疗从业人员的社会分配，医疗专业人员的资质能力等人力资源时，应该依据何种标准选择患者，按照什么顺序、实施哪些诊疗？诊疗行为按照医生的指示来进行，此时就要求医生必须基于纯粹的医学判断来下达指示。其中最重要的一点是，医生的判断不能受床位费、检查费、药品费、治疗费、手术费等与保险计分或价格有关的费用影响。按照米尔顿·弗里德曼（Milton Friedman）提出的市场标准来提供医疗服务，医生就会选择使用带来更大收益的药品，以使利润最大化。如果医生采取了这种做法，也就丧失了作为医生的资格，丧失了患者的信任，医疗制度本身也将无法顺利实现应有的功能。

理想的医疗制度下，医生将选择医学上最优的诊疗行为，实际费用就直接成为该医生所在医疗机构的收入。也就是说，理想的制度不依据现行的保险计分制度支付相应的费用，而是根据各医疗机构的实际支出，由社会保险医疗报酬支付基金支付相应的金额。

这时的问题就变成了如何确定"实际费用"，其中最重要的是医生、护士等医疗专业人员的收入应该按照什么标准来决定，医疗行为应该如何监督。

很明显，这些都不能适用弗里德曼的市场标准。依据市场标准，医生的收入应该由诊疗行为使患者获得了多少经济上的收益来决定。同样的手术对收入更高的患者能够比收入较低的患者产生更多的经济收益，医生的收入也应该随之增加，这就是按照市场标准来决定医生收入时会出现的情况。极端的情况下，如果患者是一位濒临死亡的高龄患者，那么治疗的经济收益近乎为零，医生的收入在这种情况下也将为零。

因此，付给医生的报酬不能基于市场标准来决定，必须从社会角度考虑符合医生职业的水平。虽然要确切地决定医生的收入水平绝非易事，但是医生是最神圣的职业之一，因此从社会角度来考虑的收入水平必须反映出这种较高的地位。而且，医生的大部分报酬通常应该是固定工资，构成保险计分制度前提的绩效工资则应该尽量限制。

当然，这一报酬制度的前提是医生在工作中能够自觉遵守职业道德，具有专业人士应该具备的科学见解和娴熟技能，并且有优秀的人格特质。此外，这样的制度还需要专家和社会对医生的诊疗行为随时进行严格的监控作为前提。

从动态的观点来考虑医疗制度，不仅要依据医学的标准来衡量，还要同时考虑到社会、经济等多方面因素。进行动态或者长期分析要考虑的问题，是如何建设各种医疗设施，如何配置多种医疗器械，还有如何培养医生、护士等医疗专业人才，以及如何积累丰富的医学知识和技术。简单来说，就是按照何种标准来积累医疗资本，以及如何积累医疗资本的问题。

总而言之，要解决动态层面的问题，必然需要将原本不是用于医疗的具有其他社会或个人用途的稀缺资源转而投入到医疗领域中。此时需要注意的是，用于医疗的稀缺资源会产生怎样的社会及个人价值，在这个问题上应该形成全社会广泛的共识。从这个意义来说，用于医疗的人力、物力资源越多，越符合社会、文化视角的理想状态。也就是说，一国人口中从事医疗相关职业的比例越高，从社会角度来看就越稳定，在文化上也就越符合人们的意愿，经济的功能则是为了支持医疗制度。

但是，这样的观点要想得到社会的认可，前提是医生在各自的专业领域要随时掌握最新的知识，并始终坚持医生的职业操守。这又与按照什么标准招收医学生，如何对毕业前及毕业后的医学生进行医学教育等问题紧密相关。现行的以入学中心考试为代表的招生标准缺乏人性化和个性化的特点，我们应该实行的入学选拔和医学教育制度，要能够充分发挥各医科大学和大学医学部的特有传统和个性。这是前提的前提。

在探讨作为社会共通资本的医疗制度时，无论是从短期还是从长期看，独立核算原则都是不妥当的。因为要使医学上的最优方案与经济上的最优方案保持一致，必须从社会的角度对两者之间的差距给予补偿。

第 6 章

——

作为社会共通资本的金融制度

01　美国金融危机

20 世纪末的金融危机与 30 年代大萧条

20 世纪 80 年代至今，世界金融制度经历了前所未有的大规模、长时间的混乱和变革。特别是 20 世纪 80 年代后期至今日本金融系统出现的巨大混乱，完全可以称为是一场"金融危机"。世界的金融制度为什么会陷入如此严重的危机呢？详细分析其中的历史发展过程，我们可以发现，此次金融危机与 20 世纪 30 年代大萧条如出一辙。

20 世纪 20 年代中期开始，以美国为中心围绕土地、初级产品、石油、黄金、美术及古董等对象的投机行为引发了金融泡沫。投机热潮又逐渐蔓延至股票市场，引起了规模空前的股票投机交易，股票市场出现了前所未有的股价上涨。但是好景不长，1929 年 10 月到 11 月间，纽约股票市场经历了连续两次史无前例的股价暴跌。之后，股票价格持续下跌，与 1929 年 9 月的高位相比，1933 年的股价已经下跌了一半还多。纽约股票市场的股价暴跌引发了金融恐慌，影响很快波及整个美国经济，最终席卷了全世界各资本主义国家，发展为资本主义史上空前的大规模恐慌。这段时期就被称为大萧条时期，反映了人们对当时金融市场急剧恶化的极度恐惧。1933 年，美国工业部门的失业率高达 37% 以上。美国的实际国民收入也在 1929 年到 1934年的 5 年内降到只有原来的一半，有近万家金融机构被迫倒闭。

时任美国总统的胡佛在始于 20 世纪 20 年代中期的这场金融泡沫的形成过程中，反复强调这是完全正常的经济活动，物价上涨体现了商品实际价值的提高。到了 1928 年，纽约股票市场上的股价飙升在美国全国范围内引发了异常的投机热潮，但是胡佛总统仍未改变他的看法。支持胡佛总统的有当时在美国经济政策方面最具影响力的耶鲁大学教授欧文·费雪（Irving Fisher）。欧文·费雪是新古典经济学思想的代表人物，他认为资产的市场价格总是等于该资产未来能够产生的收入的折现值。股票市场的价格也总是等于股票未来分红的折现值。据此，他认为纽约股票市场的股价上涨是美国产业繁荣的体现。

1933 年 3 月，罗斯福就任美国总统，在就任后召开的首次国会上，时任司法部长的霍默·卡明斯（Homer Cummings）做了以下发言：

> 现在，美国经济面临的是资本主义制度向美国发出的挑战，是资本主义对美国发起的战争。现在，美国正处于战争状态，政府应该实施《对敌贸易法案》（Trading with the Enemy Act）。

《对敌贸易法案》是美国独立战争时期制定的法律，规定在战争状态下，即使未经国会批准，重要的法律或政策也可以以"总统通牒"（directive）的形式直接实施。罗斯福总统接受司法部长卡明斯的建议，颁布的第一份通牒就是《1933 年银行法》，该法后来也被称为《格拉斯—斯蒂格尔法案》（Glass–Steagall Act）。顺便一提，第二次世界大战以后，唯一一次实施《对敌贸易法案》发生在 1971 年尼克松政府对日本纤维谈判时期。

引发 1929 年金融恐慌的主要原因是银行的反社会性和不道德的行为。银行以股价的 10% 为保证金为购买股票发放贷款，煽动了股票市场的投机热潮。银行原本应该发挥维护经济活动顺利运行的作用，保证人们的稳定生活，它是经济社会的核心制度，绝不能被反社会及不道德的目的利用。

制定《格拉斯—斯蒂格尔法案》的目的是为了站在综合视角对金融制度进行改革，内容包括大幅强化中央银行的权利，分离金融与证券业务，设定存款利率的上限（Q 条款 [Regulation Q]），限制银行对企业持股，建立存款保险制度等。

罗斯福总统为尽快结束大萧条，让经济从不景气中恢复，以《1933 年银行法》为出发点颁布的一系列政策就是罗斯福新政（new deal）。在罗斯福新政中，与《1933 年银行法》同期的另一项核心政策是新设的田纳西河流域管理局（Tennessee Valley Authority，TVA）。田纳西河流域开发计划是一项综合性地区开发计划，在田纳西河修建数个规模巨大的水利设施，促进这一广阔流域的农业和工业的发展，确保当地居民的稳定就业和生活。

《1933年银行法》将银行作为一种社会共通资本，给银行经营设定了社会标准，也创造了充分的条件，使银行能够发挥应有的根本职能，保证国家或特定地区的经济活动顺利进行，保障人们的生活稳定。同样地，设立田纳西河流域管理局的目的在于建设社会基础设施，通过田纳西河流域的综合性开发，确保当地产业的发展和居民稳定生活。同时，通过形成社会共通资本，推出有效的对策来应对这次规模和强度都史无前例的大萧条。

这两项新政都遭到了保守势力的强烈抵制。特别是田纳西河流域管理局竟然被联邦最高法院以政府介入民间资本事业领域为由裁定违宪。1943年田纳西河流域管理局通过改变基本机构设置，才勉强维持了原本的设立目的。

通过新政联盟的自由主义政治运动，新政才得以实现，而新政背后蕴藏着的，是以凡勃伦为中心的制度学派经济理论对欧文·费雪为代表的新古典经济学的全面否定。银行及社会基础设施等社会共通资本具体体现了凡勃伦的制度主义。但是，社会共通资本的思想要在经济学理论中赢得一席之地仍然需要经历漫长的道路。

货币主义与理性预期假说

回顾经济学的发展轨迹，以货币主义（monetarism）为开端，理性预期假说（rational expectation hypothesis）为代表的反凯恩斯主义的发展，让新古典经济学走向了更为极端地反社会、不道德的形式。而最初的萌芽，是1956年米尔顿·弗里德曼编著出版的《货币数量理论研究》（*Studies in the Quantity Theory of Money*）一书。该书收录了芝加哥大学在弗里德曼指导下完成的支持货币数量理论的学位论文。古典的货币理论假设劳动力市场总是处于充分就业的状态，实际收入分配保持稳定，货币的流通速度只取决于各项制度条件，与时刻变动的经济条件无关。货币数量理论正是以古典货币理论为前提的。

弗里德曼的货币主义理论后来又通过理性预期假说获得了"理论依据"。

理性预期假说最初由约翰·穆思（John F. Muth）在 1961 年为分析农产品市场的价格变动机制而提出，随后罗伯特·卢卡斯（Robert E. Lucas）在 1972 年发表的题为《预期和货币中性》（Expectations and the Neutrality of Money）的论文中，非常严密地论证了古典货币数量理论，确立了理性预期假说的思想。

卢卡斯用两个小岛的寓言解释了自己的模型。在一个由两个小岛组成的经济系统中，每隔固定的时间（单位期间）就会有一定数量的人口出生，然后被分配到其中一个小岛上。具体分配到哪一个岛是随机的，并且分配的概率分布保持不变。假设这个经济系统中的人都准确地知道这种形式，所有的人都只能活两个单位期间。人们在第一个单位期间（第一期）出生、工作，消费一部分收入，并将剩余部分收入以货币形式储蓄起来。在第二个单位期间（第二期），人们会使用第一期储蓄下来的货币，购买当期出生的人生产的商品，维持生活，直至期末生命终结。所有的人都具有相同的技术和偏好，选择相同的行动。市场中只存在一种商品。两个小岛之间不存在任何交流，但都有货币管理部门。两个小岛都按照第二期初的货币数量乘以固定比例计算出的金额给每个人发放货币。货币供给的增长率也呈概率分布，并长期稳定，人们都能事先明确知道货币供给的这种形式。

小岛上产品的价格，最终由第二期的老人持有的货币与第一期的年轻人对货币的需求达到相等时的水平决定。此时，市场处于完全竞争状态，每个人都可以根据自己拥有的信息准确地计算出未来市场价格的概率分布。由于每个人都能准确地知道岛上每一期人口数量的概率分布以及货币供给增长率的概率分布，也就能够计算出期初货币供给量、人口数量和货币供给增长率如何决定本期市场价格，从而准确得知它们之间的概率分布。另一方面，如果已知未来市场价格的概率分布，就可以确定某个时点唯一的市场价格。这就"证明"了最终决定市场价格的函数关系是一种单值函数。在这个过程，市场价格与最初存在的货币量成正比，系数为货币供给增加率与人口数量的比例。在卢卡斯模型中，只要满足理性预期假说，货币数量理论就可以得到严密的"证明"。

理性预期假说假设人们能够准确获知，自己从事的经济活动对未来市场价格的客观概率分布会产生怎样的影响。另外，还假设未来市场价格的概率分布会影响人们采取的最有利于自己的行动，而且人们都具有准确的知识能够了解其中的影响方式。在理性预期假说成立的条件下，人们对未来市场价格的概率分布做出预测，并按照预测选择对自己最有利的行动，实际上也就促成了市场价格的客观概率分布与最初的预测完全一致。简而言之，理性预期假说下，人们能够准确获知未来市场价格的客观概率分布，在目前时点形成对未来市场价格的预期，这个预期值与未来市场价格的客观概率分布的均值一致。正如卢卡斯论文所论述的，在这些假设条件之下，市场机构中的资源分配方式无论是现在还是将来，自始至终都具有最高效率，因此在某种意义上也就证明了货币数量论的正确性。

　　究竟需要怎样的条件才能使理性预期假说成立呢？人们要准确获知未来市场价格的客观概率分布，首先必须具备的前提是假设市场总是出清。其次，必须假设人们都能够准确地了解影响均衡价格的各种结构性因素。为了得出均衡价格，必须知道需求曲线和供给曲线各自在每个时点的形状，还需要了解影响它们变动的因素和具体的变化方式。另外，人们还需要掌握需求曲线和供给曲线的概率分布。在此基础上，通过规模庞大的计算，得出未来各时点市场价格的概率分布，才能够采取符合理性预期假说的行动。这一过程不仅假设人们能够完成规模庞大的计算，还默认不需要为此耗费任何成本和时间。但是，如果真如假设中描述的那样，单个经济主体具有全部的必要知识，拥有一瞬间就能完成大规模计算的能力，那么市场制度本身也就失去了成立和发挥作用的必然性。实际上，人们在无法事先预知最终市场价格时会反复进行尝试性交易，也只有在这个前提之下，市场制度才会成立。

　　理性预期假说还具有另一个重要含义，如果人们掌握了需求曲线和供给曲线，也就否定了市场制度的分权性。想要准确确定需求曲线的具体形状，就必须具备正确的知识，了解构成经济的所有消费者的不同偏好以及影响他们消费行动的因素。而要准确确定供给曲线的形状，就必须掌握所有生产者各自在怎样的技术条件下以什么样的动机从事生产活动。且不说这种条件在现实经济社会中几乎无法实现，单从制度上来说，这些假设前提否定了分权制。因为每个人都要侵犯他人的私密，深入别人内部，调查别人的偏好、技术、行为动机等。分权制作为市场制度的重要前提条件，弗里德里希·哈耶克（Friedrich August von Hayek）做了积极论述。理性预期假说的理论结构非常矛盾，否定了市场制度成立的前提条件，却以此证明了市场制度的高效和优越。

只要承认理性预期假说的假设前提，货币中立、充分就业、自然失业率的均衡状态以及市场机制的动态效率（dynamic efficiency）等新古典经济理论的核心命题都可以得到严密的证明。从这一点来看，在 20 世纪 70 年代反凯恩斯主义盛行之际，理性预期假说具有非常重要的意义，而卢卡斯的论文因为严丝合缝的逻辑推论更是在其中发挥了重要的作用。但是，20 世纪 80 年代以后，以格兰德蒙特（Jean Michel Grandmont）为首的众多学者指出，卢卡斯的论文在逻辑上也存在着重大的谬误，由此形成了对理性预期假说乃至对整个反凯恩斯主义经济学的反思潮流。但是，这已经是在 20 世纪 70 年代反凯恩斯主义大流行之后了。引入浮动汇率制度，放宽乃至取消对金融的限制等基于货币主义的金融制度改革已经开始，危害已经超越金融部门，扩展到整个经济中。前文介绍的从 20 世纪 80 年代至今世界各国出现的金融制度上的混乱和动荡，都与这种以货币主义为基础的金融制度改革有着直接联系。

放宽和取消金融监管，以及 S&L 泡沫的产生和崩溃

　　究其根本，以货币主义和理性预期假说为代表的反凯恩斯主义经济学的论述前提是：在稀缺资源私有的资本主义市场经济制度下，劳动力总是处于充分就业的状态，实质收入分配保持稳定，货币的流通速度也保持不变。也就是说，反凯恩斯主义经济学从根本上否定了社会共通资本的存在，从一开始就将政府的职能限定在司法、警察等领域之内。反凯恩斯主义经济学的政策结论可以归结为一点：要使资本主义市场机制能够正常运行，应该取消一切政府监管。也正是在反凯恩斯主义经济学盛行的时期，对金融领域的各种监管措施被放宽乃至取消了。（详见宇泽弘文、花崎正晴编《金融系统的经济学》，东京大学出版会。）

　　20 世纪 60 年代末，保守派对"新政联盟"以来的自由派政治潮流的抵触开始升级，到 70 年代得到进一步加强。1971 年的亨特委员会报告就象征了这一潮流。亨特委员会是研究金融机构监管措施的蓝带委员会，他们讨论的前提是认为规定（Q 条款）或监督（control）必然会招致品质下降，并最终得出结论，认为要实现自由且富有竞争的金融制度必须进行根本性改革。此外，美国国会众议院银行委员会于 1972 年提交了题为"FINE Study"的报告，为亨特委员会的结论提出了具体建议。在这些建议下，美国国会通过了《1980 年放松对存款机构的管理和货币控制法》，开始了对金融机构监管的大幅度放宽，内容包括分阶段逐步取消规定存款利率上限的"Q 条款"，同时允许储蓄贷款合作协会（Saving and Loans Association, S&L）参与广泛的金融业务。1982 年国会又通过了《加恩—圣日耳曼法》（Garn-St. Germain Depository Institutions Act），允许存款金融机构引入可以自主设定利率的"货币市场存款账户"（money market deposit accounts）。

受这一系列放松政策影响最大的要数 S&L，它原指吸收短期存款，以固定利率发放长期住房贷款的金融机构。放松监管后，S&L 能够从事商业借贷、消费者贷款等短期借贷业务，也就能够直接与银行等其他金融机构竞争。20 世纪 70 年代末期开始，美国进入高利率时期，S&L 等储蓄金融机构于是大多也陷入了严峻的经营危机。自 20 世纪 80 年代后期到 90 年代初，有数量惊人的管理不善的 S&L 陆续倒闭。1989 年，继制定了《金融机构改革、复兴与强化法案》之后，又成立了规模庞大的"重组信托公司"（Reconstruction Trust Corporation, RTC），负责处理破产的 S&L 资产。政府向 RTC 投入无须偿还的财政资金，同时严厉追究长久以来造成 S&L 管理不善的管理者的刑事责任，至 1995 年 RTC 解散为止，有数千名 S&L 管理者获刑入狱。

发生于 20 世纪 80 年代后期至 90 年代前期的美国金融危机，其影响范围不仅包括 S&L 等储蓄金融机构，对商业银行也产生了严重的冲击。其中影响最大的是 1984 年伊利诺伊大陆银行（Continental Illinois Bank）的破产。作为全美第七大银行，伊利诺伊大陆银行的破产给作为社会共通资本的金融制度的管理及政府监管等诸多方面提供了重要启示。

02 日本的金融危机

日本的金融崩溃

　　住宅金融专业公司（简称"住专"）问题是日本金融崩溃的源头，同时它还鲜明地体现了日本金融崩溃的特征。正是因为日本在处理住专问题上的不透明、不充分，才导致了经济发展的停滞和社会混乱。

　　住专问题是日本特有的金融行政制度的必然产物。或者说，住专问题象征了战后 50 年间一直支撑日本经济、社会的各种制度条件已经变得陈旧不堪，无法适应新时代的要求了。

　　长期以来，日本的金融政策都是以大型银行为中心，这种被称为"护航制度"（convoy system）的金融行政制度必然会导致日本金融机构缺乏职业操守和社会责任感，以及职业能力水平的下降。这一系列问题在 1986 年至 1990 年的泡沫经济鼎盛时期凸现出来。住专问题产生时的情形，人们应该还都记忆犹新。在东京和大阪为首的全国各大主要城市，以大型银行为主导，鼓励房地产商大量购入土地。在这个过程中，曾经让人们安居乐业的街市遭到破坏，满目疮痍，绝大多数的居民因此苦不堪言。这种由大型银行主导的大规模买地行为，给整个国家和居民带来了难以估量的损失。此外，房地产商还大量收购了农村和山区的土地，用于修建高尔夫球场和各种休闲疗养设施。收购土地的资金则来源于大型银行借款。这些土地有很多至今还停留在半开发状态，导致了如今农村和山区的荒废。

在护航制度下，日本金融机构逐渐失去了应有的职业道德和社会责任感。它们利用《广场协议》（Plaza Accord）后的金融制度，最终酿成了经济泡沫，给日本的经济、社会带来了巨大的损失，这远非金融当局为解决住专问题投入的 6 850 亿日元或最终投放给银行的高达 70 万亿日元的公有资本所能挽回的。因为泡沫经济从根本上危及了整个日本社会。

1995 年，大和银行纽约分行巨额亏损事件使人们看到了日本金融危机的冰山一角。该事件之后，日本银行与欧美银行的短期利率之间出现了巨大差距，这就是"日本溢价"（Japan Premium）。1995 年秋季的利率是 0.5%，伴随着日本金融危机的不断恶化，利率也不断上涨，到 1997 年秋季甚至超过 1%。日本的中央银行日本银行为了帮助商业银行摆脱困境，长期将基准利率控制在史上罕见的超低水平，致使国民在此期间蒙受了难以估量的损失。

从表面上来看，日本金融危机得到了控制和解决，但距离真正意义上的问题解决还有很长的路要走。

所以，社会共通资本绝不能作为国家统治机构的一部分进行官僚式管理，也不能作为追求利润的对象被市场左右。社会共通资本的各个部分必须由相应领域的专家遵循职业规范进行管理和维护，尤其是金融这种高度专业化又与经济、社会及政治等多方面要素交织在一起的社会共通资本。因此，要明确地定义它的职业规范，以及在金融相关市场创造出配套的结构性和制度性条件，确保经济循环的稳定，都极具难度。并且，当金融制度走上广泛的国际舞台时，上述问题的难度就更高了。

第 7 章

——

地球环境

01　人类史中的环境

自然环境

在经济理论中，自然环境应该如何定位呢？自然环境具体是指森林、草原、河流、湖泊、海岸、海洋、水、地下水、土壤以及空气等。此外，森林和草原中生存的各种动植物也都是自然环境的组成部分。

按照这些不同的形式，可以把构成自然环境的具体要素进行分类，但是，提起自然环境时仍然要将它作为一个整体，自然环境的多个构成要素之间往往密切相连。比如，森林不单指构成森林的树木，还包括地表下的水流、蕴含微生物的土壤、森林里生息的动植物等，森林是由所有这些要素构成的一个整体，我们把它称为自然环境，或者作为环境的概念来探讨。

自然环境的性质类似于经济理论中的存量，而很多构成自然环境的稀缺资源在生产和消费等经济活动中都扮演着不可或缺的角色。从这个角度来看，关注自然环境发挥的经济作用，可以引入自然资本。

自然环境的一个典型性质是它的再生产过程取决于生物学或者生态学因素。把一片森林看作自然资本，用树木的总重量来衡量自然资本的存量，随着时间的流逝，森林的存量会发生怎样的变化呢？这就要根据森林里每一棵树木生长或枯萎的速度来衡量，而生长和枯萎的速度既依赖每棵树木的种类和树龄，同时还会受到森林中的水流和土壤的性质、各种动植物及微生物的活动的影响。

其他自然环境中也有类似的现象，其中一个经常被引用的例子就是渔场。在经济学中，通常把一个划有明确界限的渔场看作自然环境，用渔场中鱼的数量来衡量这个自然环境的存量。为了便于讨论，假设渔场里只有一种鱼，并且不考虑鱼的年龄构成，渔场中的鱼要繁殖，不仅取决于有多少浮游生物和小鱼可以作为饲料，还要受水温、海水洋流以及沿岸生态状况等影响，有时还受到上游的森林的状态左右。

在这种情况下，自然资本的存量随时间会产生极其复杂的变化，它受生物学、生态学以及气象等诸多因素的影响。因此，与经济理论的研究对象工业部门中的资本或资本消耗相比，自然资本的时间变化率在本质上具有截然不同的性质。

将自然环境视为自然资本时，它的规模经济或者外部（不）经济也与经济理论中的传统概念具有本质上的不同。

我们可以首先以森林为例，讨论自然资本的规模经济。假设用面积来衡量森林的存量，当森林的面积扩大两倍，它作为自然资本在经济活动中发挥的作用会变成几倍呢？比如说，假设森林可以生产木材，那么将两片面积相同、树种相同的森林合并，每年的木材产量会变成原来的两倍吗？此时无法直接套用以工厂生产为中心的经济理论常识。所以，讨论森林作为自然资本时，无论从统计角度还是实证角度，都还没有充分的、令人信服的分析。

同样的问题也存在于外部（不）经济的概念中。一般情况下，将自然环境看作自然资本在一定程度上会存在外部经济效应。但是，也要考虑到超出这个界限之后会出现的外部不经济效应。

另外，在考察环境的经济作用时，不能无视构成自然环境的多种要素之间错综复杂的关系。比如，构成森林的水流、不同树种间的共生关系、土壤性质、森林里生息的各种生物及微生物之间都存在着复杂的关系，这些关系会对森林的经济功能产生重要影响，因此考虑森林的经济功能时，也必须把它们囊括进来。自然资本不存在决定工厂生产过程的机械性关系，尤其是考虑到气象条件的影响，自然环境发挥的经济作用在本质上具有统计学和概率论意义。

自然环境与人类的生存

自然环境对于人类的生存和生活发挥着至关重要的作用。

毫无疑问，包括人类在内，所有生物都要依靠空气才能生存。宇宙中，除地球以外具有大气层的星球非常稀有，而地球自诞生以来也是经历了 46 亿年的漫长岁月和多次的偶然，才形成了厚达几十千米的大气层。它以水蒸气、氧气、氮气为主要成分，同时还有极微量的二氧化碳和甲烷等温室气体，确保地表平均温度能够稳定地维持在 15 摄氏度左右，保障了人类的生存。此外，大气层外还包裹着臭氧层，它能吸收太阳紫外线，为生物在地球上生存创造条件。

地球表面的平均气温维持在 15 摄氏度左右也是非常重要的条件，使得赤道附近的暖湿气流上升，带来了地表各处的降雨。通过降雨，水得以在地表循环，促成土壤、森林、草原的形成，创造出适合多样化生物生存的条件，造就了地球上美丽的大自然。在我们已知的天体中，只有地球具有如此美丽的自然环境。

从经济学的角度考察自然环境，首先必须注意，人类在自身的发展过程中是用什么样的方式与自然环境相处的？这个问题也紧密地与我们如何对待文化相联系，绝不能把它埋没在狭义的经济学框架内。

说到"文化"，首先需要明确，传统社会中的文化与近代社会中使用的"文化"一词在含义上具有本质差异。

美国印第安部落酋长西雅图于 1854 年说过的这段话非常具有代表性：

> 我们知道，白人不能体会我们的想法。他们就像夜晚到访的异乡客，对大地予取予求，每一寸大地对他们而言，看来都是一样的。他们将大地视为敌人，一步一步地加以征服，而非以兄弟之礼对待。他无视父辈的坟地，他剥夺了子孙的土地，一点都不在乎祖先们的劳苦与后代生存的权力。他对待他的故土及兄弟，就如同绵羊与耀眼的首饰一样，可以随意地买卖与掠夺。他的贪婪将毁灭大地，而最后留下来的，将只是一片荒芜。

"走下神坛：销售公共物品"

1994 年 7 月，联合国政府间气候变化专门委员会（Intergovernmental Panel on Climate Change，IPCC）在肯尼亚首都内罗毕召开了"关于气候变化的伦理及社会性考察"研讨会，安·海登里希（Ann Heidenreich）和戴维·霍尔曼（David Hallman）在会上发表了题为《走下神坛：销售公共物品？》（From Sacred Being to Market Commodity: The Selling of the Commons?）的文章，对上述问题展开了论述。

海登里希和霍尔曼在论文中指出，关于文化存在着两种截然不同的思维方法。

在传统社会中，"文化"意味着"包含社会沿袭下来的行为模式、技术、信念、制度，以及人们的活动和思想产生的所有能够代表这个社会及社区特征的内容的整体"。近代社会中所说的"文化"，一般只限定于"知识性、艺术性活动"。

马赛族的年轻人说到"文化"时，会想到自己的同龄人，会联想到传统制度如何形成社会，如何利用自然资源。但是，北欧人所说的"文化"则一定是指艺术、文学、音乐及剧院。

宗教也在环境问题中发挥着重要作用。因为宗教相信有创造自然、支配自然的超人类力量存在，崇拜所有神圣的事物。

可以说，自然环境与文化、宗教相关联的方式决定了社会整体。在某个社会中被视为自然的事物在另一个社会中则被认为是"文化"。肯尼亚及坦桑尼亚的马赛族不存在表示宗教的词语，因为他们将宗教与赖以栖身的大自然本身视为一体。在传统社会中，"文化"指自然、宗教、文化的整体。

自然与人类之间的相互关系又以具体的形式体现在人们对自然资源的利用上。在传统社会中，人或物的移动都受到极大的限制，人们只能在有限的区域内依赖可以利用的自然资源。因此，自然资源的枯竭蕴含着非常大的危险，会威胁到传统社会的存续。于是，传统社会的文化中包含了许多关于该地区自然环境及生态条件的详细知识，并形成利用自然资源的社会规范，使人们能够可持续地维系所处的生态系统。

关于如何利用自然资源，人类通过长期的历史实践积累了丰富的知识和经验，并世代相传。通过这种方式，知识和经验汇集成了文化，通过文化又形成新的知识。祖祖辈辈不断地传承知识，慢慢地就出现了社会制度。最终，人们习以为常的生活方式作为社会制度被固定下来，成为一种文化。

自然与人类的相互关系制度化的不同方式决定了人与人之间的社会关系。使用什么自然资源、使用的规则是什么，这是文化的核心要素。因此，无论哪一个传统社会，都会重视年长者的教导和指示，非常注意对社会所有成员一视同仁，保证所有人都能使用自然资源。

在传统社会中，关于自然环境的知识往往与"灵性"（spirituality）有着密切联系。比如，萨满教（shamanism）拥有超过三千万美洲印第安人信徒，也是一种管理和控制自然资源的机制，它是为了实现人类可持续使用自然资源而形成的文化传统。

在传统社会中，采用可持续的方式使用自然资源，不仅是为了自己的子孙后代，也是为了其他的传统社会。

随着人类活动范围不断扩大，文化、宗教、环境之间的偏离也不断扩大。特别是欧洲各国对非洲的殖民统治，不断扩大资源剥削的地域范围，完全忽视、否定了传统社会中各个地区内的专门知识。非洲以外的大陆也一样，与传统自然环境密切相关的知识被经济发展的大潮否定和淹没。

海登里希和霍尔曼合著的论文寓意深刻，详细论述了近代基督教教义否定自然的神圣，加深了传统社会以来自然与人类的鸿沟。

基督教的教义使人类面对自然时处于更有利的位置，也认可了人类对自然环境及资源的破坏和榨取，并为此提供了理论依据。同时，基督教教义还放宽、促进了对自然法则的研究和运用，带来了科学的发展。

文艺复兴是人类的复兴，自然的凋零。近代思想的发展进一步确立了人类的优越性和自然的从属性。弗朗西斯·培根（Francis Bacon）认为，世间万物只有与人有关时才有价值，上天把自然赐给人类，就是让人类通过以物理和化学为中心的科学来物尽其用。勒内·笛卡尔（René Descartes）的论断更极端。依照笛卡尔的机械论、决定论世界观，自然万物都遵循数学法则做机械运动，它们没有自己的意志，只是被动地存在。衡量自然具有的价值，要根据它为人类提供的功效。人类不应该设置任何限制条件抑制自己去压制和榨取自然。

在亚当·斯密的经济理论下，人们将自然当作工具的做法达到了登峰造极的地步。在他的理论当中，不只是自然环境，就连人类本身都在追求经济利益面前失去了尊严。所有的一切都只是生产要素，只在经济活动中发挥作用。

随着科学完全独立于宗教和文化，随着经济学形成普遍的思想，工业革命终于成为现实。大量消费化石燃料引发的地球温室效应则是工业革命的必然结果。

02 关于环境问题的两次国际会议

关于环境问题的两次重要国际会议

必须指出，最近 30 年中，环境与经济的关系发生了本质性的变化。联合国召开的两个关于环境问题的国际会议，主题都体现了这种变化。这两个会议分别是 1972 年在斯德哥尔摩召开的第一次环境会议和 1992 年在里约热内卢召开的第三次环境会议。

20 世纪 60 年代不断加剧的自然破坏以及由此引发的环境公害问题，都是大肆发展工业化和城市化的必然结果。当时，瑞典五万多个湖泊中有一大半失去了原有的生机，水质恶化威胁到鱼类等生物的生存，湖泊周围的森林也开始枯萎，造成这种局面的直接原因是酸雨。经过缜密的调查，发现大部分酸雨是由英国以及民主德国、波兰等东欧国家的工业活动引发的。瑞典政府意识到环境公害的国际性，提议于 1972 年在首都斯德哥尔摩召开第一次联合国环境会议（以下简称斯德哥尔摩环境会议）。

斯德哥尔摩环境会议的主题是环境公害问题。在日本也发生过多起公害问题的有名案例，比如日本的水俣病问题和四日市大气污染公害问题，都是由工业活动中排放的化学物质引起的。工业废物包括二氧化氮、硫氧化物、有机水银等，它们本身就是有害物质，会直接损害人类健康，危害各类生物。

20 世纪六七十年代的 10 年间，公害问题在世界范围内不断扩散，造成的环境破坏和给人类带来的危害，无论规模和程度都是历史上和平时期少有的。

斯德哥尔摩会议体现了全社会对公害问题的关注，也促使人们对工业活动的发展方式进行深刻反省，并制定实施各种政策来控制环境公害，为此采取了为数众多的制度性措施。此后的 30 多年间，各国对工业活动的公害问题都采取了相当有效的限制措施，至少在多数资本主义国家，工业化和城市化伴随而来的环境公害问题基本上都在不断得到解决。但是，正如以水俣病问题为代表，20 世纪 60 年代的公害问题带来的严重危害并没有得到本质上的救济。而且还必须指出，很多发展中国家的环境公害问题不仅没有得到解决，甚至在进一步扩大，变得更加严重。

1992 年里约热内卢国际环境会议的主题是全球范围内的环境污染及破坏，包括全球气候变暖、生物多样性受到威胁、海洋污染以及沙漠化等问题。其中，最严重的是全球气候变暖问题。全球气候变暖主要是指大量使用化学燃料，排放的二氧化碳在大气中不断积聚，产生温室效应，引起地表大气平均温度上升和全球范围内的气候条件急剧变化，由此产生各种问题。引起温室效应的除了二氧化碳，还有甲烷、一氧化二氮以及氟利昂等温室气体。虽然这些气体在大气中的含量非常小，但是对地表平均气温的上升有着非常明显的作用。

以二氧化碳为代表的大部分温室气体作为化学物质本身并没有毒，也不会对人体或者动植物产生直接的危害。但是，当温室气体在全球范围内持续积聚，会引发地表平均气温的急剧上升，出现气候变暖的现象。

除了大量温室气体的排放，森林的过度采伐也会加速气候变暖，特别是热带雨林骤减导致植物光合作用吸收二氧化碳的效率降低。热带雨林的消失还会给生物多样性带来灾难性影响。据推测，地球上大约有 1 000 万种以上的物种，约 30% 以上都生息在热带雨林中，甚至其中的大部分物种都还尚未得到具体鉴别。这些物种如果在现阶段灭绝，将成为永远无法挽回的损失。

热带雨林及周边生息的多样化的生物在人类发展历史中发挥着极其重要的作用。可以肯定，生物多样性今后仍将发挥重要作用。以水稻、小麦为首的大部分农作物的原种都来自森林或者草原。很多农作物曾经因为病虫害而全军覆没，但其中大多数又从森林中找到了新的替代物种。此外，我们现在使用的药品也有接近 50% 是以热带雨林中的微生物或生物为原料生产出来的。

森林的毁灭

据联合国粮食及农业组织（Food and Agriculture Organization，简

称 FAO）推算，在全世界 40 亿公顷的森林（广义）中，每年有近 2 000 万公顷的森林面临着消亡。由此产生的全球气候变暖和生物多样性受到威胁不仅会给人类生活带来严重影响，也会给自然环境带来不可挽回的破坏。

里约热内卢环境会议还讨论了湿地的消失、耕地盐碱化等环境问题，它们都具有共同的特点，即环境破坏不止影响某个特定的地区，也不止影响一代人，它与我们的子孙后代密切相关。

与斯德哥尔摩环境会议讨论的环境公害问题相比，全球气候变暖问题的紧迫性和严重性要小得多，对人类社会和政治的直接影响也显得微乎其微。但是，全球气候变暖直接关系到整个地球的气候条件，而且会对人类的未来产生巨大影响。从这一点来看，全球气候变暖是一个刻不容缓的重要问题。

包括全球气候变暖在内涉及整个地球环境的问题都需要在全球范围内探索对策。因此，从经济、社会、政治角度来看，这个问题具有重要意义，采取有效措施也绝非易事。

经济的可持续发展

里约热内卢环境会议探讨了以地球环境为中心的环境破坏问题，经济的可持续发展（sustainable economic development）为此提供了统一的视点，并且在讨论环境与经济的相互关系时也将发挥根本性作用。

经济的可持续发展有两种意义，一种是在稳定状态下的考虑，另一种是在非稳定但环境与经济维持稳定的状态下的考虑。要明确经济的可持续发展的含义，首先要考虑稳定状态下的可持续发展的含义。此时的疑问是：稳定状态与经济发展这两个概念是否能够同时成立？约翰·斯图尔特·穆勒（John Stuart Mill）明确地论述过稳定状态下的经济发展。穆勒于 1848 年出版的《政治经济学原理》是古典经济学的集大成之作，穆勒在其中对稳定状态做了解释：

> 稳定状态是指国民所得、相对价格体系、资源分配模式、各名义所得的分配等不随时间变化，保持在一定的水平，每年都重复相同的状态。但是，着眼于经济社会的实体方面，我们会发现存在着许多丰富多彩的文化和社会活动，正是在这种稳定的经济条件下，富裕且人性化的社会才得以实现。

穆勒所说的稳定状态是市场经济制度的终极形式，也是他所提倡的理想主义世界观的具体表现。

一般意义而言，经济的可持续发展是指自然环境的状态年年都保持在一定的水平，人类按照一定的模式使用自然资源，消费和生活处于动态最优（dynamically optimum），并且达到代际公平（intergenerationally equity）。对于这样的定义，人们可能会怀疑：真的能够在经济理论中以严密的形式确定，并在实际的制度和政策中有效地实现这种状态吗？自 1848 年穆勒的《政治经济学原理》一书出版，这个疑问就成为经济学理论界的一个重要议题。

03 全球气候变暖

全球气候变暖

从经济、社会层面来看，20 世纪 80 年代末期至今的环境问题中全球气候变暖（global warming）最具意义。

要探讨全球气候变暖的问题，首先需要简单了解一下平均气温是如何决定的。

这里的平均气温准确地说是指地表大气平均温度（global average surface air temperature）。地球表面设有约 2 000 个观测站，不间断地测量地球表面大气温度（气温），在海岸附近还设有气温观测船。这 2 000 多个气温观测站分为数个观测区域，各个区域计算出每天的平均值，然后根据观测区域的平均值计算出的每天的平均温度即地表大气平均温度。

地球表面覆盖着厚达十几千米的大气层，如果把地球比做鸡蛋，那么大气层就相当于包裹在鸡蛋外面的薄膜。

太阳的能量以电磁波的形式辐射到地球，被大气中的各种化学物质吸收，只有一部分会到达地表。其中，波长较短的紫外线几乎全部被位于大气层上方的臭氧层所吸收，不会到达地表，而正是在大气层的平流层形成了厚厚的臭氧层之后，生物才实现了由海洋转移至地面生存。

太阳发出的电磁波在通过大气层时，可见光能直接到达地球表面，红外线有一部分被在大气中积聚的温室气体吸收，其余部分则在到达地球表面后被吸收。太阳表面温度高达 6 000 摄氏度，发射的电磁波以短波为主。地球表面温度为 15 摄氏度左右，以红外辐射的形式释放能量。地球表面发射的红外线也有一部分被大气中的温室气体吸收。

于是，包含吸收红外线的化学物质的大气层起到与温室相同的作用。

温室气体除了水蒸气，还包括二氧化碳、甲烷、一氧化二氮、氟利昂等。虽然它们在大气中含量很小，却是地表平均气温维持在 15 摄氏度的重要因素。如果大气中没有温室气体，地球的平均气温会降到零下 18 摄氏度，也就没有生物能够舒适地生存下去。反过来，如果大气中温室气体过多，平均气温将远远高出现在的水平，同样会危及生物的生存。例如金星的大气层中二氧化碳的含量约为地球的 90 倍，平均气温高达 470 摄氏度，因此金星表面流淌着滚烫的铅水，硫酸雨倾泻，根本不适合任何生物生存。

温室气体中，二氧化碳是最重要的一种。

工业革命以前，大气中的二氧化碳含量一直保持在稳定的水平，总量约为 6 000 亿吨，浓度在 280ppm 上下。但是，工业革命后的约 200 年间，二氧化碳的含量增加了约 25%，总量达到 7 500 亿吨，浓度也上升到 350ppm。

借助高速发展的科学和技术，工业革命普及了大量利用规模经济的生产方式。但是，这需要消耗大量的煤炭、石油等化石燃料。于是，大量的二氧化碳在这个过程中被排放到大气中。

工业革命以来，森林，特别是热带雨林的减少，使得大气中二氧化碳进一步增多。森林中的树木利用太阳光的能量，通过光合作用分解大气中的二氧化碳，生成淀粉和氧气。森林是有效吸收大气中二氧化碳的装置。

随着工业革命和工业化的迅猛发展，人类社会在城市化的道路上一路狂奔，大量森林遭到采伐。特别是第二次世界大战以后，发展中国家的经济增长主要依赖于工业部门的发展，随之而来的是对热带雨林的大肆采伐。此外，随着人口高速增长，除了为修建房屋和燃料而采伐森林，人们为了获取居住和生活用的土地，对森林的采伐变本加厉。除此之外，最重要的一个原因是，第二次世界大战之后的很长一段时间内，发达国家对木材资源的需求极高，长期超出寻常水平。他们借着对外经济援助之名，大肆破坏很多发展中国家的热带雨林，以破坏环境为代价实现了工业化。

二氧化碳与气候变暖

大气中的二氧化碳在所有温室气体中所起的作用是最重要的，温室效果大半都是二氧化碳引起的。氟利昂在进入 20 世纪以后才由人工合成制造出来。在那之前，地球上并不存在这种化学物质。氟利昂被广泛应用于冰箱、空调、喷雾剂等产品，除了引发气候变暖，还会破坏臭氧层。甲烷则来自于动物的粪便、水田、反刍动物以及天然气的开采过程。水蒸气也有温室效应。相反地，森林和海洋则能够吸收大气中的二氧化碳，减缓全球气候变暖。

联合国 IPCC 的报告显示，地表大气平均气温在过去的一百年中上升了 0.3℃～0.6℃。如果气候变暖按照目前的速度继续发展，到 2020 年平均气温会比现在升高 0.3℃，到 21 世纪末将会上升 2℃～4℃，而全球气候变暖会引发大规模的气象变化。

关于碳税

归根结底，全球气候变暖主要是由大量消费石油、煤炭等化石燃料和大肆开采森林特别是热带雨林造成的。

如何才能防止全球气候变暖，从长远的未来考虑，来维持稳定的自然环境呢？从社会共通资本的理论出发，直接的启示是征收碳税、二氧化碳排放税以及更加广泛的环境税。

对各种生产活动排放到大气里的二氧化碳进行监测，根据其中含有的碳的重量，以每吨多少钱的形式征收的税费，这就是碳税。

碳税征收多少具体应该如何规定呢？大气中二氧化碳总量增加，未来的平均气温就会随之上升，从而引起气象条件的变化，并导致自然环境的变化，最终以各种形式殃及人们的生活环境。由全球气候变暖引起的各种危害将实质上降低人们的生活水平。大气中二氧化碳的浓度越高，人们将蒙受的危害就越大。而且，二氧化碳在大气中的存留时间有数十年之久，对未来地球环境也将产生影响，也就是说，气候变暖的危害会波及子孙后代。

碳税主要针对二氧化碳的排放，因此它的税率应该反映出全球气候变暖对子孙后代所产生的影响之大。要知道子孙后代如何评价全球气候变暖的影响，我们可以设定合适的前提条件，并以此来推算碳税应该征收多少。

采用碳税制度，会促使人们尽力减少对化石燃料的消费。在建设城市、设计新的交通设施时，人们也会更多地考虑如何减少二氧化碳的排放。

碳税制度同样也适用于森林采伐。根据采伐森林带来的二氧化碳的增加量征收相应的碳税。同样，对植树造林者，可以根据二氧化碳的减少量发放相应金额的补助。

比例碳税思想

碳税制度是目前唯一具有实践可能的缓解全球气候变暖的对策。但是，经济学家特别是美国经济学家提出的碳税制度存在着重大缺陷。

大气中的二氧化碳在地球上快速循环。按照这些经济学家提出的碳税制度，无论哪个国家排放二氧化碳，征税的税率都相同。假设燃烧化石燃料排放二氧化碳时，每 1 吨碳征收 100 美元的碳税，这意味着无论是在日本还是美国，或者是在印度尼西亚、菲律宾，只要燃烧化石燃料，都将按每含 1 吨碳征收 100 美元的碳税。若将日本的温室气体排放量换算为人均二氧化碳量大约为 2.5 吨，即每人需支付的碳税为 250 美元。日本的人均国民收入为 19 000 美元，支付 250 美元的碳税所占的比例微乎其微。再以美国为例，人均需要支付的碳税为 340 美元，在美国的人均国民收入 17 000 美元中所占的比例几乎可以忽略不计。但是在印度尼西亚，人均国民收入为 400 美元，应当支付的碳税为 30 美元。同样，菲律宾的人均国民收入为 500 美元，应支付的碳税却高达 60 美元。

"一刀切"的碳税制度不仅不符合国际公平，而且还可能阻碍各发展中国家的经济发展。因此，碳税制度刚被提出就遭到发展中国家的强烈反对也是情理之中的事情。

如果要同时考虑国际公平和代际公平，碳税制度应该采取以下形式。

对排放二氧化碳的国家征收碳税时，应该按照该国的人均国民收入的一定比例计算税率。例如，对日本按照每含 1 吨碳征收 190 美元，美国按照每含 1 吨碳征收 170 美元，印度尼西亚则征收 4 美元，菲律宾为 5 美元。这样一来，人均国民收入 400 美元的印度尼西亚只需支付 1.2 美元的碳税，人均国民收入 500 美元的菲律宾只需支付 3 美元的碳税。

大气稳定化国际基金

按人均国民收入的一定比例设定税率的比例碳税制度不仅有利于

稳定全球大气,还能够有效改善发达国家与发展中国家之间的不公平。

按照比例碳税制度,对化石燃料的消费者按照产生的二氧化碳量征收碳税的同时,还对植树造林者发放与减少的二氧化碳量相应的补助金。

然而,过去的30年间,发达国家与发展中国家之间的经济差距不断扩大,南北问题日益严重。碳税本身就阻碍了发展中国家的经济发展,即使采用比例碳税制度,也无法有效解决南北问题。

大气稳定化国际基金设立的宗旨是实现全球大气稳定化,减缓气候变暖的同时,有效缩小发达国家与发展中国家之间的经济差距。

大气稳定化国际基金采用比例碳税制度。各加盟国政府首先从征收的比例碳税中扣除培育森林的补助金,再从剩余的税金中抽取一定比例(比如5%)存放在大气稳定化国际基金。

大气稳定化国际基金从各国政府收集资金,将其分配给各发展中国家,根据各发展中国家的人口及人均国民收入,按照一定的规则来进行。

从大气稳定化国际基金领取的资金,各发展中国家原则上必须用于热带雨林保护、农村维护、新能源开发等与保护地球环境相关的用途。但是,大气稳定化国际基金不应该对发展中国家使用上述资金设定制约条件。因为,保护地球环境绝不应该从发达工业国家的立场发言。应该时刻在心中铭记,正是发达国家迄今为止的经济发展和工业活动导致了以全球气候变暖为代表的地球环境危机。

瑞典的全球气候变暖对策

瑞典拥有的自然之美在世界上也属罕见。全国遍布数以万计的美丽湖泊，湖泊周围是广袤的森林。瑞典也是世界上最重视环境保护的国家。

瑞典政府为减缓气候变暖采取的并不是强制性手段，而是经济性手段，核心就是碳税制度（在瑞典，碳税被称作二氧化碳排放税）。瑞典于 1991 年 1 月成为世界上第一个引入碳税制度的国家，而且瑞典的碳税税率很高，征税范围也很广。

瑞典碳税的税率为每排放 1 吨二氧化碳征收 250 瑞典克朗，对每吨碳含量征收 150 美元。当时，美国的经济学家考虑的碳税为每吨碳含量征收 10 ~ 20 美元，由此可见瑞典碳税税率之高。

瑞典对各种燃料都引入了碳税。例如，每吨煤炭征收 620 瑞典克朗，每升汽油征收 0.58 瑞典克朗。

继瑞典之后，荷兰、挪威等极少数国家也随后引入了碳税，但税率都远远低于瑞典，而且征收范围也很小。

从国家竞争角度看，碳税制度给瑞典的产业发展增添了沉重的负担，因此 1993 年 1 月 1 日以后，瑞典对碳税制度做了部分修订。

新的碳税制度修改了税率，大幅降低工业排放二氧化碳的碳税到每吨 80 瑞典克朗，民用排放碳税则提高为每吨 320 瑞典克朗。每吨碳含量的碳税改为工业排放 48 美元，民用排放 189 美元。

此外，各种燃料的碳税也分为工业和民用两类。比如煤炭，工业用煤降为每吨征收 200 瑞典克朗，民用提高为 800 瑞典克朗。汽油的碳税则不区分工业与民用，统一提高为每升 0.74 瑞典克朗。为了解决环境问题，瑞典除了碳排放税，还实施了硫排放税、能源消耗税。

瑞典能够先于其他国家实施碳税制度，究其原因耐人寻味。回顾瑞典引入碳税制度的整个过程，可以一窥民主政治的理想形象。

瑞典的碳税制度其实是一个更大范围的税制改革中的一环。就在1991 年引入碳税制度的三年前，瑞典国会于 1988 年成立了税制改革委员会，引入环境税正是其中的一部分计划（顺便提一句，瑞典与日本和美国不同，国会实行的是一院制）。

国会成立的税制改革委员会包括执政党和在野党，成员按国会议员人数的一定比例选出。税制改革委员会下设专业委员会，专业委员由各个行政部门的代表、专家以及一般市民代表担任。

专业委员会围绕碳税，经过历时两年的调查和研究，制定了税制改革的基本方案，并提交给税制改革委员会。税制改革委员会继续审议，用一年的时间确定了税制改革方案并提交到国会，最终通过了国会的审议。

不仅是税制改革，只要涉及重要法案，瑞典国会都会经由上述程序进行审议决定。1991 年引入的碳税制度对于保护地球环境具有划时代的意义，而它正是在瑞典国会民主且理性的程序之下才得以实现。瑞典国会的这一特点也体现了长久以来一直被反复强调的自由主义思想正在成为实际的政治基调。

后 记

以上各章的主要内容是在我过去发表的下述著作和论文的基础之上进行增补和订正完成的，也有几处是几乎直接引用了这些论文的原文，敬请知悉。

《社会的共通資本の理論的分析》（《経済学論集》，1972 年）

《経済理論の再検討を迫る環境問題》（季刊《現代経済》，1972 年）

《シビル・ミニマムの経済理論》（講座"現代都市政策"第 V 卷，1973 年 4 月，岩波書店）

《社会的共通資本の概念》（講座《現代都市政策》第 Ⅶ 卷，1973 年 6 月，岩波書店）

《自動車の社会的費用》（岩波新書，1974 年）

《市場経済の危機と市民的自由》（《世界》，1974 年）

《ケインズと新古典派》(季刊《現代経済》, 1975 年)

《社会的共通資本とは何か》(宇沢・高木編《市場・公共・人間—社会的共通資本の政治経済学》第一書林, 1992 年)

《二十世紀を越えて》(岩波新書, 1993 年)

《金融システムの経済学——社会的共通資本の立場から 》(宇沢・花崎編, 東京大学出版会, 2000 年)

Uzawa, H. (1972). "The Transition to a Welfare Economy in Japan," in *Prologue to the Future : The United States and Japan in the Post-Industrial Age*, edited by J. W. Morley, Lexington Books, 49—60.

———. (1974). "Sur la théorie économique du capital collectif social," Cahiers du Séminaires d' Économétrie, 103—122. Translated in Preference, Production, and Capital: Selected Papers of Hirofumi Uzawa, New York and Cambridge: Cambridge University Press, 1988, 340—362.

———. (1974). "Optimum Investment in Social Overhead Capital," in *Economic Analysis of Environmental Problems*, edited by E. S. Mills, National Bureau of Economic Research, 9—26.

———. (1974). "The Optimum Management or Social Overhead Capital," in *The Management of Water Quality and the Environment*, edited by J. Rothenberg and I. G. Heggie, London: Macmillan, 3—17.

———. (1982). "Social Stability and Collective Public Consumption, " in *The Grant Economy and Public Consumption*, edited by R. C. O. Matthews and G. B. Stafford, London: macmillan, 1984,23—37.

出版后记

对于国内的普通读者，甚至一些关注经济学的人来说，宇泽弘文是一个陌生的名字。但是在日本，宇泽弘文是举世公认、备受推崇的经济学家。1989 年，61 岁的宇泽就被推选进入以筛选严格著称的日本研究院（Japan Academy），这个年龄就当选非常罕见。宇泽还在 1983 年获得"文化功劳奖"，1997 年获得文化勋章。在世界上，宇泽也获得了广泛的承认。他曾担任世界计量经济学会（Econometric Society）的主席，也是美国艺术与科学院（American Academy of Arts and Sciences）成员，美国经济学会（American Economic Association）外籍名誉院士，以及美国国家科学院（US National Academy of Sciences）外籍院士。

对于经济学界的读者来说，对宇泽的了解可能来自他对现代经济理论的贡献。他最著名的"两部门经济增长模型"被看作是"朝着高级增长理论中多部门模型的更为基本的分解迈进了第一步"，罗伯特·索洛（Robert Solow）也建议"任何不能阅读这篇论文的经济学家，至少应该建议他的学生去阅读这篇论文"。两部门生产技术分析比单部门生产技术分析更具有一般性，它使得生产可能性边界成为一条严格凹向原点的曲线，而不是一条水平直线，也使得更丰富、更复杂的动态分析成为可能。因此，这种技术也特别适用于分析经济波动。两部门模型还完美地适用于国际贸易的动态分析。

宇泽弘文还因其在内生增长领域的开创性贡献而被宏观经济学家熟知。他在 1965 年发表于《国际经济评论》（*International Economic Review*）的论文中提出，人力资本的持续积累会带来生产效率的不断提升。宇泽正是这一新增长理论的先驱。因此，模型中的符号 H 既代表了人力资本（Human Capital），也代表了弘文（Hirofumi），而符号 H 在如今的各类经济动态模型中随处可见。

不论是宇泽弘文自己还是他的众多门生，都为最优经济增长的现代理论带来了重要启示。他教会了一整代理论和应用经济学家如何应用庞特里亚金的最大值原理。也似乎正是宇泽，将相图引入经济动态学，或者说他推动了相图在经济动态学中的使用。无法想象如果没有这一核心的工具，经济学研究将会是怎样的景象。

除了在宏观经济学上的贡献，宇泽弘文在数量经济、一般均衡和需求理论上所取得的杰出成就同样广为人知。宇泽还为非线性规划分析奠定了基础。在目标函数是凹函数的情况下，宇泽利用斯莱特条件求得满足最优化鞍点性质的库恩塔克乘子。在目标函数光滑的情况下，阿罗、赫维茨和宇泽引入了现在常用的限制条件，该条件暗示最优化时必定存在满足鞍点性质的库恩塔克乘子。

1962 年，宇泽发表在《经济研究季刊》（*Economic Studies Quarterly*）上的论文《瓦尔拉斯的存在点定理与布劳威尔不动点定理》（Walras's Existence Theorem and Brouwer's Fixed Point Theorem）是关于一般均衡的沧海遗珠。现在回想起来，这篇论文大概可以看作是对索南沙因（H. Sonnenschein）关于过度需求所做结论的预兆。宇泽对基于需求函数的有关偏好的一系列经典的、重要的问题进行了系统的解释。他第一次令人信服地展现了经济动态学中局部稳定性和全局稳定性的重要差异。

对他大量优雅、深远的研究，我们只能略窥一二。还有一些他曾积极追索过的研究还有待人们去发现它们的光辉，比如彭罗斯效应，宇泽对资本增加或企业业务活动中的其他变化带来的组织成本的增加进行建模。

宇泽弘文还指导了许多成功的学生，其中就包括：乔治·阿克洛夫（George Akerlof）、乔·斯蒂格利茨（Joe Stiglitz）、鲍勃·卢卡斯（Bob Lucas）、鬼木甫（Oniki Hajimei）、阿沙夫·拉辛（Assaf Razin）、米格尔·希德劳斯基（Miguel Sidrauski）、吉列尔莫·卡尔沃（Guillermo Calvo）。

宇泽的数学优雅深邃，但是作为一名优秀的数学家，他并没有为了技术而使用技术。并且，宇泽虽然在数学上具有高深的造诣，却提倡"人文经济学"和"使人类像人类一样生存的经济学"。本书所阐述的就是宇泽的这一思想，我们会看到经历了高速增长期之后的日本所面临的农业、教育、医疗、环境等问题，以及宇泽给出的解决方法，体会到他对经济学研究和政策建议的反思，会看到他对人性和自然的关注与重视，这也是如今的中国所需要的。

服务热线：133-6631-2326　188-1142-1266

服务信箱：reader@hinabook.com

后浪出版公司

2017 年 1 月

图书在版编目（CIP）数据

社会共通资本 /（日）宇泽弘文著；李博译 . — 杭
州：浙江人民出版社，2017.6
ISBN 978-7-213-07922-1

Ⅰ . ①社… Ⅱ . ①宇… ②李… Ⅲ . ①社会资本—研
究—日本 Ⅳ . ① F131.347

中国版本图书馆 CIP 数据核字（2017）第 037794 号

浙江省版权局
著作权合同登记号
图字：11-2017-87

SHAKAITEKI KYOTSU SHIHON
By Hirofumi Uzawa
© 2000, 2014 by Uzawa Kokusai Gakkan
First published in 1989 by Iwanami Shoten, Publishers, Tokyo.
This simplified Chinese edition published 2017
By Gingko (Beijing) Book Co., Ltd., Beijing
By arrangement with the proprietor c/o Iwanami Shoten, Publishers, Tokyo

社会共通资本

[日]宇泽弘文 著 李 博 译

出版发行：浙江人民出版社（杭州市体育场路 347 号 邮编 310006）
责任编辑：潘海林 诸舒鹏
责任校对：朱 妍
特约编辑：方 丽 郎旭冉
封面设计：墨白空间·曾艺豪
印 刷：北京京都六环印刷厂
开 本：889 毫米 × 1194 毫米 1/32 印 张：6
字 数：127 千
版 次：2017 年 6 月第 1 版 印 次：2017 年 6 月第 1 次印刷
书 号：ISBN 978-7-213-07922-1
定 价：38.00 元

献给鲸鱼：

所有雾，都有散去的时候

目　录

他感到万籁俱寂

　　郑走泽从橱柜里偷了十块钱，打算去买一支钢笔，别人都有了，而他一直都没有的一支钢笔。他背着书包走出门，感到腿骨内部有一阵阵的抖嗦，但是必须控制神态和走路的样子，仿佛什么也没发生。他心脏振动之快，是从来没有体验到的，他双手戳在棉袄的口袋里，左手心紧攥着在慌张中被挤捏成一小团的纸币，右手空握，指甲几乎切进了皮肤里面。在两个滚烫的口袋里，郑走泽的双手爆泌着夏季才会有的汗水。强力克制着的呼吸，从不小心张开一些的嘴里泄出来，在深冬的早晨滋出白雾，他立刻咬紧牙，只保留鼻孔开着，冷空气被吸入因为经常流鼻血而脆弱、扩张的鼻子里，发出刺痛。

　　一九九六年的寒冷早晨，郑走泽走出村子，往学校去，七点钟，太阳正要升起，矗插在田野里的电线杆顶部的广播喇叭在音乐声中喊道：现在是新闻和报纸摘要节目。因为走路的原因，不同距离的喇叭传出的声音不同时地抵达他的耳朵，他侧头往旁边看，地平线上面是被纯蓝清空的天穹，没有云，他抬头看了一圈，没有一丝云。郑走泽厌烦晴朗，也厌烦蓝色，一想到没有一点云能保护，人是暴露在太空里的，阳光和宇宙射线毫无保留地照在人身上，不管是夏天的曝晒绽皮还是冬天的冷彻，都让他厌烦，也因为这种与别人相反的情感，他感到自卑，觉得自己心理有毛病。没有办法，我就是感觉不到你们的快乐，阳光有什么好的，太热了或者太亮了，有什么好的，我就是不喜欢，就他妈的不喜欢，怎么样，他在心里默念着，结尾时，几乎是咬牙切齿。但是他又觉得心虚，坏心情在别人的快乐里面一点用也没有，只会让自己像一个怪物。

对于暴露在宇宙中的隐隐的恐慌，是从去年的一个夜晚开始的：郑走泽和姑姑在刚修好的水泥路上散步，已吃完中秋节的晚饭，姑姑想和他聊天，他也想聊。

姑姑说，大泽，你要多读书，不用只看语文书，还有很多好文章，都应该多看看，我小时候就想当个作家，但是现实很残酷，我没有实现理想，希望你以后可以实现。

嗯，我也想当作家。

大泽，知识很重要，你是穷人家的孩子，只有好好读书才能走出去。我推荐你多看看《故事会》，里面的文章写得特别好，你可以学一学。

好的，但是我没有钱买《故事会》。

我以后会给你寄，每次我看完一本，就给你寄一本。你看月亮。

郑走泽看了看月亮。

姑姑说，现实就像夜晚，但是月亮多亮啊，它发光能把夜晚都照亮，你也可以像月亮那样出色，我相信你，你很聪明。

不对，月亮自己是不发光的，它的光是反射的。

是的，它吸收了太阳的光，然后自己再发光，太阳光就是知识。

姑姑，你知道地球的结构是什么样的么?

你说说。

地球是分三层的，就像一个西瓜，你想，把西瓜切开，就能看到三层，外面是地壳，里面是地幔，最里面是地核，我们人类就生活在地球里面，地壳外面是大气层，地球引力把我们吸在地里，地球自己是有引力的。

是的，我们就在地球表面住着。

不对，我们住在地球里面，在地核，地幔和地壳保护着人类，地球外面是宇宙，一点光也没有，很黑。

大泽，我们是住在地壳上的，如果住在里面，阳光怎么能照进来呢?

郑走泽沉默了，他没有想到人竟然是住在地壳上的，头上只有一层大气，头上就是黑色的宇宙，他知道宇宙是无限大的。他在书上只看到了地球的解剖图，就以为人是住在地球里面的，就和人住在房子里面一样自然，他完全没想过人是暴露在宇宙里的。

姑姑说，大泽，你的作文写得很好，你肯定能当一个作家。

嗯，你别忘了给我寄《故事会》。

郑走泽和姑姑继续在马路上散步，凉快的、明亮的夜晚，和喜欢自己的长辈聊理想和地球，虽然自己有可能犯了错，但是姑姑并没有笑话他，他觉得很舒服、高兴，但是人是住在宇宙黑暗里的这一事实，让他觉得费解和莫名担忧。要是大气层没有了，被一阵太空风暴吹走了，不就没法呼吸了么？而且，宇宙那么冷，老师说，连钢铁也会被冻裂……

郑走泽走过大关塘的拐角时，听见李有成在背后喊他，他停下来，回头站着，等李有成从村口跳进田埂，张开双手向他跑过来，他的书包像蝶翅一样拍打着屁股，呼出的白气在面前一股一股飘散。

像猴子，郑走泽焦躁地想，用脚底板踢搓着坚硬的地面，手已经没有那么热了，他用手指摩挲着那团钱。今天早晨，他不想和李有成一起走，实际上，每天他都不想，他喜欢一个人走，如果能遇到那个喜欢的女孩子，就好了，他会一边假装背书，一边快步走过她身边，接近、并排、超过，这样做有乐趣，他的心脏会跳得很快，他全身都紧张起来，仔细捕捉她的围巾、手腕、呼吸、脚步、头发在飘起，他没有胆子看她的脸，尤其是眼睛。李有成话太多了，唧唧哇哇像只乱叫的狗，嗓子又大，和他走，郑走泽觉得自己也和他一样笨蛋。李有成的成绩很差，笨蛋，尤其今天早晨，不想和他走了，郑走泽暗自骂着，在想，用什么借口可以甩开他。

李有成手脚并用，翻上塘埂，直起腰，在地上跺脚，鞋面上沾的草屑震下来，还有一些，他也不再管，搓了搓手，朝着隆起的掌心哈了口气，然后把手塞到裤子口袋里，朝郑走泽跑过来。还没到面前，他就开始大声说话，尖锐的嗓子让郑走泽烦恼，他不等他走到面前，就转过身开始迈步。

李有成跟上来，把一只胳膊甩上去架在郑走泽的肩膀上。这个动作他也一直都讨厌，他猛地喊道，你干什么，拿开！

李有成停下来，惊讶地看着他，愣了几秒钟，回过神来跟上郑走泽，一把拍了他的肩膀，顺手抓起衣领把他扯住，让他回过身，骂道：×××你有毛病啊，叫什么叫，不就搂下你么！

郑走泽吞下话，撇开眼睛不再看他冻得烂红、皲裂的胖脸，低吼着，滚，×××，老子今天不高兴。

李有成快步走上去，顺势抬脚踢了郑走泽的屁股，然后飞快跑走。

郑走泽失去平衡，差点摔倒，急伸出手杵在地面上，钱被带出来掉在塘坝上，弹了几下滚落到水塘里去。因霜冻而铁硬的地表硌在手掌上，生疼难忍，更难忍的是看着钱掉进水里的愤怒和恐惧，但激起来的首先不是怒吼和咒骂，而是眼泪。眼泪出奇地快，瞬间就涌出眼眶往下滴落，郑走泽扭曲着嘴巴，疼痛、怒火和惊慌在他的脑海里灼上再不灭去的记忆，让他更加讨厌天气类于当日的冬天，比如刚上学的那天早上——因为生病，他缺了两个月的课，所以在那个冬天过早降临的十一月的早上才第一次真正去课堂上课——他来到学校，在操场边浸于慌张中，周围全是人，有和自己年龄差不多的，更多的是比自己大、比自己高的人，所有人都不认识，而且更让他不知音是嘶嘶嘶的轰击耳朵的波，但明显与光点运动的节律和轨迹不符，所以是脱离的，声音脱离了发声的物体，和他的呼吸类似，他呼出的空气落在被头，很快变冷，凝结成潮湿，下巴碰上去，会凉得人一惊，那气体片刻之前还是热的，一旦离开鼻孔，就冷了。郑走泽翻了个身，把潮被头往脑后扯了扯，对着墙壁叹了口气，关于黑暗中飞舞的电子的想象，让他记起了白天在杂志上读过的一篇小说，刘慈欣的《梦之海》，外星人用超常的引力技术，将海水成块地提起，拉出海面，运到地球同步轨道上，水块迅速凝结成巨大的冰块，一块接着一块，并排、匀速地绕着地球旋转，形成一个晶亮的圆环，在黑暗无边的太空中圈住一颗半黑半蓝的行星，那尺度既是巨大的，又是渺小的，大和小在不同的视角里相互转换、同步发生，这让郑走泽隐约间感到一种仿佛可以捕捉的意义，一种关于临界、变换、似是而非的意义，甚至是关于世界本质的意义，一切似乎都与之相关，这种感觉让他清醒，产生想要起床开灯，再读一遍小说的冲动，但是最终仍然屈服于怕冷，他很快就睡着了……

郑走泽捡起一块土疙瘩，忍住手掌的疼痛，用另一只手背马虎地擦了一下眼泪，把土疙瘩朝李有成扔去，没有打中，李有成发现了身边落下的土块，回头朝郑走泽挑衅地骂着，继续跑。郑走泽弯腰继续捡起，继续扔他，一个都没有打中，很快，就不可能再打中了，李有成已经超出了他臂力的范围。

郑走泽蹲在水塘边，手指抠着地面的枯草，指甲缝里涨满了，让他烦躁。钱已经被风吹向远处，够不到了。他希望它尽快被泡软，沉到水底里，不被任何人发现，至于钢笔，他回忆着光滑、冷硬的触感让他高兴，回忆着同学从手里抽回它时感到的嫉妒，以及晚饭后他主动收拾碗筷去洗、得到爸爸的赞许，却始终低头无法开口要钱买它的难受，爸爸问，你是不是有什么事？口气仍然是不带同情和理解的不耐烦，他说没有事，我去做作业了。郑走泽去到房间里，在写字台前坐下来，拿出本子和铅笔、小刀，笔尖秃了，秃得很丑，他削着笔头，以一种工匠般的仔细和严肃，小心地削着，尽量雕刻出完美的锥形，但是每到刮细笔芯的时候，总是切断它。铅笔越来越短，桌面的玻璃板上堆积着越来越多的木屑和碳粉，他也不吹掉，最后从抽屉里取出一个铝制瓶盖，将屑粉赶到盖子里。他点燃蜡烛，耐心地往盖子里滴蜡，很冷，蜡滴很快凝结，一层一层，包裹住屑粉，然后用镊子夹住盖子，把蜡烛在下面烧灼，烛火熏出粗重的黑烟，蜡块融化，发出噼噼啪啪四溅的火星，像是那时候在外婆家里过冬时，他帮外公引燃煤球炉，火钳插在蜂窝煤十二个孔洞中对角的两个里，新煤块在柴火上噼啪作响，溅出火星的抛物线，火星落在棉裤上，瞬间熄灭，他总是担心自己会着火，但是棉裤完好无损。外公在旁边，坐在小板凳上，用塑料包装袋编织鱼篓，冬天是用不上的——所以暂时不会拿去集市上卖，便堆在墙角垒得高过他的头顶——何况外面正下着大雪，隔着院子，雪花沉默无声地、密密麻麻地滑落，看上去，它们每一片中间都隔着距离，落在一切的物体上时，却密实地覆盖住它们，一点空缺都没有留下。落了叶的柿子树那时候在他的眼里还很高大，错杂的横枝上面搁着渐厚的雪层，下面仍然露着枯灰色，学校因为大雪放假了，他无所事事，也无法出门，坐在竹椅上贴着炉子，呆望着外面，冷风试图侵袭他们，但是在炉温附近消散了，他的内心和素白世界一样空旷，他忽而体会到"万籁俱寂"这个词语的意思——郑走泽的第一次顿悟来自于看雪，直到多年以后，也在一个冬日落雪的傍晚，他回到这座房子里，外婆早已去世，外公九十岁，不能再编织鱼篓，只能双手端着保温杯，坐在破旧沙发上面对大门看雪，身边是一台蒸腾热浪的取暖器，他坐到外公旁边，眼神滑过他如暴雨后泥塘般浑浊的失神的眼睛，看着院子里下雪，柿子树显得矮小、寒碜，但是，他体会不到寂静，更没有获得任何顿悟的感受，反而听见雪粒掉在雪粒上面的细碎声音，他落下目光，看着门口被自己踩出的脚印，等着它们被填满，那个过程太慢了，他没有时间真正等待下去，而是焦急地反复抬头观看天空，灰白色、仿佛被冷棉花塞满的天空，其实看不到任何东西，连广袤无际的太空的黑暗也毫无踪影……

郑走泽今日已不想再去上课，他掏出本子，在空白页上写下请假条，然后撕下它，走到大路边靠着一棵树干坐在地上。这条路是大部分学生去学校的必经之地。他把头埋在横架双膝的胳膊上，偷眼辨识着自己的同学。三三两两路过的陌生人让他很不耐烦，尤其是他们好奇地看着他的表情，他用后背紧抵着树干，恨不得融入木头、不被看见。越来越冷，脚趾快失去知觉，他不自禁地搓动它们，收效甚微。终于，孔丽出现了，快到面前时，他尽量虚弱而清楚地喊了她一声，孔丽走过来。郑走泽把请假条给她，说，我今天感冒了，头好疼，你帮我请个假，我要去医院。孔丽想问更多问题，都被郑走泽搪塞回去了，他把头从她试探额头温度的柔软手背边逃开，慌忙蹭着树干站了起来，说，你别管那么多了，你快迟到了，我去一下医院就好了。他先于孔丽离开树边，往学校的反方向走，忍住回头看她的欲望——看她的欲望是他长久以来都无法克制的——直到觉得安全了，才偷偷去看她的背影，马尾辫在道边树下摇摆着远去，如此好看，如此让他羞愧不堪。好在除了羞愧，他总算感到内心舒展了，别的想法回流占据了他，他走进田野，不再想着孔丽。

郑走泽拥有了整个上午的空闲，但是没有地方可去。约莫三个小时，三个小时可以走多远？他没有这种经验，最远的一次，是和外公去集市上卖茶叶，天还没有亮的清晨，外公挑着茶叶筒，他拎着装秤砣和零钱的旧皮包，跟在后面，走在东方鱼肚白的乡间道路上，深冬的烈寒很快消失在疾走出汗里。田埂是高低不平的，不若夏天雨后那般柔软，草皮都已硬黄。日光初现时，他们已经穿过了三个村子，来到河边。桥在远处，外公打算抄个近路，便走下河堤，用脚试探着冰面的厚度，没有问题，便走了上去，并不回头地对郑走泽说，我走到中间你再上来，两个人太重了。郑走泽站在河边，看着外公挑担迎着日光小心迈步，冰面发出细长、绵延的咯吱轻裂声，仿佛滚落的弹

子球正在远去般，但并没有破。外公喊，走吧，他抬起右
脚踏了上去，没有裂声，他还很轻，不至于压破冰面。走
到河中间时，外公已经上了对岸，把茶叶挑搁在地上，转
身面对着他，等他，郑走泽往左右瞥了瞥，冰河向两端折
弯并消失在河堤的尽头，冰面平如镜子，没有一丝杂质，
四野平坦，枯树零星散布在遥远的地平线上，整个世界万
籁俱寂，只有他呼出的白气和声音，外公的剪影也似雕
塑，一动不动，只有自己是动的，自己是地球的中心，意
识到这一点，他抬头看淡蓝色的晴空，停下脚步，月亮竟
然没有落，淡白色一弯静静悬挂，三十八万公里，他想
着，但是仍然可以看得见它，像是画上去的一样，但是人
呢，别说三十八万公里，就算三公里，也肯定看不见了，
那么，月亮到底有多大啊，有多少万、多少亿人加在一起
那么大呢，同样，它将有多么重啊，但是竟然可以凭空飘
在宇宙里面，老师说是引力，他想着，原来以为引力只是
把东西吸引过来、把人吸在地面上，但是引力也可以把一
个星球吸在太空里，小说里说，引力还可以把时间变慢、
把空间变弯，他无法理解这种事情，只是在宏大的空旷中
渐觉晕眩，而此时，脚下忽然发出咔嚓、咔嚓的裂响，冰
面裂开了，他掉进水里，脑中空白，没有一点意识……醒
来的时候，他发现自己躺在夜晚的陌生的床上，在沉重的
棉被里面，头上盖着热毛巾，旁边是散发着清淡臭气的炉
子。这是一个陌生的房间，不同的光线、屋顶上木梁不同
的形状和铆钉、墙壁不同的颜色、五斗橱不同的体积、窗
户的玻璃没有裂纹……外公把煮鸡蛋和鸡腿挂面端来给他

吃的时候，告诉他，这里是临近冰河的一个村子，他一个老战友家里，今天没有去成集市，下次再也不要在冰上站太久，要赶快走，下次还是走桥吧。郑走泽问外公，集市到底有多远？外公说，不远，十三里路。郑走泽问，我们还有多远能到啊？刚走了一半，外公说。

郑走泽估计着那一次旅行所用的时间，天亮不久就走了十三里路的一半，那么，今天上午，全部走路的话，应该也可以走到二十多里路远吧。这是他从来没走到过的距离。他沿着空寂的田野往西边走，不久，身后学校的旗杆就隐没在地平线之下了，他进入完全陌生的境地。然而，看上去，却和熟悉的田野没有什么区别，只是站在这里看四周，那些远远近近的村庄的形状和树木，都不认识。他不知道要走多久，以及最终会走到哪里去，心中有一点兴奋，并且走得越远，越渐渐高兴起来。

他希望这么一直走下去。

但是，不可能这么一直走下去。爸爸很快就会发现钱丢了，并且立刻就会知道是他偷的。他做的任何坏事，都逃不过他的眼睛。郑走泽又开始生气，脚步变快。钱是我偷的又怎么样，别的同学都有钢笔，我想要一支，我有用的，你却不给我买，我就是要偷钱去买，就算把我打死，我也会这么做，就打死我好了。郑走泽越发愤懑，走路的速度已经不能满足他，他开始张开手臂，在田埂上跑起来，书包捶打着屁股，文具盒发出哐当哐当的响声。急喘、热汗和力气的消耗让他渐渐慢了下来，左前方那个处于高地上的村子露出来，在村子的地平线上，一只狗喷着白气看着他。他怕狗，尤其是那些盯着自己看、叫也不叫一声的狗，是会咬人的狗。他装作没有看见它，急切地朝脚下田埂的尽头走，走到那里就可以右转远离它了。但是狗没有等到那个时候，冲下土坡向他沉默着奔过来。郑走泽不再镇定，拔腿再跑，但是刚才的运动已经让他跑不起来了，双腿酸痛，汗水粘着衣服与皮肤，而狗根本不走田埂，直接越过田垄疾驰而来，片刻之后，利齿就滑过皮肤拉住裤脚，他倒在地上，狂乱地用脚踹着它，有一两次成功了，它发出痛苦的呜呜声，但每一次都快速变回压抑的低吼和切入皮肉的疼痛。

　　昏去之前，他最后的记忆，是这颗星球的自转，这印象来自于失去方向感的虚弱，视线中天空从晴白变成虚空的速度，在疼痛的灼热中双手触碰到的冰冷地面和粗糙枯草，刺眼的太阳幻化成两个、三个、更多、成片——这与他五年后在寒假第一天晚上与同学喝醉酒时感到的星球自转是何其相似，那时，他的胳膊被李有成和陶涛各自架在肩膀上，双腿失去知觉，拖行在地面上，他垂头恍惚所见的马路在路灯光下如同疾速爬行的黑色鳄鱼的皮肤，他们把他放到床上躺下来，他的四肢无所攀附，全身处于失重和旋转之中，脑中便回忆起了这次被恶狗咬伤时的感觉——地球在自转，他在脱离引力的保护，仿佛就要飘到空气里，翻滚着升到冰冷宇宙之中，进而沉入死寂的睡眠或者干脆是死亡的寂静之中。

　　同学聚会结束出来，郑走泽和孔丽在公园夜路上散步，孔丽住得不远，要回家，郑走泽说自己也想走走路，正好陪她走一段。

孔丽问他，你今天说的那次被狗咬的事是真的么？我怎么没有听说过？

你记得后来我休学了一年么？就是因为这个。

原来是这样！那一年我正好转学了，失去你的消息，只是听李有成他们说过你休学的事，但不知道是这个原因。

是的，后来就失去你的消息了。那时候没有手机、没有电话，也不知道到哪里能联系到你。

一转眼都已经快二十年了！时间过得真快！

是的，要不是这次聚会，可能再也见不到了吧。我本来没打算来参加的。

为什么不参加？

我不喜欢参加这种聚会，怕人多，而且大家各自生活都不一样了，也没什么共同话题。

你还是那么孤僻，从小也是这样。

原来我小时候在你们眼里是这样的。

是啊，你整天也没什么话，别人玩的时候，你就在一旁看，有时候连看也不看，都不知道你躲在哪里，在干什么。

是的，这么说的话，我那时候的确是个怪人，你们玩得热火朝天的时候，我习惯跑到学校外面自己玩。

嗯，我觉得，也只有与众不同的人，才会去当作家吧。

也许吧，越孤独、越自我的人，越会去胡思乱想。

没有看过你写的文章，哪天发一点来让我学习学习。

就今天吧，我手机里有，给你读一点？

好啊。

郑走泽打开手机，假装翻找，然后说，找到了，就这篇吧，你坐下来，走着我就看不清字了。孔丽捋了一下羽绒服，坐在公园椅上，双手放进口袋里，歪着头，微笑看着郑走泽。

郑走泽对着空白无字的屏幕，站在孔丽的面前，开始读起来：

我讨厌冬天，并羡慕青蛙、蝮蛇或者狗熊，因为它们讨厌冬天，就可以在一场沉睡中避开冬天，而我，只能在我讨厌的东西里面继续生活。我讨厌冬天，不是因为它冷，而是因为，在这里面，我经历了痛苦，我不想细数诸如冻疮、落入冰河、被恶狗袭击等等平凡的不值一提的痛苦，这些甚至算不上痛苦，顶多只是疼痛而已，真正痛苦的，是我在冬天失去我最在意的人。

不是的，不要以为我所说的只是他们在冬天离开我或者死去，比如我的外婆、我的妻子、我的弟弟、我的孩子，这些人的死亡或者离开，只在我冷漠的内心产出短暂的叹息罢了，我所说的，是我失去的那一个特定的人、唯一的人，以及失去她之后，我所随之而失去的我自己。

不要觉得迷惑，我这就和你讲述这种失去。

那是一九九六年一个霜冻的早晨，我做了一件坏事：偷了爸爸的钱要去买一个礼物，我要把它送给那个女孩，因为她就要过生日了，而她很想要一支钢笔。要是换作别人，我才不会那么做，但是她写字那么好看，是最值得拥有钢笔的。并且，她会讲故事，她脑袋里怎么会有那么多神奇的故事呢，我太喜欢听了，听她把路上遇到的兔子讲成是嫦娥在偷草吃，把暴雨后爬进教室的龙虾讲成龙王派来的士兵，把用筷子夹取墙缝里的蜈蚣讲成观音菩萨替天行道，把麻雀在粮仓上飞落讲成精卫的子孙在开会，把昨天帮妈妈宰杀公鸡讲成判官惩罚坏蛋……我既喜欢这些故事，又嫉妒这些故事不是从我的嘴里说出来的。

那时候，我想当一个作家，但是我知道，她才是一个作家，而作家最需要一支漂亮的钢笔，把那些故事都写下来。写下来，给我，我可以每天晚上读着它们睡觉，那该多好呢。

从那年夏天第一次听到她的故事开始，我就进入了一个新世界。我也学着她，去编造自己的梦境、去改造我看见的动物，渐渐地，我觉得自己也生活在这个新世界里，而我也学会了讲故事。但是我只能说给自己听，因为我的故事，都没有她的好听。我喜欢并且完全相信她说的一切，那奇怪吗？去相信明显是小女孩胡说八道的故事，并且开始不相信任何一个大人说的事？虽然他们都在说谎，但是大人的谎话让我感到失望，而她的谎话却让我兴奋、向往。

那是我第一次，也是唯一一次感到，世界上有一个人和我是一样的，我们都能看见不同的东西。虽然说起来很荒谬，但的确，那是我唯一感觉到的爱情。我爱上了她。我强烈地想和她整天待在一起，生活在一座房子里，除了吃饭、睡觉，就是给对方讲故事。为此，我一定要送那个礼物给她，以证明和获得爱情，我相信这样肯定行的。

所以我去做那件坏事，并且愿意接受爸爸的惩罚，他能怎么惩罚我呢？打一顿罢了，我早已不怕挨打了，因为挨打可以换取犯错的机会，疼痛只是暂时的，疼痛结束，坏事就算结束了。但是，我太笨了，我偷了钱，却丢了钱，我无法买那个重要的礼物，那种失望的寒冷比隆冬的大风还要厉害，我没有一点希望了，如果我不能使她开心也就罢了，关键是，我还欺骗了她。是的，一错便会再错，我太沮丧，就骗她我生病了，这只是逃课的借口而已，逃课也只是因为没有勇气面对她。我何止想逃课，我想永远逃离学校、逃离我生活的地方，我觉得自己彻底失败，不可能让她爱我。

但是我内心可不想离开，我是离不开她的，连周末放假一天见不到，我都觉得痛苦难忍，更别说永远离开。可是，一错便会再错，我做坏事遇到的惩罚并不来自于爸爸，而来自于一条恶狗，以及因此而住院、卧床不出门，整整一年。

如果说少年的爱情只是肤浅的冲动，也可以吧，但是那一场灾祸却让这爱情不再肤浅。两百多天被关在家里，每天都有几十个小时可以用来思念她，从最初的热烈，到渐渐失望，到最后绝望，在这几千个小时的煎熬里，我感到自己在渐渐消失，我的热情、想象、憧憬、希望、爱的感觉，我那时候能体验的一切重要的东西，都在消失，我变得麻木而迟钝，一天忘记要吃几次饭，我整天望着窗外或门外地平线上的学校像一个不知道真假的白点，渐渐记不清楚我认为永远也不会忘记的东西了。我从那个冬天开始更加沉默，因为语言没有用处了，我想不出故事，也没有想对其说话的人，到第二个冬天，他们都以为我变成了哑巴。是的，我变成了哑巴，但不是语言上的，而是情感上的哑巴。一切都不再让我感兴趣，我每天睡得越来越久，而且失去了做梦的能力。

我不知道该如何描述清楚这种陷落，我因此失去了爱任何人的能力。冷漠，我现在这么说自己，但这不是根本，根本的是，没有什么能燃起我的热情了。后来，我回到生活里，沉默寡言，像个哑巴一样生活，直到长大，我不想和人说话，就去做不需要说话的工作。有一天，我又开始写作了，不久后发现，我写的所有东西，都像冬天一样冷漠，让人不适。但我没有停止，越是我厌倦的东西，越成为我写的东西。

我把这称为痛苦。孔丽，我失去你，也失去了自我。

…………

孔丽已经在抽泣，她站起来，抱住郑走泽。他在她的肩膀上似笑非笑着，然后去吻她。她没有拒绝。他进而去解开她外衣的扣子，她也没有拒绝。他伸手探进她穿着毛衣的后背，她犹豫了一下。他伸手抚摸她的臀部，她试图躲闪。他用了力气将她圈住，用下体去顶撞她，她开始挣扎。他把她推倒在地上，她尖叫、抓挠他的脸。他骂着她，继续强迫她，她号哭、蹬踹。但郑走泽仍然没有停下，直到闻声赶来的路人的脚步快要抵达，他才举起拳头砸了她的脸，然后爬起来钻进树林。

郑走泽开始奔跑，边跑边笑、边剧喘着，孔丽的哭声和其他人声的嘈杂渐渐消失在身后。

郑走泽钻出树林，来到公园另一面的马路上的时候，抬头看见在路灯昏黄的光团里，雪，开始飘落，仿佛能听见那些晶体划擦路灯罩的细碎声音，他靠着树，出神地盯着雪花。他的呼吸渐渐平复下来，他感到万籁俱寂。

对一次暴力的描述

阿宇在同学微信群里转发了一则搞笑视频，几个小时后，枫杨回复了"哈哈"，随后补上一个大拇指称赞的表情。便算是一个回合的交流过去了。像我一样恬然点开，并也笑了一下但无所回应的人，有多少个？选择不予回应，在我们来说，是一种无足挂齿的习惯性隐匿。大多数的我们，对这一次交流的日常回避，其默契是微信自带的"消息免打扰"模式，即，我并没有看见。但这无疑是撒谎。就是这样的，因为我们不在阿宇面前，所以不同时，所以撒谎。但是反过来，由于更深层面的各自隔绝，即便在面对面的时候，我们也毫无诚实可言。比如，前天晚上阿宇安排的酒局上。

我迟到了。故意的迟到。本意上、习惯上，我是拒绝参加这种无意义的酒局的，一些久不联络、生活各自不同也各自无趣的男人坐到一起，除了吃肉、喝酒，以及讲讲黄段子、吹吹牛，以及喝多的时候抱头痛哭、在夜晚街道上高声吼叫以制造一种无畏的自我错觉之外，就没有别的了。真的无畏的话，是无须喝醉就应该做出的，所以，这只是另一种喝酒壮胆罢了。无聊和压抑也许是我们除了性别之外唯一的共同点。在工作之余——工作之余——我们挤出一点抵抗的情绪，聚在一起胡说海吹，释放郁结，种种不同的郁结，无论出自家庭生活的苦恼、工作的不顺、创作的焦虑还是什么，无一例外都生出发泄和解决的冲动。遗憾的是，往往只有发泄，并无解决，郁结们仍然稳定地存在着，在醒来的时刻，先于日光而笼罩在我们的身上。我最终选择参加，但是到来的过程还是不情愿的，所以拖延出门的时间，下车后在酒店门口抽两支烟并玩了一会儿手机再进去。我迟到了。

迎宾员客气地微笑着打招呼，问我几位，我说426包厢，她说四楼请，我说有电梯么，她说抱歉没有电梯，您走这边楼梯，我说没关系，谢谢，她说不客气，然后转脸结束我，干净利落地收束笑容，拈起前襟上的麦克风低声说，426上客，同时不停脚步地朝玻璃大门走去。旗袍雕塑的背身曲线围拢出不包含面容的形体轮廓，臀部因为走路而闪现着扁平、宽大的面积，不可信，和正面礼仪性的微笑、旗袍夸张的大红色、不合宜的纹理一样不可信，也和我几分钟后推开门，向他们自然展露出的笑容一样不可信。抵达包厢之前，我走在大理石楼梯上，雕花木扶手与其下螺旋状的铁艺立柱，在有些暗黄的灯光里阻滞着反光，仿佛久已未擦，油腻腻的，我实际上到三层的时候，已经气喘吁吁了，但不愿意抓握扶手借力，同时暗自怨怪着黏滞的楼梯表面对鞋底的抓着感，不愿意承认，疲累的根本原因还是自己平日里缺乏锻炼，是以三十岁的身体常常陷入无力的状态。这倒是我们的另一个共同点，发福、虚弱、经不起剧烈运动、唉声叹气，诸如此类。我现在的小腿肚早已和阿宇们的肚子一样鼓起并且松弛不堪，下班回家饱食之后，我坐在沙发上拍打此处的酸涩，想起另一种触感：那时我在班级足球队做前锋，总体上虽然瘦弱，但是频繁的跑动让小腿肚拥有坚韧的肌肉，相比于进球的兴奋感，在平常走路的间隙偶尔抽紧那肌肉让我觉得更加满足，觉得自己更加健康，除了偶尔考试成绩不错之外，这是一种常规的乐趣。那时候，我们也喝酒，但不是和阿宇他们，我属于另一帮人（阿宇那时已经是一个胖子了，眼睛很小，板寸头，呆笨，不和他相熟的主要原因倒不在于此，而在于他是镇上的少年，而我们那一帮子是乡下的，少年时的扎堆结派，出身的共性往往更重要，你本能地就可以区分出有些人可信，有些人不可信，而这之间也无须阐明什么价值观和立场，何况那时也没有这些东西，我们都凭感觉结交朋友），我们训练完了，在初冬的傍晚，筋疲力尽，穿着球服，有一搭没一搭地踢着球松松散散往炸串店聚合。

　　我们到了，拼了两张长桌，十几人坐下来，抽烟、胡聊，冰啤酒上来了，各自开了一瓶咕嘟嘟灌几口，使自己冷却一些，等着炸串。阿龙问我：你那个事情怎么样了，要不要搞？

　　我：妈的，我正准备说，那小子越来越过分，昨天晚上下自习的时候，我看见他又和她说话了，还递了个礼盒给她。我昨晚问她盒子里是什么东西，说是毛笔和墨汁，给她练字用的。

阿龙：妈的，这小子太不识相了，不能忍。

大磊：阿龙说的一点没错，弟兄们这种事情怎么能忍？

他们都同意。

我：今晚他还约了她吃宵夜，妈的。

阿龙：你一句话，搞不搞？

我：妈的，搞他。

他们说：搞他。

我们举起啤酒瓶，为这共同的气愤和决定撞瓶子，咕嘟嘟地喝了起来。真冷，训练时的汗水早已干透，所以真冷，光线暗淡，所以不知道他们是否，至少我裸露的胳膊和双腿泛起了鸡皮疙瘩，心跳很快，由于疲劳、冷，更由于激愤和不可忽略的害怕。我挑起了即将发生的这场争斗，这是我第一次挑起争斗，虽然他们是为了我的女朋友被别人搭讪而打抱不平，并且，我也会为他们任何一个做出同样的反应，但这一次我是核心、原因。我后悔刚才愤怒之下的鲁莽决定，我是个胆小的人，从来不希望自己成为坏事的原因。但是，这场景里的团结感也让我觉得放心，甚至可以说，至此，已经不再是解决我的情感问题这一单纯的事情了，对于我们这一帮人，除了需要安全的娱乐、游戏和叛逆之外，也需要在协同解决危机的事情里获得更稳定的关系和信任，况且，这也不是第一次。既然如此，也没有什么好犹豫的了。所以，在下自习之后二十分钟时，我们在他去赴宵夜的巷口拦住他，阿龙低声对我说，这件事你不用出头，我们来搞。说完，他走上前去，对他进行语含讥讽的挑衅（这类挑衅我们都极其擅长），我站在他们的身后，感到满足和安慰，这个场景对我们来说是具有仪式感和象征意义的：我们即将毕业，虽然没有严肃讨论过以后的生活，但是对于纯粹的、敢于无私甚至以身犯险相助的友情，有很深的渴求。在没有面临毕业的这几年里，我们逍遥自在，而近来，意识到我们必将分别生活在不同地方之后，莫可名状的不安和压力便隐隐昭显，对于未知，我代表他们，感到不确定，预先的失望和遗憾以当下的紧张时时浮现，我们早已无心学习，在躁动的状态里每日聚会、喝酒、旷课，沉溺于形式上的抱团和不羁，很久之后我意识到这种不羁或者说伪装成勇敢无畏的状态，只是我们对未来忧虑的尴尬表现，那时对于未来的忧虑，绝非来自我们对未来的预测和对社会的判断，而是由于在各自生活的家庭中由来已久的对现实的无力感，社会如此宏大，而我们各自微不足道，我们没有人能左右家庭中的事件，比如阿龙的姐姐由于不堪家庭暴力而离婚逃回家中避难，如果那个施暴者是我们认识的，或者生活在那个小镇上，我们和阿龙就有办法参与其中，并且也有足够的勇气以我们的方式解决，但事实是，我们连他生活在哪里都搞不清楚，无可奈何、无从下手，我们的能力范围仅限于学校及其周边几百米，这个范围过小，而且离开朋友，我们任何一人都将毫无能力。阿龙已经动手了，啪啪啪，扇了他三个耳光，并发出警告。其他人下意识地往前走了几步，以防他还手。我们都知道他——那个叫阿义的小子——学习过武术，而且身强体壮，他长得不帅，成绩一般，但是留了个很不错的发型，他完全有能力还手并且对付两三个人，不过我们人数远超于此，所以他最终没有选择还手。他们走上前的时候，我仍然站在原地，没有移动，因为那刺耳的耳光声让我毛骨悚然，我想象它打在我的脸上将是多么难堪和痛苦，我本希望只是恐吓他就够了，但是这几巴掌已经打下去，我从他僵硬的体态和放空但毫无恐惧的表情中，预感到还会有更坏的结果，会是什么呢？我不知道，这个具体的未知让我再次恐惧起来。仇恨、报复、悲惨，这些词语在我的意识里涌动不息，它们以前只是抽象的词语，那时对我来说却是近在咫尺的处境。这个具体的未知，是我代表他们又一次提前体验到的东西，对于未来生活的失控，已经发生了。不过，如今我再回想起那一时刻，却有别的结论：所谓的仇恨、报复之类的东西，在真正的生活之中，其实并不怎么存在，那时的未知感夸大了它们，总的来说，那时候我们对于生活的想象都是不准确的、失算的，当我三十岁推开包厢的门，面对着七八个男人并且一眼没认出至少一半的时候，我却一眼认出了阿义，那晚之后已经十几年，我们没有再见过面，但此时我能认出他来，同样粗壮的身材、未曾改变的发型、运动服，以及僵硬的体态，我情不自禁地说：你也在啊。

阿义说：是啊，好久不见。

我说：真的很久了。

阿宇说：大家不是都很久了么，所以才有必要聚聚，来，坐吧，给你留了好位子。

我坐下来，与阿义在整晚便无更多交流了，除了其间偶尔对饮，那也只是礼仪上的。阿宇无疑是整场的主角，段子不停，酒量奇大，他的个子仍然不高，眼睛依旧很小，塌鼻子，薄嘴唇，小耳朵，光头，整个脑袋都要小一号，但是下巴和后颈处累起的赘肉毫不含糊，手的尺寸小，但与他的肚子、脖子和脸庞一样肥肿，其他人也多相似，虽不至于如此夸张，但都具备难看的松弛。这个酒局比我预想的还要无聊，我们的交谈没有丝毫价值，有一个环节是自述近况，轮到我的时候，我端起酒杯，说，一事无成、都在酒里、废话不说，我喝干。我厌恶自己这一连串的虚假，唯有喝干一杯酒是真实的需要，麻醉、灼烧，让那些废话都滚开，尽快喝醉，不要再清醒下去。他们并不在意我的敷衍，并且怪异地为我鼓掌，他们故作笑容的神态无疑彻底误解了我的行为，认为这是一种豪爽，而根本没有意识到我的无话可说。

某一刻，阿宇调侃梁子，问他是不是还在开挖掘机，梁子满嘴无所谓和粗话地表达着他对生活的武断态度，仿佛他自己就是一台挖掘机（他魁梧的体型的确仿似），对于妻子、儿子、同事、朋友，满是不屑，如果有必要，他将义无反顾地铲除他们，而除了谨慎地表达了一点尊敬父母的态度之外，就是毫无保留地赞颂在座的诸位，听上去，我们便是他平凡生活之外的精神领域唯有的挚友，仿佛我们亲如兄弟、兄弟有难他必将两肋插刀赴汤蹈火，这是比我那偶然的豪爽还要豪爽的豪爽，让已经喝多了的阿波、阿贵、枫杨、武哥等等都热血沸腾，击掌称赞。梁子猛然站起来，低沉的嗓音发出高亢的声响，说，妈的说那么多没用，弟兄们应该倒满，干一杯。我们正欲顺着他站起来，阿宇微笑着伸出胳膊压了压手掌，示意稍等，表明他有话说，我们便没有站立，听他做作的放低、放缓的音调说，各位，听我说两句，我们梁总呢，是个性情中人，从我们还在学校的时候，就是我的偶像，我不说虚的，各位都是自己人，都是弟兄，今天难得相聚，那句话怎么说的呢，物是人非啊，今天还在城里的弟兄们都来了，其他的呢，除了在外地来不了的，我们也能理解，也不怪，其他的呢，就不是兄弟，梁总说得对，我们的感情是最真的，从小就有的感情，现在社会上是没有的，所以呢，我提议，我们不喝一杯，我们喝两杯，好事成双嘛，第一件好事呢，是弟兄们相聚值得庆祝，第二件呢，我祝各位事业有成、财源滚滚，我不说虚的，男人有事业有钱，最实在，对不对，有了这个，其他的才有，同意我的，都站起来。阿宇说这段话的过程里，时不时地闭闭眼、抬抬下巴，他伸着胳膊，双手搭在桌边上，张开肢体的样子传递一种观者可见而其自身一定并无察觉的支离感，仿佛双臂不属于身体，只是挂上去的外物一般。这番干瘪的废话他说得志得意满，让我几近产生幻觉，像置身于一部小说对无聊的彻底描述之中。我欲图找到一些真实时空的证据，所以在和他们同样保持笑容站立起来的过程中，集中注意力看阿宇站起来，他有意控制着速度，要比我们慢一点，他以慢来区别自己和别人，以区别来领导别人，我找到了，这种自觉的领导意识，与多年前少年时的那个晚上，毫无二致：

那是阿龙扇了阿义三个耳光后一天的晚上，在这晚之前的下午，阿义和他那一帮子向我们下了战书，约定在操场打一架。我们应战了，放学时，我们揣着椅子腿和木棒，相互无言、果果决决地向操场走去，如我所料，一场争斗一定会带来没完没了的继续争斗，我已无暇后悔，在那一时刻，我仅存的理性告诉我，恐惧和后怕毫无意义，事情一旦关联到更多的人，便不是发起者所能左右的，我努力克制那种无力感，放任自己和朋友们向未知陷入，我告诉自己，既然更多的未知反正也没有什么办法，就走一步算一步，打一架算一架，我开始在记忆里回忆黑帮电影里的热血场景，这也的确让我热血上涌，有效地消除了恐惧，开始期待战斗。经过宿舍楼的山墙，穿过进入操场的铁门时，我记起不久前的晚上，我们在宿舍里打牌时，有人探头在门框里说，操场打架了，快去看，我们立刻扔掉扑克牌，涌出宿舍，也跑过这面山墙和铁门，进入操场，在宿舍楼整齐窗户的亮光照射下，看见前方面对面站着各自大约一百人的两个方阵，一方的人戴着一副白色手套，另一方的人戴着一只白手套，在相隔大约二十米宽的中间地带，各有一人站在队列前，一个人长发，拎着猎枪，另一个光头一手扶着腰带上的手枪，一手提着扁长的砍刀。两人抽着烟，都没有说话，气氛凝重，宛如电影一般，我们兴奋地期待着开战，并时不时瞅瞅身后的道路是否畅通，以备混战时逃离这里不被阻挡。我们窃窃私语，心跳都快。有人说，知道为什么一边双手套一边单手套么？有人说，不知道，为什么？有人说，天这么黑，他们打起来肯定认不得自己人，看手套就知道了，避免打错了。有人说，哦，这样！我对手套的细节始终记忆犹新，这表明他们的专业性，有备而来、考虑充分，我由衷地敬佩他们。而在我们自己往操场去的时候，穿过铁门，我攥紧椅腿，却感到有些遗憾，我们打得规模太小，也不专业，围观起来肯定也没那么过瘾，的确，在我留意观察之后发现，没有多少人围观我们，这让我有些不甘，所以在发现他们已经在草地上松散地聚在一处的时候，我率先奔向他们，用我能发出的最狠、最大的声音吼着"操你妈，搞死你们"，这句口号的效应很好，我的朋友们也启动了，我们飞速冲向他们，他们中的警觉者最先抽出棍子，但没有直接迎上来，他们选择了在原地守着，我们的速度占了优势，我的脚先于我抵达战场，我踹倒了第一个，在下落寻找平衡的过程里顺手向第二个的肩膀甩去椅腿……

　　至于其他的，抱歉我无法写出来，因为除了混乱的声音（木棍捶打身体各类部位的声音）之外，我目无他视、体无他觉，但有一个感觉我依稀记得，有一记捶打落在我的脑袋上，要换作平日或今天，我恐怕一定痛出大叫，但那时，痛觉已被我的感知处理了，变成一个普通的信号，让我知道我被打了，我本能地回头去看打我的人，我看到了，但是接下来还击之后，我便彻底忘记了那个人是谁，我对那个人的识别只发生在一瞬，也只有那一瞬是有用的识别，此前或之后，我都无意于去识别他们之中的任何一人。在那捶打和还击的回合里面，我和对手是一种临时的相识。恨意和愤怒即便如那般爆裂——甚至让我感到自己仿佛会着轻功，脚不着地地奔跑和跳跃在战斗里面——但是也那般短暂，幸好是那般短暂。那种少年热血的恨意甚至并不算是真的仇恨，就像我们围观的那场两百人的预谋械斗，在两个持枪的领头人之间抽烟和谈判的时间里，犹如被冬夜的寒气筛滤了，即便其间有一刻，处于某个方阵后方的某人那一声爆裂的吼叫"妈的，打不打啊，再不打老子都冻感冒了"，也只在一小片嘘笑中被筛滤而无效了，他们最终谈判成功，我们期待的一场战斗没有发生，他们散去了，最后只留了我们几个意犹未尽的围观者还在墙下抽烟，做着自觉高明的评断。

我们几个人，散落在黄昏的田野里，漫无目的地走着。间或就近与旁边的人说两句，度过了战斗结束时那一小段兴奋激越的交谈之后，我们都无话可说，各自回味着方才的酣畅或者担心着接下来的事情。阿文蹲下来折了一株已枯的蒿草，一截一截揪断扔在地上，我越过他逆光昏暗的侧脸，看见堪称壮美的落日正在贴近地平线，火烧云越发灿烂，我想喊他们都看，但是没有喊出来，我只停下来自己看了一会儿，这期间他们松松散散地走远了一些，由于各自的速度和方向略有不同，每瞥见他们的位置，总是越发分散——虽然我们没有讨论过那个场景的象征意义，但是我们都觉察到相似的疏离感，纵有满腔桀骜，在日落大地之时，都不可避免地体味着各自对未知的惊觉，惶惶恐恐。对于黄昏来说，我们还是昨日的我们，我们的那一点变化和将要发生的更多变化，对于黄昏来说，不足挂齿，所以，日头仍自沉沉落完了，我们隐没在昏然的薄暮中，至少在视觉上，已经失去了彼此。

虽然我们打赢了，但是都知道事情并未结束——阿义去找了阿宇，他们是同一个班的，阿宇不能袖手旁观，他哥哥是镇上的混混，误杀过人，从牢里出来不久，但是名声很响亮。阿宇找了这个哥哥来做调停，把我们双方约到一个带院子的出租屋。阿龙领头带着我们打算进去，被拦住了，对方说，这个事情不是他的，要当事人出面解决。那一刻我很恐惧，但是我无法回避，我硬着头皮胆战心惊地走进院子，阿龙在与我擦身而过的时候拍我肩膀说，弟兄们在门口，有什么岔子你只管喊一声，我们直接进去搞，别怕。我应该是点了点头，走了进去。阿义靠在桌角，红肿的额头上血迹未干，冷笑着看着我走进去的整个过程。他们要我跪下磕头认错，并赔付医药费。我知道前面那事不能做，拒绝了。阿宇的哥哥说，那就滚吧，你回去准备一下，今晚就用别的办法解决吧，机会已经给过了，滚吧。我往外走，阿宇从旁边过来，搂着我的肩膀，陪我走着，用与多年后那种缓慢毫无二致的语调说，没办法，我也只能做到这样，我呢，两边都不好做，你别怪我，但是你放心吧，事情总会过去的，相信我。我几乎相信他沉着高亢的话语，但是他松开我，另一个人过来搂着我的肩膀，说，听说你很有骨气，是不是。我不经思考地"嗯"了一声，他另一只拳头几似同时地捶在我的脸上。疼痛来得很慢，我有足够的时间恍过一阵庆幸感，好像自己被打了，这事总该结束了吧。但是走出来，我知道没有结束，我告诉阿龙，没解决，还要打，今晚。我们离开的路上，大磊说，不能再打了，他们人太多了，我们肯定吃亏。浩子说，大丈夫报仇十年不晚，但也不能吃眼前亏，躲吧。我们躲进了安子的出租屋，在街角那个二层平房的二楼房间里。整夜，我们不够地方睡觉便无法睡，闭着灯听着窗外街上时时跑过的阵阵脚步声，以及间或两个队伍碰头相互问有没有找到并在得到否定回答后骂一句继续跑起来，钢管在地面拖出的呲嚓声比脚步更悚人，阿文开始抱怨没有烟了，安子骂骂咧咧说早知道准备一副扑克牌好了，诸如此类，没有人讨论屋外的追杀。我们在等什么呢？也没有人讨论，但是应该都在默念这些人最好尽快放弃，回去睡觉。但是天亮了怎么办？也没有人讨论这事情。我在黑暗里常常触摸出血发肿的嘴唇，有时候觉得疼度并不高，便按下去，让它疼起来，那一阵子，我也完全忘记了那个出手打我的人是谁，并莫名庆幸这种忘记，我反反复复按着嘴唇以增加疼痛的感觉（因此也可以不必说什么话），阿宇的声音总是回响，我能想象出他说这话时因笑而眯起眼睛的表情，虽然黑暗藏住了它，喏，正如此刻他举起酒杯，我们一群人终于都站得豪爽而笔直，我们越过桌面碰住酒杯，阿宇说，干杯，脸上正带着那个笑容。

　　荒凉感和不可信，无论此时的酒桌上还是那时的叛逆闯祸之夜，都不是无中生有的，因此我越发后悔来参加这个聚会，是何等无聊的我才会来加入他们呢？这面对面的遥远、不熟悉和不认同感完全如预料中一样啊，我想，这可能是一种不自觉的放逐欲望吧，是这样一种放逐：既然生活让人感到失望至极，便产生对它深深的不爱，像是离家出走一样，去叛离它，哪怕就一晚、一个酒局，至少彰显自己具有行使权利去反抗它的能力，即便明日宿醉醒来再次被它俘获，也毫不在意，毕竟，过一天是一天而已。

我已达微醉的状态，愈发觉得在座的诸位，无一和我有任何关联，包括阿义，那一次的事件，我曾以为会在我们两人的身上留下不可解决的矛盾，甚至有好几年时间，我都有意避免可能的相见，但此刻我们喝完阿宇提议的第二杯坐下来，相互之间毫无瓜葛般的，各自运行着自己的思绪：我想起我跳进河水里面，也是在初冬的下午，已经毕业了，她要和我分手，我感到松了一口气，但是另一种致命的惯性让我表现出相反的极端行为，我跳进河水里冰冻自己，以自残的方式沉默着否定她的决定。我跳下河水的真正原因，自然早已不是阻止她离开我，而是伪装一种因受到背弃而不由自主的绝望，我以跳入河水来夸张我并未受到的伤害，以此对她确然无疑地定罪，确然无疑地表达出她的决定将以摧毁我而达到无可挽回的结果，我跳下河水并不是真的痛苦欲绝，而是以痛苦的动作来使她痛苦，我瞬间划过的动机里面，在进行一场清算，几欲脱口而出"我为你做了那么多、受了那么多，你还背弃我"，丝毫不顾我实际上早已厌倦、早已希望分手，只不过我所期望的方式是毕业后由于时空的疏离自动决裂，但是她先提了出来，不是按照我的方式。她的真诚的方式动摇了我盘算好的伪装，这无疑是更彻底地揭穿我，虽然她自己并不知道，因为她并不想离开，她是抱着巨大的无奈和不情愿而做出决定的，恰恰是她出于爱我的动机做出的违背意愿的决定，使她更加诚实、高贵，我也因此显得更加虚伪和怯懦，正是这一点才真正让我不能面对，所以我选择跳下冬日的河水，也包括了对自己的诚实的惩罚。这纠缠无尽的动机和感知对于当时的我来说，过于复杂，但是它却简单有效地在一瞬之间驱使我跳入冰冷河水中。

而自始至终，甚至直到我们每一个人从这世界离开的时刻，无比芜杂的心绪也从来不会停止对我们的驱赶，让我们做出一开始连自己也不太理解并事后悔恨的选择和行动。比如说，选择暴力，真正的原因是勇敢或者正义吗？勇敢和正义对我们能做的，就如它们本来就几不可见的稀少，我们这群人，在座的这些无聊的男人，从来都与勇敢无缘。关于此事，我实际上思考已久，并一度在各种可能的场合自嘲是个怯懦之人，仿佛这种自嘲可以作为一种新的、终于得到的勇敢的表现，但是，尤其在我意识到这种自嘲变得越来越刻意的时候，我也意识到，这不过是怯懦的另一种表现而已。

所以在我们离开酒桌，相互搀扶、勾肩搭背、步履蹒跚地走出酒店的时候，冷风裹挟着暗黄的路灯光撞在我的大衣和脸上，这个简单有效的刺激，使我内心的厌倦感呼啸而出，再也无法忍受我们共同塑造出的丑态。冷风继续撞击我，我便不再克制地呼啸出我的愤怒，也只是在一瞬间，我与阿义再次相识了，那暴力所必需的临时相识，我抬起脚朝他屁股狠狠踹了过去，用完了我能用的所有力气，所以他扑倒在地上的时候，我也失去平衡和力气摔倒在地上。但力气很快就又产生了，感谢冷风，我手脚并用朝他爬过去，大声吼叫和咒骂他——但我缺少骂他的实际事件，所以只是咒骂——我抱住他的脚，让他没能爬起来，然后顺势压在他身上，攥起拳头狠狠捶击他的脸，我以难以遏制的怒火和咒骂为自己的暴力伴奏，酣畅无比，所以，当旁边的他们从因醉酒而迟钝的愚蠢错愕中醒悟过来，并晃晃悠悠过来拉我的时候，我得以对他们一一相识，我的拳头带着我痛击那一张张脸，或者肚子，或者大腿，或者后背，或者打空了而露出来的地面，无所谓，打在哪里的确毫无所谓。某一时刻，阿宇的脸出现了，他竟然还是刻意保持那可笑的迟缓语气威胁我"都那么多年了，你犯得着么，别太过分了，听我一句"，我没有听他一句，我直接以带着血的拳头打他、打断他，恰是这一副既绷也缩的表情，是我最为热衷于击打的，也是那种不同于临时的而是永久的相识，我扑向这个永久熟悉的面孔，和他翻滚在地上，我感到非常开心，忍不住哈哈大笑起来，虽然我想停下来咒骂他，但是笑花费了我所有的力气，我什么也做不了，甚至连他骑在我身上，以结实的拳头捶击我的时候，我也感觉不到疼痛，我对暴力专心致志，无心感受别的感受。

我追上阿龙他们，我们差不多凑在一起，形成了一个在夜晚渐浓的晦暗里行进的小小队伍。我们在夜晚的田野走着路，前方那些静默的黑影，是一座座村庄。更早的时候，我还在小学，我和伙伴也走在这样的夜色里，也看到了一团团村庄的黑影，只不过那时候的害怕，是对想象中的鬼怪的害怕，而此时我们，害怕的对象，比鬼怪更难以捉摸一些。因为，鬼怪的形象，我们大致知道，而今晚我们所害怕的东西，我们不知道它是什么样子。

但它正确然无疑地存在着。

"哎呀！"

"怎么了！"我们一起问。

"妈的，我摔倒了。"阿文说。

"我操，爬起来就是了，叫什么叫！"我说，他们都同意我。

我们继续走着。那是我们一生中，最渴望勇气的夜晚。

卡夫卡的一次哭泣

　　一九二〇年九月的一个星期三早晨，弗兰兹·卡夫卡醒来了。

　　昨晚的睡眠是近日以来最好的一回，所以当胸部的隐痛牵连着头部的擂痛在他眨眼的时候渐次浓烈时，他又陷入对白天的厌倦感里。一切仍旧是老样子，他想，再深沉的睡眠也不过是夜晚的一个小小骗局，晨曦透过窗帘的缝隙，轻易就揭穿了这个骗子[①]。

　　窗帘关着。在昏暗的光线里，他看不清楚远处的房门。是的，他觉得门在远处，由于疼痛、虚弱和对初秋微凉的早晨的些丝拒意，掀开鸭绒被，穿上拖鞋走到那门，几乎成了近日以来最为困难的事情。

　　母亲来敲门了，卡夫卡抖嗦一下，从被子里坐起来，朝着门喊："您稍等一下，我已经起来啦！"他说这句话的时刻习惯性地卡在最为恰当的点：可以让母亲听清自己说的，并以此阻止她推开门走进来或者看进来。这并非因

---

① 卡夫卡曾写作《揭穿一个骗子》，收录于他的首部作品集《观察》（一九一三年罗沃尔特出版社出版）。

为他不想见到母亲，而是因为每一回从睡眠中来到现实，他都感到要重新认识整个布拉格，这也是一件十分艰巨的事情。

当然，即便不费多少力气，他也可以迅速在头脑里重现自己已经生活于兹三十多年的小城的样貌，那些建筑的线条、墙壁在秋光下的反射、条石路面早已被踩踏光亮的表面，甚至是雅各布教堂中铁链悬挂的贼之手臂的皱纹、查理大桥被雾摩挲湿润的扶手、圣维特教堂的尖顶刺破城堡区的树林向阴沉的天空聚焦的画面……

晨起的真正困难是，他得小心翼翼地、快速地复原所有的记忆，并带着这个庞大的看不见的行囊走出房间——是的，负重而行的艰难，日日降临在他的头上——去到工伤事故保险局或者任何其他需要他去的地方（需要他去的，而不是他需要去的）。在这种感觉下，面对母亲，他已经没有力气表达出合宜的耐心和爱意。

卡夫卡吃完早饭了，他起身走到窗边，注视着还没有多少行人的街道，白天的昏暗光线仿似夜晚，只是缺了那些能把小女孩的身影拉得长长的、颤抖的路灯光，显得像是街道那让人孤独的气质还没有从睡梦中醒来，卡夫卡感到一些对默然街道的共鸣，因为他酸涩未消的身体也还没有舒展开，当然，这种不展的体感他早已习惯了。还有几分钟，就得出门去工伤事故保险局的办公室，今天，对座的特雷默尔休假旅行去了，他将一个人在办公室里度过整个上午，想起这点，他感到轻松一些，甚至浮了一点微笑地转回客厅提起公文包，准备出门。但在离开前，他想起雅诺施①，犹豫了半分钟左右，他又回身到写字台前，在三摞皆约半米高的书里查找，他找到了，新一期的《新评论》和《树干》杂志，后者刊登的几首诗里有一首，他觉得有必要备在手边，在小伙子雅诺施下次来时（下次也许就是今天，他来找他全凭自己方便和一时兴起），让他读一读。末了，他又从文件夹里抽出刚完成的《波塞冬》手稿，估摸着如果今天不是很忙，可以再做做修改。然后，他出门，向办公室走去。

走过查理大桥时，他的速度会慢一些，虽然以现在的体质，他总会在伏尔塔瓦河薄似轻纱的水雾中咳嗽起来，但缓慢走过查理大桥，已经是他的习惯了。自他对布拉格真正的街道和建筑有印象开始，查理大桥就是他最喜欢的地方。他喜欢伏尔塔瓦河的水流穿过脚下的桥孔，恒久地向一个方向运动。怎么会有这么无穷无尽的水，你可以放心它一直流淌而不干涸、而不改变方向呢？它流到哪里去了？仿佛布拉格只是这个运动的大地绳子上的一颗珠子，也是一个笼子，关住一只叫卡夫卡的寒鸦的笼子，当飞出笼子已经没有什么可能的时候，剩下的就只能是仔细观察它那些栅格的纵横交错了。不远处老城区的街道也正是这样旋转着交错着的，也正是这样将布拉格人、波西米亚人或一切外来人悄悄地锁在大地上。所以，有时候也可以说，每天醒来重新记起和认识布拉格，也并非一件坏事，总是有新发现的机会，即便发现过去已经知晓的东西，在

---

① 卡夫卡同事的儿子古斯塔夫·雅诺施（1903—1968），著有《卡夫卡谈话录》。

每一个发现它似曾相识的时刻，也仍然是新的。自从打梅林地疗养回来，他也在尝试更积极地去观察这座城市。

到达办公室之后，卡夫卡还在延续着自查理大桥上带来的思索，所以把公文包放到桌子上，他并没有立刻坐下来，而是在房间里来回走着。此刻，他已经联想到了锤子和园艺铲子，他一只手在裤边不自觉地轻轻摩挲，另一只手略抚面庞和下巴，时而压住薄而坚挺的嘴唇。锤子和铲子，对金属的改造与对泥土和植株的养护，一直以来是他的兴趣，如果能选择不做一个暴躁富商的儿子的话，或者这缠人的肺结核病魔离身的话，铁匠和园艺师倒真是最理想的工作选择，理想的简单而健康的生活，正想到这里的时候，办公室的门被人推开了，是雅诺施。

雅诺施的脑袋伸进来快速巡视一圈，伴随着还未停下的气喘吁吁和泛红泛汗的脸庞，有点断续地问："博士先生①，就您一个人吗？"

卡夫卡回答："是的，雅诺施。"

"太好了！"雅诺施莽莽撞撞地随手啪的一声关上门，径直冲到卡夫卡办公桌边的椅子上坐下来，简直可以说风风火火，卡夫卡有点不适但仍克制自己没有表现出来，第一次见面时那种少年的腼腆因为逐渐相熟早已无存，卡夫卡想着，如果不是因为他还是个不太更事的年轻人，这种鲁莽将会使自己很是难受和担忧。

雅诺施把包提起再啪的一声放在桌面上，解开纽扣，

① 卡夫卡获得过法学博士学位，在工伤事故保险局从事法律咨询方面的工作直到提前退休。

掀起布盖，然后两手拎起包的两个下角，哗啦啦，把一堆书倾倒在办公桌上，他说："博士您看，我又买了好多书，我打算接下来两个月就全部读掉！"

卡夫卡蹙着眉，但仍保持可辨的笑意："要我说，亲爱的雅诺施，您读得太多了，而且我注意到您买了很多新作家的书。"

雅诺施："也许您是对的，博士先生，但是您上次批评我的诗，说它们太喧闹了，我想，也许多读些书可以让我安静一些。您不这么认为么？"

卡夫卡："亲爱的雅诺施，这样吧，我正好在《树干》杂志看到一首诗，打算给您读一读。"卡夫卡坐进办公椅，对于一般人来说尺寸适宜的椅背，却在他高大的个头下显得局促狭小。他从包里掏出那几本书，然后把《树干》抽出来，翻到首页的四首，把右手修长的食指压在那首《谦恭》①的标题旁边，然后左手旋转书本，那首诗就像以他食指为中心转出一个优雅的圆圈儿，以漂亮的落舞姿势停在观众（雅诺施）面前，等待掌声。

雅诺施伸着脑袋，并不自觉地读了起来：

> 我越长越矮，越长越小，
> 变成人间最矮小的人。
> 清晨我来到阳光下的草地，
> 伸手采撷最小的花朵，

---

① 捷克诗人基里·福尔克所作，一九二○年九月刊登于《树干》。

脸颊贴近花朵轻声耳语：
我的孩子，你无衣无鞋，
托着晶莹闪亮的露珠一颗，
蓝天把手支撑在你的身上。
为了不让它的大厦
坍塌。

卡夫卡观察着、聆听着雅诺施的朗读，他欣赏他在诗的面前既热情又宁静的状态，这也许是他能和这个比自己小二十岁的年轻人交往而不觉得特别难受的原因吧。实际上，与这样一位年轻的诗人（或者说文学爱好者更为确切）的交往总体来说是安全的。不是指通俗意义上的安全，而是从对"孤独"的影响力度来说，雅诺施虽然时常莽莽撞撞，但并不会追根究底，而且更重要的一点是，他能看到这个年轻人身上有一种和自己相似的悲剧意识。卡夫卡早已深刻体会到在通俗情感和生活的角度，与在写作的角度进行选择时的困境，他甚至可以很直白地下结论说：保持孤独的状态，是对于写作来说唯一重要的事情。每念及此，他禁不住想起自己每一次在最后关头解除婚约时的痛苦，以及不久后一而再地跌入爱情中，这对于他来说，是一条永久运动的情感河流，他体内的伏尔塔瓦河。他甚至能预感到雅诺施一生将会在痛苦中度过，这与对他自己的前景的预感很相似。只不过，自己可能很快就要抵达那个灰暗的结局了。

"亲爱的雅诺施，您得一个人待一会儿了，我要去办个事情，不过保证会尽快回来的。"卡夫卡说。

雅诺施还沉浸在福尔克的诗句里，恍惚间应了一声好，在卡夫卡走出办公室的当儿，他入迷地翻阅着这一期杂志，想找到更多好的作品。

接下去的一个小时左右，年轻的雅诺施先是翻完了《树干》上感兴趣的内容，然后又去翻了翻那本《新评论》，并且发现了《波塞冬》的手稿。这是他第一次看到卡夫卡的手稿，优雅流畅的手写体很吸引他，他很快就读完了，并且又读了几遍，直到红胡子赫尔托夫（他父亲的助手）推门进来打断他："您好，雅诺施先生，卡夫卡博士让我给您捎个话儿，他在查理大桥那头等您，他说为了表达让您等候的歉意，他将请您在老城咖啡馆吃午饭，这不也到了午饭时间嘛！"

雅诺施在桥头塔楼下见到了卡夫卡，感觉他与在办公室里时的样子差别很大。使用多年的办公室并不很宽敞，光线也不好，卡夫卡高大的个子在里面永远都显得有些过分醒目。而在老城街头的卡夫卡，则显得孱弱不已，他修长的身材、精灵般的眼神都在更大尺度的城市建筑的狭缝中被压扁了，再加上暴露在室外空气里，让他忍不住频繁地咳嗽，雅诺施跟着也忧虑不安起来。也许我该走了，我不应该老是缠着博士先生，而应该让他获得更多的休息。

卡夫卡看出了雅诺施善意的犹豫，用手拢住两声咳嗽，等它们过去，尽量挺直身体，用修长、灵巧得让人羡慕的手势辅助语言，说服雅诺施和他一起吃午饭。"我们还没讨论完诗歌呢，雅诺施。难道您不想听听我的想法么，关于读书这件事情？"像之前每一次一样，雅诺施留下来了。

饭后在老城区环形道上散步，他们继续着刚才的讨论。雅诺施说："我可真没想到您会喜欢狄更斯。"

"为什么不能喜欢他呢，雅诺施？恰恰是他的作品里那些饱满的善良和希望的光泽，是我们这样的人缺少的呀。"

"但是，您不觉得希望和善良如此虚妄不真么？现实残酷多了，仿佛上帝已经不再照看我们了。"

"我们不该自己照看自己么？虽然这很艰难。"

"嗯，就像陀思妥耶夫斯基告诉我们的那样……"

"关于陀思妥耶夫斯基我们早已讨论过了，雅诺施，我更想建议您去看更早的经典作品，比如福楼拜，如果您也认同寻找文学上的宁静和坚定是如此重要的话。"

"博士先生，那您怎么看待那些新的文学呢，您不觉得它们很有趣么？它们难道不是已经在开始一个新的时代么？"

"亲爱的雅诺施，如果说有什么新的事情会发生，那一定不会发生在文学上，您应该再读一读歌德，伟大的歌德，我们只不过在以某种方式重复他而已，而您要知道，在文学里，形式永远都不重要。"

"那什么才是重要的？"雅诺施问，旋即补充道，"如果形式不重要，您为什么写《变形记》呢？"

他们已经走到了老城广场，来到胡斯雕像下面，卡夫卡抬头看着雕像的面孔，却因为涌来的咳嗽而弯下腰。等痛楚过去，他对雅诺施说："既然您提到了它，亲爱的雅诺施，我想说它可能是我最糟糕的作品了，并且，您稍微细心一些的话，也许会发现，它一点儿也不是并且不在乎是不是新的，实际上，它应该是一个更老的、更真实的东西，换句话说，持久性的东西。您知道，一个作家是不该解释自己作品的，但是，亲爱的雅诺施，我很愿意告诉您那篇故事的来源——如果这样可以表达我对写出它的遗憾的话——要是没有奥维德，要是没有伊卡洛斯，或者《奥德赛》，就不会有格里高尔的早晨。对此，我有什么值得骄傲的呢？亲爱的雅诺施，这也是阅读歌德的意义。"

"我上午恰好看到了您的手稿《波塞冬》，如果我没记错的话，我很喜欢那个故事，海神忙碌得没有办法巡视海洋，我想，您是通过修辞达到永恒的吧！而且，波塞冬一定是您的自我写照，我知道您对工作也早已厌倦了，这太明显了！"

"还记得《谦恭》么？对于永恒，我们只有愿望，通常来说，是没有什么办法的。对于永恒，我们是矮小的。至于您说的厌倦感，我不能否认，但对于矮小的花束来说，它又如何有资格厌倦草原呢？"也许是由于身体不适，或是由于觉得这样的对话已经在僭越某些界限了，卡夫卡提出了告别，"亲爱的雅诺施，和您在一起是如此愉快，但是抱歉，我的身体要求我回到家里去了，我们下次再谈吧。"

他们在城堡区圣维特教堂入口的空地上分手，各自回去了。

么也没有发现，路往两边伸出一段距离，各自拐个弯就看不见了，我有点高兴，继续往回走，进了小区大门，迎面看见的是十九栋，应该有三十多层，有一个同学就住在那上面，在中学的时候我们是好朋友，他数学成绩不错，我觉得他很聪明，毕业之后有一天我们在市府广场，他准备去外地，我就把我写的一段梦读给他听，他觉得不错，眼神虽不在我身上，看上去仍在专注思考。之后几年我们没有见过，他好像是住在二十一层，电话里听说过，再后面是表弟住的那一栋，我还都没有去过。

坐电梯之前，我等着电梯下到一楼，并把东西放在地上，掏出手机，门开了，里面走出来两个人，男的我不认识，女的有点眼熟，她是谁呢？她好像一点也不认识我，所以很可能我的感觉不对，如果都是住在这栋楼里，面熟而不认识也算合理，毕竟，这栋楼里我一个也不认识啊。到了家里，开灯，换鞋，上厕所撒尿，开空调，煮水，去掉外套和帽子，把东西整了整，水开了，倒了一杯，开电脑，播放音乐，点了外卖，坐在沙发上戳了一会儿手机，然后看一本小说，没看下去，外卖到了，一边吃一边看个短片，这时候手机响了，是西东，接听之前，我想了一下，也许会聊得很久，那样晚饭就吃得尴尬，所以不如吃完再打过去，如果有要紧的事，肯定会再打一遍，到时候再接也不迟。吃完饭，我带着杯子坐在沙发上，给西东打电话。聊了一会儿，我站起来来回走了几步，房间不大，所以也没有走到满意，索性就停在窗边，拉开窗帘往外看，雪已经变得十分正宗，我告诉了西东，他说他在南方好几年了，已经快忘记雪是什么样的，雪还能是什么样的？我还记得你写过落雪组诗呢，我忽然想起来，还挺巧的，好像有一回我们聊电话的时候，也在下雪，我当时在一个楼中空地，至于你在哪里，我并不知道，栏杆外的雪真是不小，那一次我们聊的时候，双方好像都处在一种阶段性的迷茫里吧，大概就是这样，我记得我们还相互追忆曾经一起游荡过的一段日子，的确是的，我还说了一件你并不知道的事，那发生在我们一同去一个海滨旅行的途中，那次旅行你当然记得：我们坐车出了镇子，不久就上了高速公路，不久还目睹了一次惨烈的事故，大油罐车在路中间燃烧殆尽，一辆轿车整个没入它的废墟里，只剩一截白色的尾巴，我们为此颇感唏嘘。过了一会儿，司机放起了电影，我们边看边议论武侠片，然后由类型电影说到恐怖电影，你说最让你觉得恐怖的小说是《现实一种》，我非常赞同。一路上经过好几个城市，但都是擦着边儿过去的，我们都沉默看着窗外的时候，我在想，这样算不算我到过这些地方呢？我估计在有些谈话里我会说我到过，在有些谈话里却会说我没有到过，其实现在想起来，我连那些城市的名字也不记得，这几年中连一次谈到它们的机会也没有遇到。

中途转车的时候，我们在一个从未来过的小城的车站旁边吃排档，天气阴沉，这个小城看上去脏兮兮，和我们到过的别的地方没什么两样，这种事挺让人失望的，这种事让长长的旅行过程显得索然无味，整个事情最后只落到抵达目的地这单一的期望上面，我因此不太乐意去远方。但与朋友同行毕竟是有意义的吧？或许。我们这次要去海边，对于两个生平还未见过海的人来说，还是很新鲜并值得期待的。排档的东西不好吃，但总算在填饱肚子方面没有含糊。早晨出发的时候，天气晴朗，但自从中午的某一刻我们看见车窗外的天色忽然变阴冷之后，那次旅行就再没有更好或者更差的天气了。从中转小城上了车，我们都有点疲惫，由于是两人同行，你就不能指望有艳遇的机会。有时候我们各自观察自己感兴趣的乘客或者路人，相互交流一点自己发现的细节，以此推测他们的来历和脾气，不过这也不是很有意思的事。所以不久，我们就都睡着了。中间我醒来几次，我估计你恐怕也是，但没什么可做的，窗外的景色又没什么变化，所以又睡着。最后我迷迷糊糊感到车进入了一串连绵的影子里，过一会儿睁眼看见的全是山。我不仅没有见过海，也很少见到山。你还在睡，我就自己看山，窗外的陆地与经验中大不一样，显现出了超常丰富的层次，不仅如凝固的涟漪一圈一圈扩散无穷，还像精妙的装置高低错落，山皮或绿或灰，或厚或薄，有一些还滋生雾团，尤其贴伏其间的偶然村落，一小片一小片极其好看，我看着那些，渐渐着迷又渐渐觉得没意思了。这时候山中公路越发颠簸，而车速仿佛越来越快，凝视窗外让我越觉眩晕，同时耳鸣袭来，急迫的呕吐感让我赶紧伸头出窗外，但眼前路缘下的小悬崖让我惊出冷汗。我缩回来，胃中翻江倒海，这时总算到了一个村子，车停下来，有人要下车，我和司机说，要去厕所，让他等我，然后也下了车。

村中有许多废弃的房子，墙上生着苔，门木干瘪、褶皱，仿佛碰火即燃。空气倒是很自然，可抬头看见仍是阴沉沉的天，能见度很奇怪，像置身一种春季傍晚的薄雾中，但实际上是秋天，已经能感到一些低温的浑浊，这和眼见的清晰景象相斥，只是力量不大罢了，横纹猫在拐角处抬头看我，它身后是一片破桥，从某处来的溪水沉静穿行，路面随它曲折并有些起伏，几个老人坐在旧房围成的Π形的怀中空地，各自凝视不同的方向，有一个嘴唇内瘪的目光伴随我从桥上开始行过大约一百米的小路，我才走出了村子的中心，回到外围，来到两块树丛夹着的小道，旁边纷纷散发着细微的回声，左前方有个缺口，我走到的时候发现它很深，里面忽然开阔，一个不小的圈形弃墙（如 Ω）搁在草地上，走到里面要踩过浸水的草皮，这是为什么？我想到的是南方本来就多水，也想到最近不像下过雨的样子，此时天还是阴的，薄雾的颗粒仿佛变大了，水从鞋底的某个我之前没有发现的裂缝渗到脚底，我就跳着进去算了，围墙是用南方的石块垒成的，缝中的水泥表示出年代也不会太久远，而且施工时很粗糙，基本的平整都没有达到，墙比我高一点，总共有三个面盆大小的方孔大约均等排列，高度一样，孔的内平台上有塑料瓶、烟头和破碎的布条，唯独布条肯定在那里很久了，已经由于雨水浸泡而如今又风干的原因紧贴在石头上。

　　风从三个孔中穿过。

　　围墙中间的草地更低洼，汪着水，皱着波纹。草地其实经不起细看，藏着许多人间生活的碎屑，嗯，主要还是通过眯眼粗略地看，可惜我等不到这地方的雨天、雪天，或者有月亮的夜晚。离开的路上，我回了一次头，那片水洼很像个湖泊，深不见底的样子。上车之后，西东在睡觉，窗外出现一棵榕树，树冠很大，占据村子一角的半个天空。车启动之后，村庄的铭牌落进我眼里，这个村庄叫南宋，山又奔来，看见了路上的一些采石场，有几处还腾着石粉，不久，陆地缓缓平伏下来，回头看见的是车的后玻璃，很脏，一点山也看不到，西东问几点了，我一看，才三点钟，他比我大一岁，眼神如鱼，他说做了一个梦，没想到这么久了，才三点钟。关于这一点，我也深有体会，有一次我们三个去爬雁荡山脉末尾的一座，我们在山下吃了午饭就出发（去之前，我们研究过了，那座山不是景点，所以不会有成群的游人，而且我们也没有选适合爬山的时节，这样也许可以尽量减少在过程中遇到太多人，按照设想，三个朋友自由地爬一座安静的山才是我们所希望的。然而等到了山下才发现，我们必须买门票才可以进去。我们想了一会儿，买了门票。票面上印着一张照片，是夕阳下壮丽的金色云海，旁边的介绍大意说，山顶上的大湖还未被开发，是壮观的自然奇景（我不能那么肯定地说，照片上的云海处于落日时刻，因为同样的画面也可以理解为日出景象。还有，以照片上云海如此宽阔的视野而言，所谓的湖能在哪里呢？假如说云海是湖面上的（看上去更像是在群山之上的），湖未免过于大，这是不现实的（这些想法是很久以后的某一天产生的，而当时我和两个朋友一起往山上去，觉得还挺划算，花费不算贵的门票能看到山上的大湖，也是意外的收获。））可是要多久能到山顶？我们忘了问。）尽管我们都在克制爬山的兴奋，愉悦的气氛仍很明显。一开始坡度很小，我们沿着枯水的河床走，也玩石头、打水漂，力气充足。山下主要是枯败的景象，石头大片裸露，视野宽松，目光无处附着，我们聊的内容也很肤浅，说话间也会相互看看，会说笑话或者冷幽默的段子，不过都不是很吸引我们，不久，路过一个小瀑布，逗留了一阵子，拍些照片，石未忽然发现山壁上有一处渗水而泻的石缝形状颇似阴户，水流仿佛小解，西东说，原来这里的山神是女的，我们觉得非常有趣（虽然现在一点儿都不觉得），为此笑了很久。继续爬山的过程中，我们都更加注意观察，以防有趣的事物从眼下溜走。

西东发现那个废弃石屋的时候，我们已经深处山林中了。山中的树，大多叫不上名字，密集生长在山皮草地上，遮蔽视线，形成湿热的隔层，我们在隔层里不再多说话，爬山有了疲惫和汗，路已不太容易辨认，常常混淆在草丛里，而且在上升的趋势下特别弯曲，前后可见的距离不超过三十米，越来越多的转弯过后出现在眼前的总是更明显的上坡，体力消耗带来枯涩的气喘，西东在前面，石未在最后。这时，山是安静的，西东喊了一句，声音非常清楚，但仿佛被某种压力挤扁了，我闭了一下眼睛有在水底的错觉再回头看石未，他刚从一个弯道后面出现，我等了他一下，他说胸口很疼，我们继续往前，转过一个弯，一段平缓的路出现了，石屋背对着路，离开几米远。

我的胸口也有点疼。

我们两个喝了点水，朝屋子走去。

屋子没有门，一眼看得清里面不大，屋前一截L形矮墙。一切立面都用石块垒成，屋顶是一种从未见过的瓦片，看上去也是石质的，但颜色泛蓝，不太一样。熊猫，这是我在屋前想到的，也许是因为旁边有一堆捆扎好的竹子，西东不在眼前，他从墙后走出来，手上正有系裤带的动作，也许尿了一泡，我看石未朝他走去然后转到墙后，应该也是去撒尿了，西东离我近了几米，山中的光线很不好说，我没有看清他的脸，但记忆中他应该是略带兴奋的样子，眼白露出比较多，那种眼神和我的一个同学非常像，是的，我忽然想到他们两人长得也很像，但气质完全不同，西东这时候的兴奋掺着汗水，眼睛盯着石屋和我说话的状态对他来说意味着一种在思维上对某个问题的专注，他在谈论电影的时候都是这样，而我的同学在听我说完后，眼神却对向一个我不确定的方向，我在他的方向上除了天空或某座遥远的建筑之外，找不到内容。我觉得他并不理解我在说什么，然而友情必让他肯定我所说的。他盯着我一秒多，然后说，好兄弟，我们都要奋斗下去，绝不能放弃。放弃什么呢？我问他：你和以前那个女同学后来怎么样了？他说那都是年轻时的冲动，现在一切都是未知的。他进站了，我骑车往回走，转过两个路口，我骑上往北的长路，这一段大约有十五公里，其中一半已属于原先的郊区了。我们的来处更远，来去之间还有不小的空隙。过桥的时候，那个骑车的女孩停在我旁边等绿灯，她很好看，我喜欢她。绿灯亮了，我等她先骑起来，然后再跟上去。下一个路口过了，她没有转弯，我很高兴。我控制速度，始终不远离她。我想制造无意间的轻碰，以此获得说话的机会，但都没有去做。我设想下一个红灯，就停在她旁边，假装无意间看到她，然后夸她的贝雷帽好看，和我的帽子很像，这是我们重要的共同之处，但是也没有。我心跳很快，在鲁莽和犹豫间狂奔不休，要是她能一直和我同路就好了，因为越到北方，嘈杂的声音越少，也许就可以开口了，想到这里，我平静一些了，所有的愿望集中到能与她同行更久。也不是没想过，如果她拐弯我也跟着拐弯，一定要找到某一次机会。许多设想在脑中跳动，所以在她转弯时，我来不及做出决定，径直骑进北方的失望中。剩下一半的路程非常安静，夜晚落了一场雨，我给西东打了电话，描述这一过程，他说他初中毕业之后，和村里的几个同学骑自行车去广州，在到达杭州之前，只剩了两个人，另外一个还是半路遇到的女孩，但她要去的是杭州，他们同路度过三天两夜，后来到西湖边，他学她拎着车把将车放到湖水中，他把车拎上来的时候，觉得广州没什么好去的，便和她告别，去了南京。

为什么去南京？

有个笔友在南京。

男的女的？

女的。

见到了吗？

没有。

嗯，那待了几天？

在街上睡了两天，自行车被偷了。

然后回去了？

回去了。

哦，那个骑自行车的呢？

她也刚到杭州，没有地址、没有电话。

就没联系过了？

怎么联系？

没听你说过嘛！

你要不提，我也想不起来啊。

我想起第一次见西东（也是他的眼睛让我觉得惊讶），石未提议三人既然首次会面，应该好好喝一通酒。我不善喝酒，但也觉得很有必要，没想到他们也不行。所以我们喝得极慢，话说了极多。天亮时，各自睡去。下午起来，我们穿过小镇后面的木材厂，来到一座小山下。石未提议爬山，我们同意。山的确很小，一会儿工夫就爬了大半，我们便放慢脚步，主要还是说话了。有个小亭子，当中竖了一块不小的石碑，上面是篆文，我们大多认不出来。休息了一会儿，继续爬山，来到一座小道观，倒是进去了，但没有去大殿，便转身走了。最后来到山顶，小镇在脚下一览无余，原来有一条河斜穿过整个镇子，这在下面是看不出来的。我们站了一会儿，石未说走吧，好。

在雁荡山的树林中，从石屋过去不知多久，视线变得开阔。树林已经被不繁茂的灌木和草丛代替。山石再次露出来。坡度更大了，抬头可以看见，仿佛已快到山顶。随后又发现只是翻过了一块大岩石而已。继续往上爬。山势险峻起来，陡路的两旁是斜伸到下方树林中的峭壁，我们好像都有略微的恐高，便在语言上放大着细微的担忧，仿佛这样可以达到消除担忧的作用。最后，我们爬完了陡坡，来到一条平平的、长无尽头、伸进一大片树林的山路。这比较奇怪。难道这就是山顶吗？山顶不该是尖状的地形吗？这片树林看上去更像长在平原。另外，大湖在哪里？从湖的角度来看，平地也许是合理的。我们掏出门票，看了照片，看了太阳（太阳处在一种我们无法通过它估算时间的斜度上），西东看了手机说，才四点钟，真没想到才四点钟。那么继续往前走吧？继续吧，至少得看到湖吧，是的。我们钻进树林。

过了一会儿，远处传来狗叫声。我们走了几步之后，叫声仿佛很近了。是狗在朝我们扑来吗？石未说，我怕狗。

西东说，如果是家养的就不用怕。

但是在这种地方，也许是野狗呢？

那倒真的挺可怕。

我们三个能打得过它吗？

不好说，主要是不知道个头多大。

你们听声音，肯定不是小狗。

对，不会是小狗。

那怎么办？

回去吧，石未说。

我们想了一下，同意了。

我们便转身开始下山了。

不知道该做什么的时候，他就吃烟

　　不知道该做什么的时候，他就吃烟。叔叔在做木匠活，刨子咻咻咻地响，他皮上都沾满了，浮屑立在汗毛上，他吹，但夏天泡着汗，吹倒在皮上粘住了，用手抹，一道黑手印就刷上去。午饭的时候，叔叔用牙开了瓶啤酒，倒在蓝边碗里，泛着气泡，他拿一碗来喝，苦得很，他抿着嘴憋着喉，看叔叔嘴上挂着烟，熏得眼睛眯着，他觉得那是很深很细的舒服。他要了一根烟，点上火抽着，口腔发起了酸。

　　下自习课，他去炸串店吃米线，等米线捞出来的时间里，沈桃站在门口，他看见了就吃根烟，眯起眼睛。沈桃走过来跟老板点了份米线，头发浸在他吐的烟里，像个仙女。这一刻让他印象很深很细。有一天早晨他醒来，看见沈桃的脸贴着他肩膀，闻到微微的口臭，他忍不住从床头抠出烟，抽进去再吐到她头发上，她的头仿佛着起火了，并不美，并不似在炸串店里那仙女的头，这一下子，他觉得无聊得要命，便一根根地吃烟下去。

　　叔叔的额头上刮出了擦汗的手痕，但浑然不觉，吞一口酒，咕嘟一声，喉结如活塞轮了一个周期，烟灰掉在筷子上，他的目光跟着坠下去，菜油洇湿烟灰，成了泥。泥粘在裤脚上，他和表弟坐在塘埂上抠，已经干了，抠下扔掉，再用指甲去刮泥印子，玩了一会儿，他们站起来背上书包往回走，中间去田野里逛了一阵子，攒了一堆稻草在柳树附近堆起来，然后放火烧着，一开始烟很大，过一会儿烟淡了下来，火焰烤得脸皮都要裂了，他们往后退了退，又看了一会儿，各个次序着觉得没意思，就往回走。快到家的时候回头看，火快灭了，烟又大了起来。吃晚饭的时候，他端着碗站在石磙子上，看圆日落下去，他们燃的那堆烟还在不停地冒，戳在天地间，傍着落日，如同一个圆果在大树上滑下去，直到它们连同树影融进黑暗里，看不见了。

理发师拍了拍他的肩膀，他醒过来，头被扶正，剪刀啪嗒啪嗒继续响。鼻头落了碎发，痒，他兜手起来用食指挠，理发师停下来，等他挠完，继续剪下去。付了钱出门，落雨了，冷了些，他压住大衣缩了缩脑袋，往公交车站走去。到了，他在站牌下吃起烟来。旁边一个女孩坐在地上哭，含含糊糊地似乎骂着人。他心跳极快起来，挪过去蹲下来问她怎么了。女孩停住哭，仰头说我好倒霉，刚才被抢手机了，他妈的混蛋不得好死。他问，要报警吗。女孩说不要，没抢走，但是吓死我了。我送你回去吧，你住的远吗。女孩眼睛晶莹地疑惑着他，不用了，我不远。他说，你别怕，我不是坏人，我带你去吃点东西吧，你要是喝酒的话，喝一点也不错，能压压惊。

妈妈收拾碗筷，擦了桌子，消失在厨房里。叔叔又开始刨起木头。他捡了一根桌腿，抚摸着，或者睁一只眼瞄直，心里感叹，真的又滑又直，叔叔手艺真好。响起了炸雷，他惊得一跳，回头看见马路上走着一个乞丐，长发披肩，步子缓慢，神似小说里的侠客，跛的侠客，他盯着侠客从马路一直跛到尽头，快看不见时，坠起了大雨，彻底看不见他了，果然是一个侠客吧，伴着雷来了，伴着雨走了。雨水捶着地面，仿佛欢庆，溅起灰尘，噗噗作响，天黑得迅速，闪电劈照几次之后，叔叔不得不打开电灯了。灯一开，黑夜就彻底来了，才五点钟。

女孩喝完啤酒，说谢谢你，你是个好人。他说不用谢。他们一起出了门，往旁边的小区走，女孩就住那里。到了门口，女孩从包里摸索不出钥匙，又哭了起来。怎么了？我把钥匙忘到公司了，我真倒霉，本命年真的太倒霉了。没事，你别哭，我给你找个地方住吧。女孩哭，不用麻烦你了，你回去吧。他等了一会儿，她不再哭了，他们一起下楼，到了小区门口的宾馆，他要了一个标准间，带着女孩进去。他坐在外床上，女孩坐在里面靠窗的椅子上，抱着包，低头没有话说。他掏出烟，吃了起来。

洗完澡，他们从水塘中心往塘埂走。沙土质的塘泥垫在脚底，坚实、粗糙，这种由暴雨灌满的浅水塘里没有鱼虾，他们走到草埂上，被风吹得打哆嗦，赶紧抄起短裤、汗衫，套在全身的鸡皮疙瘩上。他们在水田拐头发现一个泥洞，猜想里面有龙虾，便跳进去用手挖了起来，没想到这个洞曲曲折折贯穿了大半个水田，新犁不久的泥土很好挖，他们起劲得很。直挖到对角的拐头处，洞往地下弯进去。他们兴奋起来，也许应该是蛇，他们哇哇哇叫着，双手如啄米般抄甩着泥水，终于发现了蛇尾。他快速揪紧，使劲一抽，哗啦一声，是一条半斤多重的黄鳝。非常完美。

你睡吧，明天去上班别忘了拿钥匙，下次不要这么晚了还出来，不安全。女孩"嗯"了一声。他们沉默了一会儿，他焦躁地站起来说，那我走了，你睡吧，以后有什么事就给我打电话，我们也算是有缘分。女孩"嗯"了一声。他拉开门，走了出来，走到走廊窗前，停下来看外面的小雨涂抹在路灯光晕里。又吃了一根烟，烟灰从窗口震下去。回到家，他洗了澡，重点反复地洗了刚理的头发。然后举着高挺的下体钻进被子，褪掉沈桃的睡衣，贴上她的暖身体，游荡、游荡、游荡、游荡、进去，感觉到她体内滚烫的温度，在惶惑而紧绷的呻吟中冲洗掉腔内的不安。雨声变大了，窗户被砸响，模糊地划起秋雷。

在水库外的浅水石滩上，他看见一些短小迅疾的红鱼往下游射去。他跟着往前走。河床渐渐变窄，进了杂乱的树林深处。原本扁平和缓的水流此时欢跃了一些。过些时候，他到了溪流的分支口，左边那条他知道通往哪里，右边这一条是陌生的。他选了陌生的，踏着水边的石头继续走。一路上都是陌生的，每一棵树、每一片蒿、每一声水响，都是新的。他感到有些高兴，就一直走下去。路过了一艘腐朽的独舟，一群半睡的鸭子，两条人工引水渠的端口，头顶一座岸缘的瓜棚，三架大小不一的木桥，一群桃树林，两个捶衣妇，一个露营遗址，河岸越来越高，仿佛置身一条细小的峡谷。在一片忽然宽阔的水域，他看见河心的圆石上坐着一个男人，穿着亚光的皮夹克，低头在膝盖的本子上写字。他停下来，坐在岸边，盯着他看了起来。

女孩说，谢谢你，今天加班太晚了，我不敢一个人走，坏人太多了。他们并肩走了半个小时，到了小区门口。女孩说，糟了，我又忘了带钥匙。他们进了宾馆，要了一个标准间。女孩说，不要开灯，我不喜欢房间里太亮，他们并排坐在床沿。女孩靠在他胳膊上，不自然地抓了他的手，手指微搐，他响应着缠住那些手指。另一只手将着她的头发，脸移到她额头上，然后碰到了鼻子，嘴碰到了嘴，舌头碰舌头，四肢碰四肢，皮肤碰皮肤，舌头碰耳朵、脖颈、乳房、小腹。他起伏在起伏的热体上，一切感觉都集中于腹下，上体意外的冷静如砣下沉，他极力上拖这不合时宜的冷静，但没有坚持多久，就软了下来。他气喘吁吁地埋在女孩的胳膊里。怎么了？没有休息好吗？女孩抚着他头发问。他专心喘着气，平息了一段时间后，伸手摸索到地上衣兜里的烟，捏出一根，吃起来。

大约过了一个小时，也许再久一点？男人抬头时看见他。你在干什么？他问。我在写故事。写什么故事？一个古代的故事。古代的什么故事？一个水手在小镇上被他妻子杀掉的故事。哦。男人掏出烟，问，你抽吗？抽。他扔了一根过来，但是中途落进了河水里。他又抽出一根，点着，然后把打火机塞进烟盒的空隙，一只手捏着纸笔站起来，另一只手把烟盒抛给他。他走过去捡起来，点了一根坐下来。你是个作家？不是。为什么他妻子要杀他，因为他变心了吗？不是。那为什么？不知道，我还没写到那里。故事不是先想好再写吗，你怎么会不知道？故事不是想的，故事跟现实是一样的，现实里的事还没发生的时候，我们不知道会怎样，故事里也一样。

我不懂。

我写这个水手的时候，就在想他是怎么生活的，一边想一边写，写着写着，他的事情就慢慢出来了，先是他的老婆，然后是船长啊、另一些水手啊、海怪啊、暴风雨啊什么的，我本来想写他历险的故事，那我就要先写他从小镇出海，再往前要先写他怎么走出家门、他出门前怎么吃饭、吃饭前怎么准备物品、早上是怎么醒来的、昨晚是什么时候睡的、睡之前他去了哪里、干了什么，等等这些事情，我越写就越往前，我发现可以一直这么写下去，可能会写到他出生的那一刻才算完成。

那他妻子为什么要杀他？

我是这么想的，如果我写到他出生，就要写到他父母和他们的生活，然后又要往前，我发现这么往前写下去，永远也写不完的。所以我决定不写他出海了，也不写他父母了，我决定让他出海那天就死掉，这样的话，这个故事才能有头有尾。至于为什么被妻子杀掉，我没想好，但是我觉得，他出海那天就是很普通的一天，他就在家里还没出门，而他家里没有别人，只有他妻子。所以能杀掉他的人只能是他妻子。

和我想的写故事，完全不一样。你干吗不直接写他在海上呢？

因为我已经这么开始了。故事一旦开始写了，就不能停下来。这就和你一旦出生了，就不能再回到你妈妈的肚子里一样，你就得一直生活下去，直到你死了才算结束。

你不是一个好作家，我看的很多故事都不是这么写的。

是的，我刚开始就说了，我不是一个作家。我就是在这里写故事而已。

男人把烟头扔在水里，嗞的一声，它就漂远了。不说了，我要接着写了，你把烟扔过来吧。

他站起来，看了看风向，说，我怕扔到水里去了。

不会的，你扔吧，男人说。

他扔了出去。男人伸手接住了烟盒，坐下去继续写故事。

他们在屋顶上乘凉，叔叔躺在摇椅里，摇椅也是他自己做的，他的手艺很好。他躺在凉席上，望着空中的银河，除了北斗七星，至今仍辨认不出任何星座。他觉得划定星座是件很不可靠的事情，随便找几个点就连线组成一个星座的话，他一晚上可以组一百个。十几年后的一天晚上，他从久居的城市与朋友游玩到山中，在一户农家留宿，他们在屋顶上聊天，他给他们讲述宇宙的由来和结局、引力的空间本质、时间旅行悖论、量子纠缠态、维度与距离的指数变化关系，等等，也讲述卡尔维诺如何描述月球的柔软、博尔赫斯的迷宫、雷蒙·格诺的一百万亿首诗、郦道元的《水经注》，等等，他讲述孤独、存在、时间、语言、修辞、神话与旧石器时代壁画的透视意识，等等，他讲述他所知的关于世界的一切。他们听得津津有味，听得疲乏不堪，听得酣然入睡。他仍然继续讲述，沉迷在多年未见的澄澈夜空中。

清晨，朋友在露水中喊醒他。他们一起走下屋顶，穿过树林、翻越山坡，来到几里外的观景台。那儿已经聚集了一些或端着或架起相机的中老年游客。朋友们拿起手机，各摆姿势进行自拍，嚓嚓嚓，微笑、鬼脸、拘谨、跳跃，嚓嚓嚓，欢笑，嚓嚓嚓。他配合了几张照片后，缩到栏杆一角，出神地注视着山谷浮动的晨雾。几个黑瓦白墙的村子散落在山谷中，受着雾团的摩擦。未知何时，沈桃在他身边，碰了一下他的手，说，日出了。欢呼声和相机的咔嚓声响成一片。他侧头看着远山边线上浮出的太阳，小而冷弱，并不壮观，甚至远远不如一缕薄雾的消散更具韵律感。他摸出一支烟，吃起来，也喷出自己的薄雾。

深夜的某刻醒来，帘布后窸窸窣窣的声音和克制而难禁的呻吟渗进意识里。妈妈的秘事又一次撞击他的心跳。他摸索着自己，伴随着那个不是父亲的呼吸声自慰，为了压低自己的喘息而面目扭结，直到心搏的速度达到顶点才扭头埋进软枕中，那帘后的秘事（而非自己的疲软）让他无可抑制地厌恶房间的一切。

他发现儿子的作文是抄袭的。他把作文本扔在茶几上，坐进沙发，拆开烟盒吃起烟来。他给女孩发信息，安排好晚上的会面。然后起身去厨房做晚饭。他们三人坐在桌前吃晚饭，沈桃一边吃一边推荐一部电视剧，并举了很多例子证明电视剧的幽默、深刻，儿子听得入神，他起身去客厅拿了烟缸回到餐桌，一边吃烟一边和他们商量周末旅行的事。他们商定，去南方的山区，可以留宿农家，看夜空和等日出，沈桃显得高兴，投久已未有的目光给他，他看见了，或者感觉到了，但是当作并没有，捏出一支烟，用上一支的屁股逗燃它，这样，他的目光就专注着燃点处，既不用躲在桌面上，也不用看见她。

女孩亲了一下他的胸膛，作为结束的标志，然后爬到他的肩旁躺好。再给我说个你小时候的故事吧，女孩软声软气地说。好，我先抽根烟，他说。你少抽点吧，不健康。好，他说。他给她编了一个故事，女孩听得津津有味，说，你的童年真让人羡慕。童年都是快乐的，他说。我的童年就不快乐，女孩说起了她不快乐的童年，说着说着，哭了起来。他不说话，开始吻她的眼泪、嘴唇、下巴、耳朵、肩胛、腋下（她笑了）、乳房以及其他所有可以吻到的地方。他没有说什么话，就这么继续下去。他的情感不怎么表达，都含在那些堆叠起来的、充满时间的动作里。

奶油爆炸主义

在微信群"不过年主义"组织的除夕夜聚会活动上，我认出了邦松，这要比"奶油爆炸主义"本身更让人吃惊。接下来，我将尽我所能向您解释这种震惊的来龙去脉。

首先，容我介绍一下"不过年主义"。我是四年前加入这个群的，那时候，我和大多数同龄人一样，对于回家过年这件事，感到忧心而困惑，甚至可以直言不讳地说，已经上升到厌恶和惊恐的程度。我总结这种感觉最主要的三个缘由，想必大家会点头称是：第一，年夜饭几乎等同于长辈的催婚、说教大会，这是一场持续多年的意志之战，老生常谈的道德谴责，不留情面的人身攻击，长吁短叹的价值否定，让人仿佛重回学生时代，而我们小时候以为只要长大就能摆脱这种处境的想法被无情地证明只是空想而已；第二，与家人相处堪比突然置身于语言不通的外星人世界，家族轶闻、春节晚会、麻将桌、来路不明的能闹翻天的可怕孩子等等，无一不等于异世界的恐怖经历；第三，拜年，这种一年一度的社交形式主义的尴尬，我想就无须多说了吧。

那时候，我认识众多虽然算不上志同道合，但毕竟同病相怜的朋友，我们具有让长辈头疼不已的性格病症，它仿佛普遍成一代人的问题，他们通过辨识和忧心这种普遍的性格病，而追忆他们那一代的青年时光，他们将问题归结于富裕——他们经过苦难和奋斗而创造的富裕——他们认为，我们是因为没有经过贫穷、饥饿、匮乏、生存危机的磨炼，在宠爱和无虑中成长起来，缺失了对于家庭、家人的爱，因而，每回摇头哀叹的追忆，往往在对艰苦生活的甜蜜咂摸中达到高潮，也达到对我们这代人否定的高潮，他们感到年轻人不仅是不懂得家庭之爱（构建在信赖、依靠、无私、共渡磨难之上），更是完全不懂得爱本身，所以会不忠，会对离婚无所谓。"等他们有了孩子，就懂了。"他们说着，点头称是地沉浸到想象中去。颛牙牙就是他们口中和我一样的年轻病人之一。正是她，把我拉进"不过年主义"微信群的。我加入的时候，这个群有一百多人（今年已经开到五号群了），"不过年主义"的创始人是谁，好像一直也没有人说得清楚，颛牙牙也不知道，不过，大家似乎对此也毫不在意。"不过年主义"平日的交流很少，一般来说，一两个星期也没人说话，只是偶尔有人发点订餐App或者中国移动的红包或流量链接，或者一些搞笑段子和插科打诨抖机灵的表情，但每到过年前一个月左右，就会忽然变成活跃度最高的群，因为那个时候，是每年除夕群友线下聚会的发起时段。

去年也是快过年的时候，和颛牙牙约会，我们聊起这件事（那时候我还没有参加过聚会，大多数人和我一样，虽然很热情地投入聚会主题的讨论中，但真正报名参与并最终成行的人是很少的）。我们在一家日式烤肉店对坐着，她的轻度抑郁症复发了，这是我们约会的直接原因。我们吃得差不多了，她状态似乎好起来，这从她开始能用些许玩笑来消解烦恼和自嘲便可以看出来，我给我们又各倒了一杯清酒，聊起了过年的话题。

我说："你过年在哪儿过？"

"噢！对了，你不说我都忘了，群里的聚会你报名了吗？"

"什么聚会？"我一忽儿没有反应过来。

"不过年的群啊！我报名了！"

"噢！那个啊。聚会定了吗？前几天看到讨论，但这两天没关注，不知道结果。"

"定了，两个主题，一个是'酒徒夜行军'，一个是'机光晚会'。我报了机光的。"

"激光晚会？怎么玩？每人拿个激光笔在空气里画圈圈吗？"

"哈哈，不是啊，是手机的机，说是不开灯，都要调到飞行模式，要把手机在墙脚放一排，开手电筒，等最后一个手机没电了，晚会结束。"

"开那么久，估计手机都烧坏了吧。"

"不知道，烧坏了正好换新机呀，管他呢，反正我想换手机了。"

"那夜行军是怎么玩的？"

"要自带背包、自带酒，夜里去爬西山。我觉得太冷了吧？"

"嗯，要是下雪估计就泡汤了吧。"

"你也报名吧，我们一起去玩。你不是也不想回家过年吗？"

"稍等，我查一下天气。"我查了一下天气，除夕恰好预告有雪。我设想在一个房子里、在惨白的光线里和一群陌生人相处，实际上也是一种尴尬。社交恐惧不光是对熟人的，也是对陌生人的。第一次进"不过年主义"不久，在看到他们讨论方案时，我意识到一种吊诡的氛围：两种不过年主义者共处的尴尬大致以发言和沉默两种状态标记了出来。发言者中又包含两种：热衷于社交的和仅仅只是发牢骚的（后者言辞出格、态度决绝，但最终还是会回家一边过年一边继续发牢骚并宣誓那是最后一次了），真正的沉默者最后也不会选择参与活动，我便是这一种，即便以各种理由避免了回家，也只是单独待在自己的屋子里睡懒觉、订外卖、看电影、翻书、上网，并且那一天绝不在社交平台发动态，不想要任何人关注到自己。但不得不面对难抑的、时时突袭的寂寞感，尤其在连片的爆竹声此起彼伏的时刻，先是对噪声的应激性厌恶，接着，在等待噪声平息的过程里，被落寞吞噬。如若节日的本意便是快乐，为何它已变成了让我不快乐的原因？那么属于自己的快乐节日是什么呢？寂然独处并没有预想的乐趣，不严谨的预想只是屈从于逃避不合适的喧嚣的产物而已。厌烦过年，所厌烦的，显然是其形式而已，没有人会厌烦假期，我们往往简单地把假期等同于节日，但是细想便知，节日是为了庆祝某一人、某一事或某一意味，而假期，是指获得从不愿做的事务、不愿履行的责任中解脱出来的机会。这么一想，过年原来是投入一种责任中，而非相反的解脱，所以，过年是家族长者的节日，因为他们张罗出他们所擅长和乐意为之的年饭，便可获得与晚辈共处并宣扬其价值观和存在感的乐趣（教育的乐趣）。那么，周末才算是正宗的假期吧，虽然它过于短暂，但它意味着我能与喜欢的朋友相处，例如此刻与牙牙。思及此，我意识到这一回，避世独处也像春节一样让我厌倦。而坐在颛牙牙的对面，能与她独聊饮酒才是快乐的，才是我的节日——她的抑郁，我的节日（她大约只在抑郁时会找我聊天、与我见面，所以，我希望她更多抑郁起来，我希望能继续疗治她下去）。于是我便通过关注雪天的预告而间接关注着颛牙牙，我设想在雪落西山的深夜，我控制出合适的步幅节奏，依仗着酒能供给的勇气，将我和她从致密的爬山队伍里疏离出来，毫无疑问，路灯照耀下的落雪将是美的，面对黑暗和寒冷，我们将是各自孤独的，那么，除了抑郁的缘由之外，我们也可以获得相处的寂境，我甚至已经确信，那一刻我可以获得表白的动机和力气，这件事，从认识她起，便一直是需要完成的。于是我提议，我正好有一瓶好喝的桃红起泡（她说她没喝过），我也很久没有爬过西山了（她说她也是），我好几年没见过正宗的雪了（她自然也是），而且爬起山来人是不会觉得冷的（她说是的，说不定会热得脱掉羽绒服）。我提议，既然这么多理由，我们不如一起参加夜行军吧？

"好啊，那就说定了。"

"说定了，清酒为证。"我们便高兴地喝光了清酒。

请您稍许耐心，接下来，我就要说到邦松的事了，以及他是如何让人感到吃惊的。但在那之前，我还需要交代一些背景。

"酒徒夜行军"便是我第一次参加的"不过年主义"除夕夜活动。那日早晨，是让人失望的晴天，不过中午时，云便多了起来，傍晚开始落雨，而雪始终不降。九点半出门，打不到车，空无的马路从未显得如此寂寥、如此末日感，天气冷得超出预想，让我起了犹豫，闪过退却的心思，好在只是一闪而过。群里已经有人以各样理由退出，例如打不到车，例如临时有事，例如忽然生病，等等，原本确定参加的是三十四人，去除退出的，到九点钟开始各自陆续出发时，还剩十九人。集合时间是十点十五分，直到九点五十，我才坐上一辆黑车，绕路接颛牙牙，开价两百元，我同意了，只想不要迟到。我坐在后排，车在宽敞通畅的马路上奔驰，在红绿灯的打断下急停疾走，很快，空腹、震荡、过于充足的暖气、窗外极为陌生的模糊的街景交错洗刷我，让我晕起车来。我已经很久没有晕车了，也很久未曾打量过夜间的城市了，因为平日里永久密流的人群、遍地发生的拥堵、随处在建的路段、常见雾霾中堆积的人造光，如同一首整日整夜不休的喧嚣四重奏，早已让城市没有了可看的夜景。但在此刻穿行其间，我在眩晕和反胃感中努力集中精神和目光，去看着速滑的窗外景象。我发现那喧嚣市声隐匿无踪，细雨如同浇灌在盆栽植物上的水洒一样，耐心、细致地清洗绿叶上的室内灰尘，每一条街道是一线逐渐干净起来的叶脉，四重噪声退隐倒是显露出壮观的冷清和宁静，就如一旦蚂蚁不在，蚁冢便显露出辉煌。大约十五分钟，便到了颛牙牙的楼下，自我出门至此刻，她并没有一个消息过来，我也没有一个过去，于我而言，这是在回避面对她临阵取消的风险，不知于她意味着什么，我未往下细想，只在停车时急忙冲出车门，站在路边弯腰干呕，车内包裹我的暖气瞬息间已经被寒冷湮灭，我只好浸泡在湿寒中处理着狼狈，甚至没有精力与她联系，而她也果不其然地并未等在路边。我总算直起腰来，环顾四周，眼镜很快被雨雾蒙蔽，我摘下它，掏出手机，给她打电话，无法接通。越来越多的这种时候，这种预期中的坏事确然发生的时候，让我如今已渐渐具备了抵抗仓皇的能力，我只发出苦笑，钻回车里，让司机继续前行。我自己从座椅上拿起起泡酒，在发动机的震荡中撕掉锡纸，拧开铁丝，扳动压紧瓶塞的铁箍，砰，清脆一声，酒沫涌出来，顺着瓶壁和手背漫下去滴在腿上，我举起酒瓶，让液体挤过泡沫灌进口中，放下酒瓶，再笑一次。我并不喜欢喝酒，依赖它主要是因为，它是一个消解尴尬的工具（无论是在人群中的尴尬还是独处时的尴尬，当我们无话可说的时候，我们可以说来喝一杯，当我自己心绪不宁的时候，我会来一杯，无非用一种体外的东西来干预精神，转移注意力），比如这样一种尴尬：当我们处在节日之中，却毫无快意，便用酒来伪装出快意。

抵达集合处时（西山脚下的烈士陵园大门口），我已晚了三分钟，他们已经到齐了吧，我拎着酒瓶穿过雨仓忙加入进去，嘀咕着自己的抱歉，站到了人群的外缘。我们处在大门口的小广场上，距离最近的路灯大约是可能达到的不至于黑暗的最远距离，昏暗的光线下，那人继续刚才被我打断的演说（以一种矮小细瘦者本不可能拥有的浑浊而又尖利的嗓音）：

"但是，就像我刚才说的，没有人要反抗什么，他们固守的可怜的保守主义根本不值得反抗。我们不回家！我们即便是残废，我们也是残废的自己！不行，我们不做被动的残废，我们不是聋子！我们的内心在说话，我们脑中的耳朵仍然敞开着！谁也没有资格规定我们必须做什么，让那些遗老——你们每一个所谓的家族，让你们本能地感到厌恶的家族中都盘踞着这样的遗老——让他们抱着他们过时的观念过自己的节日去吧！让他们围绕着麻将桌吞云吐雾去吧！让他们对着电视机自嗨去吧！让他们好为人师的积习凉快去吧！我们是传统的厌食者！我们是不过年主义！我们是酒徒夜行军！"

我跟着他们欢呼起来，这欢呼并非兴奋的，而是典型的集体无意识。对于我自己来说，我只是需要欢呼的动作，我需要的是通过这个欢呼所牵扯出的亢奋来消弭掉我自己的忧愁，因为我根本不关心所谓的遗老和所谓的不过年主义，我有自己的方法去听到内心的声音，我当然不是一个麻木的聋子，我反而是敏感者、忧伤者，世界过于庞杂，我的心力疲于感受自己的失望，而无暇关心世界是不是谎言的织体，我只是无法遏制自己的失望，我从来不缺乏失望感，而此刻，是失望之海无尽浪潮中的最新也最平凡的一浪在扑打我：颞牙牙的又一次爽约。所以我卖力嘶吼着，将声音吐出体外，与将酒精引入体内一样，是在分散精神，降解我情感内部的由失望构成的尴尬，我理解了聚会要求带酒的意义，虽然我不喜欢喝酒，但此刻想成为酒徒，仿佛我的确是演说者的狂热信徒一样，我吼着：不过年主义万岁！酒徒夜行军万岁！

在这出离的、爽快的嘶吼中，有人拉了拉我的胳膊，我惊讶地带着犹豫的尾音转头去看，竟然是颞牙牙，认出她的时刻，温柔便迅疾地重新占据了我。我止住了嘶吼，试图以温和的语气和她打招呼："我还以为你不来了！"但是没能说完这一句，嘶哑的嗓子泄露出不恰当的咳嗽，糟糕的不在于咳嗽的难受感，而是它不合时宜地破坏了狂热的氛围，呐喊渐渐凌乱、犹豫并停息下来，我感到有人嫌恶地回头看着我，我无法抬头回应那样的目光，嘀咕着抱歉抱歉不好意思，起步往人群外面走了一点，颞牙牙跟了过来，拍着我弯腰而拱起的背："你怎么啦？没事吧？"

"我没事，咳、咳，嗯，我没事，我还以为你不来了。"

"我手机充不上电了，怕耽误你时间，就自己打车过来了。"

"嗯，没事没事，你来了就好。对了，我刚才忍不住已经喝了一点，你不介意吧？我忘了带杯子。"

"不介意啊，我尝一口看看有多好喝。"

"好，给你。"

她擦了一下嘴巴，露出好看的微笑："是甜的，真的挺好喝的。"

"嗯，比清酒好吧。"

"好了，我们走吧，他们开始了。"

他们开始了，演说者已经消失在陵园东侧的林荫道里，参与者们陆续跟随着，沉默着往黑暗的西山里行进。我才意识到，雨已经停了。"雨停了。"我说。

"是啊，我们走吧。"

我们跟在队伍的末尾，也往西山里去。

"你以前参加过这种活动的吧？没听你说过。"走在清冷山路中，我问她。

"前年参加过一次，你没问我啊，我没想到说。"

"那你说说。我是第一次参加，没什么经验。"

"经验不重要啊，每年都不一样。我参加那次很简单，是去吃火锅。"

"哦，好吃吗？"

"哈哈，你说什么啊，火锅不就那样吗？不过那次不是在火锅店，我和他们偷偷翻栏杆，去三十八中的操场吃的，还挺好玩的。"

"哦，人多吗，那次？"

"挺多的，有五十多个吧。"

"嗯。"

爬一段阶梯时，路灯的间距已经过大，我打开手机电筒，让她走在前面。我灌了一口酒，递给她，她停下来，也喝了一口，把酒瓶还给我，我们继续往上走。我问："对了，你认识那个演说的人吗？他是组织者吧。"

"应该是的，微信里好像叫B1993S，没有聊过，但是去年好像也是他组织的活动。"

"嗯，B1993S，估计是个九零后吧，说话还挺有煽动力的。"

"是的，去年那个活动，好像挺疯的，不过我也是听说的，没有参加。"

"去年是什么主题？"

"好像是，嗯，叫'烟花新美学主义'还是'烟花新美妙主义'之类的，是去新大郢水库潜水，然后在水面上放烟花。我觉得好冷啊，就没去了。"

"他好像很喜欢用'主义'这个词，和这个'夜行军'还挺一致的。不知道他本职做什么。有点怪怪的感觉。"

"听说是搞武器制造的，听起来挺酷的吧。"

"武器制造？不是吧，这么超现实。"

"是的，群里看到有人说过，好像是做炮弹，在十六所，我忘了。"

"平时肯定很压抑，才会这么反叛吧。"

"有点怪怪的，他平时在群里说话也怪里怪气，话中有话的感觉。"

"你经常关注那个群啊？我都没怎么看过，所以对他没什么印象。他身材很单薄，做事倒挺利索。"

"对了，他好像是个瘸子。"

"哦？瘸子吗？"

"是的，刚才你还没到的时候，我注意到的，他走路一瘸一拐的。"

"嗯，看来身残志坚啊！"

半个小时之后，西山之行差不多行进三分之一了，我和颥牙牙已经远远落在队伍的最后。我们以一种默契保持着缓慢的速度。酒也喝了差不多三分之一。走到一段平缓的盘山公路时，路灯的分布正常起来，路面被映照出一圈圈湿漉漉因而刺眼的光斑，我们都热了，颥牙牙拉开雨衣和羽绒服的拉链，我提议她摘下帽子，我将它毛毡面上沾附的水珠掸落，重新给她戴上。她低头让我戴帽子的时刻，是我们那一晚距离最近的一刻，近到她精巧的鼻息已经撞击在我的脖颈上，然而时间太短了，我来不及鼓足勇气说出想说的话（我说出的竟然是愚蠢的"你不回家过年，你爸妈不找你麻烦吗？"这样的话），然而时间也太长了，我只能沉没在涌动不息的紧张中，紧张是痛苦的一种（我也竟然同时说出愚蠢的"真希望你经常抑郁"这样的话来），而怯懦是一种逃避，我肯定是被那种无论和她距离多近却感到"我们不同"所产生的自卑感扰乱而变得愚蠢的（也许自卑本就是愚蠢的一种）。在时间感紊乱的记忆中，我分不清那两句蠢话是如何同时说出的，也可能我只说出了其中一句，但不管是哪一句，已经没有什么区别了，因为颥牙牙只是笑了笑，没有回答我，我们继续往前走去，话题便陡降到诸如"你还贴对联吗？""你放假多久？""过年准备去哪儿玩？"之类的俗常之中……

抱歉，我想我得重申一下，虽然上面的陈述仍然没有直接涉及邦松，但请您务必相信我最后一次，这些内容的的确确与邦松是有关的。请相信，我当然是想阐述清楚我认出邦松那一刻时感到的震惊，但是那种震惊是来自于一种由我本来看不见、注意不到的往日的细节所铺垫出来的氛围，脱离了过去，那一刻便不存在什么让人震惊的意义了，接下来，我要讲述的内容，将尽可能快一点地抵达那一刻，请您再保持最后一点耐心——

"酒徒夜行军"活动，留在我记忆中的最后一个特别画面，是山顶上的那一场爆炸。那时，我和颤牙牙已经在西山的夜路中走了快一个小时。西山并不是大山，对于我们所在的城市来说，西山是唯一的山。它是一座海拔两百多米的小山，坐落在城市的西边，这座山放在任何一片正宗的山地中都是毫不起眼的，但是因为处在我们那座平凡的平坦城市的边缘，对于我们来说，就显得非常突出了。在我十三年前刚来到城市定居的那段时间里，每个周末，我都会去爬一趟西山。我常常是和表兄弟或者中学同学一起爬的。爬上西山，对我们来说，意味着一种城市人的积极生活的态度，意味着运动，向上的、登高的、有目标的行为，仿佛我们通过爬山，就可以成为心态健全的城市人，尤其当我们抵达山顶的平台上，买一支冰淇淋或者一瓶矿泉水，抽着烟和其他周末登山的城市人以相同的高度、视角去俯瞰城市的时候，我们感到我们也很了解山下的那些道路、建筑、绿化、车流、信号灯，换言之，我们也了解这座城市，仿佛我们也已经在其中生活很久了。但是十三年后，当我真的在这里生活得挺久了之后，我早已不再去爬西山，我已经拥有了别的方式去确认我的存在，比如朋友、工作的公司，比如常去的酒吧或者咖啡馆、书店、商场、公园等等，我已经不太在乎生活是否需要健康、需要登高、需要运动，因为我感到我在生活中已经长出了自己的与此地相关的记忆和情感，从这个角度来说，我已经属于这个城市了。如今，我更享受自己生活，行走于某一条街道的时候，正在被某双渴求融入这里的陌生、新鲜、年轻的眼睛从西山上观看到这样的想象。而那些当年和我一起爬西山的人，也如西山一样，渐渐淡出彼此的生活范围，我们一两年都不会再聚一次，偶尔有人心血来潮在群里发起聚会，也由于各种生活俗常的理由而作罢，但真正不再聚会的理由，却在于，我们对于对方来说，已经不再是困惑时代、陌生时代所需要的同盟者了，我们从自己逐渐努力建立起的新的同盟者或作为同盟者身份本身的生活方式那里，获得了信心，不对，算不上是信心，更应该说只是一种看上去虽然艰难但好歹安全、容易起来了的习惯。举例来说，我们中的大多数都已经有了婚姻和孩子（像我这样仍然犹豫着、单身着的人不超过两三个），孩子无疑是坚固的、巨大的习惯，这些孩子已经拥有了和我们不一样的出生地、生活质量和教育机会，我们来到城市并努力在这里生活下来的疲惫感、无力感、失望感、不安感，将是他们所不会有的，当有一天他们也变成了意气风发的年轻人，我们这些人，可能也会和我们的父母一样，哀叹他们在安逸生活里失去了爱的能力，这种哀叹，说到底，并不是真的在关心他们是不是有能力去爱别人，而是惧怕他们不爱我们，不爱我们的爱对我们而言有什么值得关心的呢？我们也会成为盘踞在他们头上的可恶的遗老。有时候，我不得不反问自己，对于颧牙牙的喜爱到底是什么原因呢？虽然不愿意承认，但可能很重要的原因——除了她的确很美外——是，她因为生长于城市而具有的我想学会却很难学会的优雅，那种教养，那种温柔，那种轻声细语，那种克制的微笑，那种一看便比我更属于这里的呼吸，那种即便和我同时站在西山顶上、喝同一种饮料时的不同之处，如果我最终能够融入这里，那一定是和颧牙牙这样的女孩在一起，所以，当我和颧牙牙一同在寒冷的夜晚攀登西山，而雪终于开始降落的那一刻，我和她拥有的喜悦是不尽相同的。她喜悦于西山的又一场如期美妙的雪，我喜悦于那是我和她共历的第一场雪。

又一场和第一场，这就是区别。

我们为了雪而停下来，我把酒瓶递给她，她拿着，并没有喝，她的眼睛没有离开路灯光幕映衬的雪片，我点起烟，注视着雪幕映衬的她的身形。就在这时，爆炸发生了。如同冬雷忽现，在寂静的夜晚让山体发出颤抖，我们吃惊地共同抬起吓低的目光去看山顶，火光穿过层层叠印的脱尽树叶的枝杈，勾勒出山顶平台上那道每个人都很熟悉的栏杆的形状，一群欢呼的身影围着火光跳舞，我们冷静下来，认出了那是我们的队友。我拿出手机，打开微信，"不过年主义"群里，他们张贴出一幅幅背着火光的自拍照……

当然，除了响声，爆炸被控制在安全的范围里，这种谨慎是必需的，只要宣泄不危及公共安全，第二次宣泄就有可能达成。

我和颤牙牙感到没有再上山的必要，便开始往山下走去。最终，我们并没有喝完那瓶起泡酒。在山脚，我给她打到车，然后各自回家，之后的一年里，仍如往常一样，她三次轻度抑郁复发，我们便见面了三次。"不过年主义"微信群陷入以往的沉寂，直到这一次，随着春节临近，再次活跃起来。

这一次的主题，仍然是B1993S发起的，当然，别的群也在发起别的主题活动，但我所在的一号群，无疑是最引人关注的。B1993S以他独特的、可以说颇有魅力和胆识的方式，再次从众多提议中脱颖而出，这一次，他提出的主题是"奶油爆炸主义"。仍然是他一贯的风格，但这一次不在户外，而在他自己的家里。

有过几次成功的策划，以及参与过的人对他的期待、痴迷和津津乐道，使得这一次策划活动的报名人数超过了七十人。

讲述至此，为了表示我一直没有向您直接描述邦松的歉意，我决定直接告诉您，所谓的B1993S，就是邦松。我希望您提前知道了这一点，不会影响我接下来讲述到"奶油爆炸主义"活动中那一关键时刻时您的感受，但我要声明的是，在报名参加这次活动的时候，我还不知道B1993S是谁。

另外，这个活动，颤牙牙并没有报名，她选择了三号群里的"逃进尼泊尔"活动。我没有护照，潜意识里也觉得我还没到应该有护照的时候。实际上，我正是因为颤牙牙的选择与我无关（她并没有告知我这一选择，我是在提议她一起参加"奶油爆炸主义"活动的时候知道她已经报名了那个活动的。这就是我和她的不同，我们面对许多事件时的选择，所具备的条件和前提是不同的，这种不同在我和她交往的过程里，反反复复地以各种各样的细节出现，有时候以尴尬的形式，比如当她回忆完自己大学时代的初恋故事并下结论说大学是每一个人应该发生初恋并学会承受失恋的能力的地方之后，问我的大学之恋是什么样的时候，我告诉她我没有上大学；有时候以快乐的形式，比如当我向她讲述起童年牧牛的细节时，她露出的惊奇眼神里的快乐，一种猎奇的快乐，一种安全的童话般的野趣之乐，而对于牧牛之事里的苦恼、厌倦，她并未体会到。所以，既然她所选择的只是依据她的喜好做出的，那么，我便将此当作无数次不合宜之中的一次，最终我是否会有能力对她表白，以及结果会如何，就交给以后去解答，毕竟我是擅长接纳失望的……此段落之后，我保证将不再讲述任何与她相关的事情），才产生了一种轻微的报复性心理，也因为对那个我未曾真正见到他的瘸腿状态的组织者B1993S的好奇，而选择了"奶油爆炸主义"。

活动的描述非常简略：

"'不过年主义'灵魂策划师B1993S，将带你进行一场由奶油堆砌出的甜腻到具有叛逆快感的独特聚会，聚会将在B1993S的私人宅邸进行，报名费用每人八百元，款到为算，倒计时七天开始，已成功报名五十七人。"倒数第五天，报名人数是七十八人，B1993S停止接受新报名。

晚上八点半，我出门，坐上提前约好的车，去往北城一个别墅区，B1993S的私宅就在那里。我出示了报名缴费的手机截图给三号别墅的接待者，他兴奋地验证通过后，用对讲机呼叫开门，门开了，我走进那座房子里面。

另一个世界。

一个奢侈也狂野的世界。

我无意于描述一座奢华别墅的内饰，但其突兀的狂野感，却必得交代：巨大的超过一抱粗细的原木堆满了整面墙，粗粝的金属管道沿着墙角、地脚、玄关、门廊、楼道蔓延出复杂而毫无必要的线路，此刻我还无法得知管道中流动的是什么，只听到它们不断发出如野牛粗喘的呼呼声；大厅地面的高档大理石地砖被随机地撬开十几块，露出建筑沙土的质地，每一个地砖坑洞中间矗立着原生石柱（说是石柱，却并不是加工工整的材料，而是仿佛刚从山中运来的炸出雏形的棱线弯曲的原生长石），石柱顶部粗暴地用木棍螺旋形地固定着老旧的乡下粗木餐桌的桌面，拆解桌腿留下的苍白印痕清晰可见；通向地下室的楼梯上铺着艳红的劣质酒店迎宾地毯，地下室则燃着四堆柴火，浓烟被吸力强劲的管道排走（原来那些管道中涌动的是烟雾），地下室中间的地面，堆放着一人多高的捆啤酒塔（我不相信如今还有这种原始的啤酒包装方法，只可能是把啤酒从箱子里拿出来之后，再用白色塑料绳一打一打地重新捆绑起来）；二层露台的地面上，紧密地摆放着几十个大型烟花，只留出三条细路，想必是给点火者走动用的，长达二十多米的三面露台栏杆上，挨排拴满了一直拖到一层院落地面的爆竹；院子中央，在堆积的杂物（有收拢的阳伞、折叠的梯子、堆放在桌面上的户外椅子、垃圾袋满溢而出的三四个大垃圾桶等等）所围绕出的中间地带，一个干涸的园林池子中央，在黯淡的暖黄色壁灯照耀下，放置着一个硕大的木质酒桶，酒桶表面绕满了闪烁的彩灯珠串……

　　我在客厅一个石柱装置旁的靠墙沙发一角坐着，在爵士乐背景乐中，一边假装关注着手机中的信息，一边观察着那些来来去去的忙碌身影。仿佛只有我一个人是无所事事的，别的所有人都已事先安排了重要的任务。但事实证明，这只是错觉。人越来越多，像我一样无所适从的人也越来越多。而B1993S的身影，始终未曾出现。闲散的人们低声地、成簇地交谈，无一人是我认识的。有人开始提供啤酒，我拎了一瓶，仍在角落等待。至少等待，对于我们来说，是默契的。

　　后来，我忽然意识到窸窣的交谈声如麦浪在风中匍匐一样一层层低下来，直至房间里只剩音乐、燃烧的噼啪声、管道的排气声，我看了一眼时间，十点十五分，开始了。

　　他从楼梯上走下来，脚步声音不大，却生出晃动空间的感觉。我们都屏住呼吸，静静等待。那双黄色的、过时的球鞋先出现在旋转楼梯的实木表面上，咚、咚——咚、咚——，不相等的落脚节奏，确证了颛牙牙所说的瘸腿的事实。在转角处，他几乎落地的风衣下摆和并拢的双脚停了下来，大约过了三秒钟，继续走，黑色麻裤拱显出细瘦的如少年般的膝盖，苍细惨白的手顺着黑色的光滑的亚光方钢扶手滑下来，另一只手半握着一个黑色小物件，在缓慢摆动中若隐若现。当他的下巴开始下沉超过天花板的平面而显露出来时，那尖锐、光洁的皮肤却造成了恍如鲸鱼正在浮出海面的气氛，这气氛波动到所有在场者，有些人已经抵抗不住压力而垂下目光。我却意外地产生了似曾相识的超现实的感受——理智上我知道不可能与他相识过，但那种明显的感觉却如一张满拉的弓弦即将牵引出一个必定的结局。直到那纤薄的嘴唇、锐利的鼻尖、紧凑的颧骨、深凹的在昏暗中仍清晰的黑色眼珠、戏剧般下撇的八字眉、光秃的头顶一一浮下天花板的时候，那个结局不容置疑地跳跃出来——邦松，毫无疑问的邦松。

我已经二十三年没有见过邦松了，并且可以肯定地说，"邦松"这个名字也在我的记忆中消失了同样久。然而消失并不等于真的不存在了，实际上这个名字和这个人始终没有离开原地，没有离开那一个固定的、非同一般的场景。我的思绪恍惚而澎湃不休，我在意识的洪流中辨识出，邦松在我记忆中假的消失，只是因为，在那个重要的场景之后，我们没有再见过面而已，而那个场景对于当时的我来说实在过于特殊，以至于我没有能力通过想象去构建出他在那之后的另外的形象。那一刻的邦松是唯一的，此刻，随着他的面容清晰展现出来的，是我遗忘了二十三年之久的记忆——

那是一九九三年的春节。我七岁，邻居家的邦松九岁。我们两天前刚去镇上剃了年头，我是平头，他索性剃了个光头，他说因为有头发洗头太麻烦了，而我怕冷，就没有听他的提议。我在年三十早晨九点钟光景起床，家里已经点起了香烛，我体会着每年一次家里弥漫着香味的兴奋感，在妈妈炸圆子的噼啪声和缭绕的不知是香烛还是食物发出的烟雾里跑来跑去。我穿着新衣服、红色外套、白色球鞋，还有其实是多余的毛线手套，准备拉门出去，因为我和邦松已经约好了要去玩烟花，但是爸爸扯住了我拉门门的手，说，年饭还没好，是不能开门的。我只能等着，但也并不着急，因为卧房门新贴上的对联和剪纸花边点缀的横批值得细细观赏，红纸上闪烁着金粉，那光泽让我感到由衷的高兴。那时候，我们喜欢过年的感觉，喜欢过年有新衣、家里的摆设会变样子、墙上会出现新的对联或者新画、会吃到平时很少能吃到的荤菜（并且是不用在意大人和礼数地随意吃）、会在吃得很饱很饱的情况下光明正大地在碗里留下剩饭（年年有余，饭不用吃完，这是浪费带来的快感）、会得到压岁钱、会不用上课、会玩爆竹放烟花……这一切的新鲜事只在过年时发生，那一天足够独特、足够美妙、足够放肆，那是名副其实的节日。那天上午，我沉浸在彼时并不知所以然的快乐中，等爸爸打开门出去放响了鞭炮，我把身体藏在半开的门后，捂着双耳，只露半个脑袋去观看在阴沉的天气中连串炸响和腾起的浓烟，待到最后几粒不均匀地爆炸结束，我迫不及待地跑出门去。我的口袋里揣着在镇上小商店里买的"黑蜘蛛"擦炮（外形如火柴盒但略大于火柴盒，侧面是磷粉面，正面印着黑色蜘蛛），但我的兴奋不是由于它，而是和邦松偷偷买的"开门炮"，两枚。制造爆炸是过年的另一个更秘密也更强烈的快乐，以往，我们钻进渐渐飘离地面的爆竹烟雾中，去寻找没有被引爆的脱粒了的爆竹，然后插在树洞或泥土里，点着后迅速退开，在树皮或泥土被炸开的闷响中感受滔天的乐趣。后来，便是买更方便的黑蜘蛛擦炮，随手擦着，扔到水里或者大地的任意一处，满足地听着爆炸声。但那样的乐趣，一年年地损失着强度，所以，今年，邦松提议买"开门炮"玩的时候，虽然感到莫名恐惧（威力过大的爆炸物显然不是我们应该触碰的东西），但我仍然立刻就答应了。我穿过门口的爆竹烟雾，在邦松家门口没有看到他，我伸头进去问邦松在不在，他们说他刚出去玩了，我继续沿着村中的路巷奔跑寻找邦松，一边找，一边呼喊他的名字，一边为即将开始的冒险而兴奋，一边为仍没有找到他而焦急。我怀揣着擦炮和期待，穿过一户户门前笑着放爆竹的人们，或者一簇簇正在消散的白色浓烟，或者绕着跑过正在爆炸的地面，直到拐过村尾秀秀家的山墙，邦松终于从浓烟中浮现出来。我喊着，邦松哥，他没有回头，而是将食指放在嘴上做出嘘声的示意，这让我更加亢奋，如小贼般颠颠着悄悄来到他身边。邦松说，开始吧。我说好。他指着不远处的粪堆说你去把那个脸盆拿来，我跑过去拎起掉瓷严重的废弃的脸盆，他从裤子口袋里掏出第一枚开门炮，然后郑重走到槐树下，双手将它立正在地面上，我跟在他身旁，弯腰提着脸盆观察他的动作，心跳飞快而沉重，几乎发出撞击声。邦松说，我点着了，你把脸盆盖上去，然后跑，一定要快。我说好。他掏出火柴，用拇指挤出柴仓，另一只手抠出一根，他抠了很久才抠出来，也划擦了好几次才让那一根点燃，他用另一只手护着火焰伸向引信，我紧张得已经快要叫出来了，他似乎意识到这一点，侧目瞪了我一下，我大喘着忍住叫喊，在双腿颤抖中等着点燃，他继续将跳动的火焰递向那根水泥灰色的纸质引信，终于，引信接过了热量，闪出一簇火花，然后缓缓地向下燃烧，我注视着那如火虫爬动的亮点，忘记了自己的任务，邦松大喊快盖上，我才反应过来，哐当一声将脸盆扣在上面，然后和他拔腿跑开。我们在三十米开外的空地上站立，回头各自气喘吁吁地注视着沉默的脸盆。我有没有碰倒开门炮？碰倒了会不会弄灭了引信？要是不爆炸怎么办？要去检查吗？要是检查的时候忽然爆炸怎么办？无数的问题在我们出奇漫长的等待中上涌淹没我。有一刻，我们对视了一眼，以眼神向对方探询爆炸到底会不会发生，就在这一刻，砰！巨大响声和没有料到的巨大震动传过来，我们一起"啊"地叫了出来，然后再去看爆炸点，我分明看到了震荡的圈形气波的形状，以及往空中翻飞的脸盆，它翻转得非常缓慢，像是电影中的慢镜头，轻轻越过树冠，在穿过无叶的枝杈时发生了一些轻微的磕绊，但仍然以一种坚决的无声的力量穿透了大槐树，直到丧尽力气，静止在树冠上方，仿佛犹豫了片刻后，掉落下来。它没有落到地面，而是被架在了树顶上。在阴沉的天幕下，仿佛一个刻意而出色的鸟窝。当我们从出神中醒转，意识到我们便是这杰作的作者，便兴奋地跳跃拥抱着，我们笑得极其穿透，最终倒在地上捂着肚子，流出眼泪，翻滚着……完成了第一次成功的爆炸，我们高兴地投入对第二枚的策划中，邦松提议，这回把开门炮当地雷用，于是我们用树枝在土堆上挖出坑洞，把第二枚炮埋进去，然后用土填满它周围的空隙，我们想象着整个土堆被炸开的景象，这次更加有信心，也更熟练，邦松一次便划燃了火柴，毫不犹豫地点着引信，我们再次跑开，停在比第一次距离更短处，等待着爆炸。但是这一次的漫长等待不只是感觉上的，而是真正的漫长。大约过了难熬的五分钟，我们已经听见邦松的妈妈和我的妈妈在村那头呼喊我们回去吃饭的声音，它仍然没有爆炸。邦松说，估计灭了吧，便不再等待，起步朝"地雷"走去。呼喊声正在接近，邦松正在接近目标，只有我站在原地，陷入恐惧中，恐惧可能遭到的责骂，恐惧可能发生的意外爆炸……但庆幸两者都没有发生，邦松确定它的确熄灭了，把它从土堆里拔出来塞进裤兜，我们转身往家里跑去，半途迎上了两位妈妈，过年的喜悦氛围抵消了她们寻找时的焦躁，我们在邦松家门口分别时，他给我使了个眼色，那是我在二十三年前最后一次看到他的眼睛：在昏沉的光线下仍然清晰的黑色眼珠，以及其中让我费解的笑意。当时的我，将它简单理解为下午再见。十几分钟后，当我们在饭桌上安静地吃着可口的年饭时，爆炸发生了……我不再能清晰地组织好此后混乱场面的次序，奔跑、呼叫、哭喊、狗吠、房顶被震落的灰尘、掉在地上的筷子和摔碎的碗、生平第一次耳背导致的头痛、越聚越多的嘈杂的人群……昏迷的邦松和他鲜血淋漓的下半身，在众人的拖抱中从身隙间向我展示出关于他最后的画面，苍白的面庞一闪而过，我看到了那上面一抹不可理解的微笑……

邦松开始演讲，打断了我的回忆，那个奇怪的尖细而浑浊的声音（既像是少年的又像是中年人的，尖细的部分和他似乎自那次事件之后便没有怎么生长变化过的样貌，是我能认出他的原因，那一天之后，邦松就在我的印象拼图里作为丢失的一块不再得见，而这一刻，他以几乎未变的形状严丝合缝地嵌回来了，那次爆炸似乎不仅折断了他的腿骨，也从骨髓内部终止了他的生长）说道——

"奶油代表甜腻。代表光鲜的人类，在安全的范围里那种虚伪和狡黠的甜腻。如今他们常常说起'生活美学'这个难听的词。他们恬不知耻地将美和自己庸俗的生活捆在一起，我们能看到这背后的一群平庸的灵魂是多么可笑。糟践美需要付出代价，需要有人告诉他们，美不属于愚蠢的大众。美属于天才和敏感者。生活美吗？不，生活丑。至少，就我们身处其中的世界而言，生活是丑的。他们以为拥有获取信息的渠道就拥有知识，以为能买到漂亮的装饰物，自己就是漂亮的。这种肤浅和庸俗就像奶油的甜腻，奶油洁白无瑕，却让那些奶油爱好者臃肿起来。纯洁制造丑陋，这就是生活的真相之一。不过年主义，不是逃避主义，而是一种革命精神，智者是不堪忍受虚伪和丑陋的，他必定要炸毁清纯的假象。美不是一蹴而就的，是要靠颠覆和恐惧来建立的。颠覆，不应该漫长，而应该短促、迅疾、有效，颠覆即爆炸。我了解爆炸，就如我了解炸弹一样。你们知道我的工作是制造炸弹，炸弹在沉默的阶段谈不上美，只有在爆炸时才有意义，有意义才有美。我比你们想象的更理解爆炸是什么，所以更清楚爆炸之美是什么。我会告诉你们的，但你们要先身处在真正的爆炸中。不要满足于当一个引爆者，而要亲历爆炸的中心，亲历逼近死亡的感觉，但是你们不会死，这是重点，你们会活下来，你们通过这样就能理解死。生活美学为什么是假的美学？因为它建立在生之上，而生是短暂的，死才是永恒的。任何美都因为它的永恒质地或它通过短暂而体现出永恒的价值性，才成为美。所以，不过年主义要做的，是向丑陋和姑息说不，并发起攻击。不要怜悯弱者和愚人，怜悯本身也丑。让他们看到真相。奶油爆炸主义，是爆炸力的美学，你们参与的不是一个简单社交活动，而是一场行为艺术，一场制造美感的重要行为。十分钟之后，三吨奶油将摆在你们的面前，你们要用奶油，将这座看上去华美但丑陋不堪的建筑填满，注意我说的，填满，不要留一丝空隙，只要你们能够到的地方，用奶油填满它，用他们认为的纯洁填满它，然后，和我一起引爆一切可以引爆的东西，炸毁奶油。不用惧怕爆炸，我再说一遍，要勇敢地接近爆炸，你们自己才会成为有力量的炸弹，去炸毁你们厌恶和反对的一切。你们是艺术家，至少，你们具备了艺术家的勇敢，敢于遵从自己的不满，敢于出现在这里。跟着我，再往前走一步，成为真正的艺术家。真正的艺术家是什么样的？记住我要告诉你们的一点真相：真正的艺术家只向真相负责，就像伟大的爱因斯坦只向宇宙万物的真相负责一样。广岛的死者是不该指责爱因斯坦的，因为他们并不是死于真理，而是死于道德，伟大的艺术家也是这样，只不过他所负责的是情感和灵魂的真相。道德？不要拿这种低级的东西来和真理比高下，因为高下已判。法律？不要拿这种伪善的东西来和真理比高下，因为同样高下已判。甚至是美，也不重要。你们要记住我说的，真理高于美，而美高于道德。我们为什么要炸毁奶油？是为了告诉他们什么是美的，要告诉他们，美和死是连体的姐妹，爆炸正因为包含了美与死、速度与恐惧、瞬间与永恒，才如此重要，因为这些就是生活的真实面目。我再向你们讲一个真相，刚才我说到了瞬间与永恒。还记得你第一次尝到奶油时的幸福感吗？你以为你已经忘了，但是稍微动用一下你的情感和记忆，闭上眼，来，我数到三，跟着我一起闭上眼睛，放慢呼吸，低下头，想一想那第一丝甜蜜，一，二，三……"

　　一秒，两秒，三秒，四秒，五秒……在房屋噪声（那些机器的、空气的、呼吸的等等混合出的）所衬托的极度寂静中，我回忆不起奶油的事，我的确想到了蛋糕、生日、摩卡等等名词，我也想到了蜡烛在黑暗和嘈杂中抖动火光的样子，端着咖啡走上木楼梯时小心不让它荡出来的感觉，甚至是楼梯的木色、玻璃映出我裤子的模糊轮廓，但我想不起奶油入口时的感觉，尤其想知道这寂静什么时候结束的执着让我分心，我一边想象，一边默数时间……六秒，七秒，八秒……但是每一秒我都不敢确定，我觉得第五秒数慢了，在第六秒急忙快起来，但慢和快抵消了吗？我不确定，在寂静中，没有任何参考的声音时，我失去了判断时间的能力，不，不对，还有声音，管道里的呼噜，但是它太均匀而不变，没有用。呼吸声？我分不清我能听到的每一个呼吸的起讫，没有用，我自己的呼吸也是乱的，不但没有像邦松说的那样慢下来，反而更急促。别人也像我一样吗？他们想起奶油的第一次甜蜜了吗？有没有人忽然下巴发痒而挠了一把？有没有人换了一下站姿？他们的手放在口袋里还是像教徒一样搁在胸口？手是张开的还是握紧的？他们没喝完的酒瓶放在哪里？刚才站在木堆前曾吸引我目光的那个女孩现在站在哪里？那些最早到的被安排了工作的人是和我们一样闭眼还是睁着眼在维护秩序？我感觉已经计数了很久，但印象中并没有数到十秒以上，我忍不住下巴痒起来，拿右手挠了一把，挠得我直皱眉，就悄悄睁开半只眼睛，在尽量不抬起头的情况下，去看邦松的方向，但是前面的一件兜帽衫，棕色的，阻挡了我，我轻轻偏动脑袋试图越过帽衫的肩膀，但仍然看不见，除非完全抬起头，否则，邦松就不在视线内。这时，另一种异样的感觉袭来，不知道出于什么样的理由，或者毫无理由，我感觉到：邦松已经不在那里了。是那种你总觉得背后有一个人而当你回头时的确有人的感觉，确信的感觉。邦松不在，楼梯空空，一群低头沉默的人像是傻瓜一样站在地面，去遵循一个陌生人、神秘人的言论，空空如也，我们遵循着空空如也的楼梯。这个晚上要么是一个恶意的玩笑，要么是一个恶意的梦，我这么游思着，邦松的声音忽然炸响，让我再次低头闭目：

"闭着眼睛，不要睁开。我看见了洁白，我看见了铲起来时它抖了一下，我看见了我的好奇：那是什么味道？是雪一样的冰冷，还是猪油一样的黏腻？我看见了我紧张的心跳，我看见我把它塞进嘴时，它先碰到了我的上唇：原来这么软。我看见了我的舌头、牙齿、内腮把它包围住时愣了一下，我看见了下嘴唇在塑料上触摸到的碎屑，我看到我反应过来了开始咀嚼，我看到那不是咀嚼，只是包裹、搅拌，我看到了它比后来尝到的女孩的嘴还要甜蜜，我就是这样看到了幸福感。闭着眼睛，我们才能看到一些我们本来看不到的东西，重要的东西往往都是这样的，都是看不见的。闭着眼睛，不要睁开，除非我让你睁开。奶油太多了，我说的是后来，当你长大了一些，奶油太多了，你只是觉得你喜欢吃，第一次的真正的喜欢已经成了习惯。你最大的问题，就是太容易习惯，你看了两次大海就不再激动，你看到三次车祸就不再震撼，你看到四次死亡就不再悲伤，你太容易习惯了。每一次死亡本身都包含着最大的悲伤，每一个死亡的人都失去了他关联过的一切、存在过的一切、想得到还没有得到的一切，死者将失去一切的一切，但这件事不再让你难过，因为你习惯了，新闻里的死亡、小说里的死亡、历史中的死亡、亲人或者朋友的死亡，让你越来越感觉不到死亡是多么重大了。但是，闭着眼睛，不要睁开，除非我让你睁开，但是，死亡不管你关不关心、习不习惯，它对死者的重大意义仍然存在，我们都将是死者，都将面对那个重大的东西。为什么我要说死亡呢？因为终将失去一切的一切，才会让一切显得重要、珍贵、美，这才是美的意义。是的，万物之死的存在，才是万物之美的理由。你已经知道宇宙起源于一个奇点，这个点爆炸，然后一切诞生，那么，结局呢？我们是这个爆炸的碎片，碎片的命运是什么呢？毫无疑问，仍然是爆炸，是沉默的、寂静的爆炸，就像奇点一样，无声的、瞬间的，一切完成。死亡就是我们这些碎片的结局，死亡就是一个和奇点一样的无声爆炸。但是，闭着眼睛，不要睁开，除非我让你睁开，但是，你只能死一次不是吗？你总不能等到死了才明白这个道理对吗？你总不能到死才知道什么是美对吗？对的，你需要感觉到死亡而不是真的死亡，感觉到之后，你才能带着美的意义生活下去，所有的人类都需要这样。我呢，满足你们的需要，我会让你们感觉到死是什么，然后活下去，去接受你自己的那一次死。跟着我，告诉这个世界什么是美。闭着眼睛，不要睁开，好好听一听这一声爆炸，好好感受一下我的爆炸、我的死！"

突然的爆炸几乎同时引爆了我们的惊呼和恐惧，混乱的声音、被不知道是血是肉还是骨碎撞击的噼啪声、不知道是真的疼痛还是想象出的疼痛，让我们睁开眼，倒在由他人构成的人堆里面，但是寂静在片刻间重新占据了我们，也许零点一秒？但是再短暂，它也的确出现过。紧接着，我们通过哭喊和尖叫驱赶了那一瞬间的寂静，沉没在恐惧的巨声的释放中。有人好像明白过来，开始爬起来越过人堆往外逃跑，但是邦松的声音再一次如风过麦田一样压倒了混乱：

"安静！安静，安静……这就是死亡，这就是我用爆炸告诉你的死亡。这一刻，你是不是感到活着是多美？你是不是感到离死亡越远越好？这一刻，你是不是想要永远安全地活下去？这就是我要告诉你们的，瞬间不是瞬间，瞬间才是永恒的，瞬间表达出永恒的诱人的美。我还要告诉你的是，在这一刻你是本能地感觉到美的，就像那几位想要逃跑、想要回到习惯生活的安全里的朋友，你的本能告诉你的道理是，安全意味着活着，安全本身不美，活着才是美的。所以，不要再迷恋安全感，安全感是精神的蛆虫，会腐蚀你的灵魂。跟着我，拥抱临时感，拥抱危机感，拥抱奶油爆炸主义，拥抱不过年主义，而这只是开始，此后，你们将各自发明自己的艺术：不工作主义不平衡主义、不睡或者不吃主义、不运动主义等等。让我们为爆炸而欢呼，欢呼将点燃你自我的引信，你将知道，自己到底是谁。此刻，奶油已经准备好了，跑出门去，捧起奶油，捧起那些曾经让你感觉到幸福和满足的东西——哪怕就一次——用奶油把这个建筑涂满吧，然后去拿起你能看到的任何爆炸物，点燃，引爆，然后在天亮前回家，带着爆炸力回到自己的生活里，从明天早上开始改变你的生活。爆炸主义万岁！"

我仍像一九九三年春节的上午一样，屈从于恐惧，但这一次，我没有选择呆立当场或者和别人一样安全地疯狂起来，而是在如潮涌动的欢呼声中逃离了现场。恐惧也让我拥有了力量，我爬上了我本不可能爬得上的院落中的木酒桶，跨过本不可能跨过的墙头，对邦松的空空如也的楼梯的欢呼还在继续，那种我当年未曾理解而此刻似乎明白了的微笑，自始至终贯穿着这场演讲，我也可以想象，那微笑也贯穿着酒徒夜行军的夜晚，实际上，回溯到一九九三年春节那天，翻飞的脸盆和抽搐的狂笑所点燃的他的引信，至今仍在燃烧，那一枚我们以为已经熄灭的"地雷"并没有熄灭，而是以另一种进度在逼近爆炸——奔逃的我想至此处时，身后的爆炸开始响起，火光先于声音投出我在马路上颤抖、细长、闪烁不定的影子……

盲鸟

　　娜娜把我赶出家门的时候，我穿着拖鞋，没来得及换。凌晨的雨水已经稀疏下来了，所以，虽然没有伞，但我的帽子和大衣仍然可以较长时间地阻挡雨水浸入。只是鞋比较麻烦。

　　我走出电梯间，站在路边抬头看我和娜娜位于十一楼中间的那个窗户，她正站在玻璃后面朝我看，一旦看见我，便拉起窗帘，我的屋子便黑了。细雨在那唯一的光线里斜织成软雾，随之，随着我眼镜上吸附的雨粒渐厚而悠忽隐匿。

　　我摘下眼镜，翻起大衣内角擦着镜片，转身沿着幽静的小路往外走，在二十米外第一盏路灯下停着，举手护着眼镜，对着灯光看我擦得是否干净，不干净，我又擦了一下，不干净，又一下，好一些了，我戴上眼镜，压低帽檐，继续往前走。

　　我该去哪里呢？现在还不知道。

　　爸妈家离得最近，但他们此时肯定已经睡熟了，而且这种情况，我也不能贸然前去，否则将耽于解释和安抚而心焦。男性朋友，也不可能选择，既然因为女人而流落，必须选择女人作为临时的归宿，这是自然而然的事，就像你的衣服淋湿了，总得换一件干燥的才对。

首先想到的，是木木。我发消息给她说，我没处去了，你收留我么？木木回复，我刚到家，你来吧，吃饭没有？

我说，有酒么？

上次的伏特加还剩半瓶。

附近有烤串么？

没有，我搬家了，给你发地址。

木木给我共享了位置，我点开，放大，知道大概地点，便打车去了，虽然深夜不堵车，但算起来也得半个多小时才能到，就在副驾驶上睡了一觉。

司机把我戳醒了，说，睡得这么香，喊你半天了，你到了。

我付了车费，迷迷糊糊地下了车，走进雨中，右前方就是小区门口。我走到岗亭边，大门关上了。保安问，找谁的？我才发现，我不知道木木的全名和门牌号。我说，稍等，我问一下。

我给木木发了消息，等了两分钟，没有回复。肥保安斜睨着我，打起了瞌睡，瘦的那个瞪着眼，表情很是冷峻，我说，没有回复，我打个电话。但是我没有木木的号码，只有微信，于是拨打语音通话，但是，没有接听。

我该和保安怎么说呢？好像实在不好说什么，我预知到从他们身上不可能得到同情和通融，便省了废话，说，算了，转身离开大门。

我沿着围墙在马路上走，回了两次头看，瘦子仍然盯着我，只好继续往前走。转过围墙拐角，我走到另一面，脱离了他的视线。

围墙很矮，下凹的弧形砖砌墙基上面，竖着漆铁栏杆，栏杆的尖顶排列出反向的弧形边缘，横杆贯穿、连接，有三根，看起来也很结实。我看了看，左右无人，便扶着铁管踏上墙体，然后踩着横杆，翻了过去。

我跳下来，蹲在一片树林里，地上是被连日雨水泡得松软的落叶层，我的右脚滑出拖鞋，脚跟按在湿叶子上，凉。我站起来，往里面走，倒也没有多少噪声，不担心被人听见。但是我自己能听见，因为进了林子便忽而清晰的雨水扑击树叶的簌簌声，清冷的气味让我莫名回想起另一个、多年前的雨后黄昏，我拉着阿雅的手，在学校外面的树林里走着，阿雅忽然抱住我，把头埋在我的胸口。

阿雅的头发有些水湿，从我下巴划过，粘了一些没有随着她的脑袋滑下去。我很痒，又不好意思抽出手来挠，就用下巴在她头发上磨蹭，她因此把我抱得更紧了，乳房挤着我的肋骨，我假装呼吸急促，大幅鼓起前身，迎接她的柔软。我往后慢慢退着脚步，阿雅便跟着挪动，待我找到合适的障碍物，失去平衡仰面倒下时，阿雅惊叫了一声，压着我扑倒下来。她在我身上笑起来，抬头看着我的面部，眼珠子又圆又黑，那时候，我的眼睛也是这样的。

我们俩盯着对方，各自激动。

阿雅的眼神开始涣散，眼睛缓慢闭上了，在闭紧前一秒，闪出笨拙的眼白，接着，嘴唇落下来，贴着我的，我张开我的嘴唇，包住她的，用舌尖探寻她牙齿，她放出舌头回应我，四只胳膊在此时不约而同箍紧对方，我们在清新的湿树林里热烈地吻着。我始终睁着眼睛，在她迷乱的头发扫动下，忽觉眩晕，接着陷入昏迷，失去意识……

附近有一只猫，发着难听的叫春。我一边在口袋里搓擦着刚才翻越栏杆弄湿的双手，一边压低声音呵斥着猫。它停了几秒，又叫了起来。树林比我想象的要大得多，这个小区接近郊区，比较新，房子都是少见的单栋别墅，广告语上宣传着湖水、森林、江南、百鸟等元素，价格不菲，看来，的确是生造了不小的林子出来。

谁？

一束光随着声音刺进来，还好我正处于一棵大树边，便顺势别在背光的树干后面，压低呼吸。保安又喊了一句，谁？并朝着树林里缓慢走了几步，停下来，用灯光扫射着整片树林。我摘下眼镜，用大衣的另一个内角擦拭着，等着他放弃。猫又叫了起来，灯光抖了一下，他便骂了一句野猫，抽脚离开了。

我继续往里面走，果然不远就是一条修整漂亮的柏油路，稀疏的、低矮的路灯光，在树林的夹迫中，点燃一团团雨火，渐远渐小，折进一个转弯里，消失不见了。随便挑了一个方向，我跺了跺脚，清除鞋上的草叶和薄泥，往前走去。

第一栋别墅灭着灯，只有门头的复古壁灯还在孤燃。我绕着它转了一圈，试了试前门和后院的铁门，都锁得紧，进不去，便放弃了。

第二栋的窗户里，从帘缝切出一线暖黄灯光，窗户位于侧墙，我轻脚走过草坪，来到窗下，透过光缝看房间里面。我看的时候，内心和身体恢复了宁静，而细雨声就清晰起来。女人趴在床上，一丝不挂，肥硕不堪，头朝里，我看不出年龄。清瘦的、穿着睡衣的男人背对着我，站在床尾，正用双手按压女人的小腿。他的上身因为使出力道而起伏。女人的一只胳膊耷在床沿，随着男人的动作轻微摆动，那是浑圆、苍白的一条，在手肘处内陷出沟线，上下两头如同藕节相连，让人厌烦。男人停下来，双手移到另一条小腿肚上。忽然，她抬起被松开的脚，猛踹了男人一下，他像个孱弱的稻草人一样飘过来，后脑勺砸在窗户上，发出干瘪的撞墙声，扰动了厚厚的窗帘。他因此离我极近，几乎可以听见其呻吟。

我走开了，这不是木木的房子。

我走过一个雕琢花哨的石拱桥，才到第三栋房子。过桥的时候，在雨雾消融于池塘的微密纹漾上面，掏出手机，发现木木还是没有给我消息。娜娜也没有。我坐在桥栏上点了一支烟，下翻着对话列表，每一行都呈现着刺眼的疏离感，没有一人是我想发去消息的，而斜风忽烈，灌入我的领口和敞开的大衣，加上栏杆浸湿裤子的冷意，我发起抖来。自觉如暴雨中落单的鸟，战栗着羽毛，几乎发出鸣叫。我忍住了，把烟头扔进水里，掖紧大衣、拉低帽子，往第三栋房子走。

逃出第三栋的时候，那个男孩凶狠的眼神仿佛刻在我的后背上，我奔跑着遁入雨夜。因为快速，拖鞋甩出啪嗒啪嗒的声音，雨水已经浸透了鞋面和袜子，脚开始发热。拖鞋的声音太响了，而刚才的剧烈动作，以及猛速的心跳仍未平息，我的喘息拙滞无比，但是我必须不顾噪音地跑，以此来平复自己。

我奔跑的声音也引来了保安。听见他们脚步近逼时，我正在观看另一所屋里的搏斗，透过后院的栅栏和半开的门及其紧邻的窗子，那个光头的男人正在和一个苗条的长发女人撕扯，他们在门缝和窗格间挪移、趔趄，抓着她的头发、拉着他的领带，却不发出除了身体碰撞墙壁、柜子的闷声之外的任何声音，仿佛能听见一些喘息，但被近逼的脚步覆盖了——我转头看小路那头，手电光射出来，蹦跳着接近我，我起步逃跑，听见尴尬的拖鞋声，索性放松脚趾，不再抠紧鞋舱，而是扔掉它们，穿着袜子跳进草坪，往隔壁那一栋跑过去。

在他们的追逐之下，我半是赤足地在陌生小区里逃窜，因为速度而撞上了更多雨水，眼镜很快就模糊不清了，仓促中摘下来塞进口袋，另一只手拽下来帽子，并利用树木和建筑的阻挡，终于甩开他们了。但是，更多的保安正在赶来，对讲机发出吡吡啦啦的声音，时远时近，再待在户外肯定不行了，我打量着眼前这一栋屋子，应该是为漆刷壁炉烟囱外壁架在那里的梯子还没有撤，于是用嘴巴叼住帽子，手脚并用爬上去。脚落在斜屋顶上，被瓦楞硌得很难受，于是猫着腰爬到烟囱后面，躲在阴影里，靠着砖壁喘息。

他们大约路过了三次，好在并没有发现我。汗水冷却下来，雨越来越大，我冷得哆嗦不止，鼻孔发痒，几乎要开始打喷嚏了。不行，这会吸引他们再回到这里来捉我的，我得躲进屋子。我迅速扫视四周，屋檐在四边中断，无路可去。我只好站起来扶着烟囱壁，伸头看着它的内孔，并没有燃火，而壁炉的敞口处正亮着微光。我忍不住了，打了一个喷嚏，已经没有时间再多想，此刻唯有这一个通道可以使用。烟孔很窄，长方形，大约 60×40 公分，估摸了一下，算是合适的尺寸，太大的话，反而难以撑住内壁而可能摔下去。

我双手借力烟囱壁顶，跃上去，蹲着并小心转身，将双腿放进去，用脚板抵住两边下滑，袜子丝毫阻止不了摩擦的疼痛，本来打算四肢外撑缓慢下落，但是一来剧痛难忍，二来喷嚏难忍，三来保安们跑过来的声音越来越大，我只好放松四肢，任凭自己朝炉底摔下去，第二个喷嚏在这过程中发出，掀起一阵怦然的烟尘，不过眼睛已经提前闭上了，在落地的同一时刻，忽然想起，帽子不见了。

得益于粗木炭的缓冲，摔得没有想象中那么痛苦。我翻了个身，试了试，手脚没有明显的骨折迹象或特别的疼痛，一边庆幸着，一边爬出了壁炉。

老人在躺椅里熟睡着，并没有被我的喧哗吵醒，但是脚边的拉布拉多犬已经抬起头在盯着我。我一屁股坐在壁炉边的地毯上，放松四肢，朝它嘤嘤嘤地唤呼，它顿了一下耳朵，站起来，低头用下巴几乎碰了一下地面再划过小弧形抬起头看我，然后摇着尾巴吐出舌头，朝我走过来。

我伸出手让它用舌头舔着，我看到了在夜灯微光中因为烟灰附着雨水而变黑的手和脏污的袖筒，感到很是疲惫。

我从口袋里掏香烟，摸到了眼镜，便一把拿出来，发现眼镜腿已经折断了，只好扔掉。狗在我身边躺下来继续睡，我点起烟，靠着壁炉，在暖气充盈的房间里稍作休息。湿了的袜子，此时已经没有什么穿着的必要了，我缩腿伸手，脱掉它们，扔进壁炉里面。至此，我已经丢掉了眼镜、帽子、拖鞋和袜子，大衣也已经脏透了，伸手随便一抹，都是黏滞的灰泥，也没有必要穿了，索性也脱掉，扔在了地上。

然后是裤子，准备扔掉的时候，想到了手机，便掏出来打开，木木仍然没有消息。已经三点四十了，娜娜竟然也一个电话也没有打给我。好在屋子里很暖和，我穿着秋裤、秋衣，以及一件浅灰色衬衫，赤脚走过木地板，朝洗手间去，拉布拉多抬眼看了我一下，哼唧了一声，继续睡着。走过老人身边的时候，我拾起滑落的绒毯，盖好他，他在睡眠中挪动了一下脖颈，下巴压住毯子。

打开镜前灯，把手机放在洗手台上，然后看见自己的镜像，极为狼狈：短头发上大面积吸附着深色尘埃，左颧骨擦伤，凝结着肮脏的血迹，这时开始发疼，上唇廓和鼻孔周围的积灰如同久作的矿工一般，下巴上蓄的短须东倒西歪，并且，耳朵没有了。

是的，无论左看、右看，耳朵都是没有了。

仿佛被齐肤切掉，留下怪异的光滑面。耳孔还在，但仅仅是从皮肤下陷的两个黑色小孔，且直径一定小了很多，因为连小指也塞不进去。什么时候把耳朵丢掉了？想不起来，整个过程里，并没有一点疼痛或痒，也没有一点伤口或者血迹，好像天生就是没有耳朵一样。这么一想，心里一惊，发现很多年都没有注意过自己的耳朵，对于它们，几乎没有一点记忆。但是小时候肯定有耳朵，因为还很清楚记得，它们在寒假里冻坏过，耳根常常流脓不止。阿雅给我买了厚实的耳捂，但是没有办法用，因为如果戴上它，一来听不清声音，二来耳根的脓液就更加止不住，越暖和，越发炎。阿雅为此整日忧愁，而这种忧愁让我极为心烦。冻伤本身并没有什么大不了，但是女朋友因此而郁郁寡欢，让我感觉欠了她什么似的，非常不适。我对阿雅说，我们分手吧。

为什么？

你不要哭了，因为我打算好好复习，要考试了，不能恍恍惚惚下去。

借口。

随便你怎么看吧，到此结束，好么。

你不爱我了么？

你也要认真复习，恋爱太耽误学习了。

为什么？

什么为什么？

你爱上别的女孩了。

没有，你不要瞎猜，我只爱你一个。

她是谁？

你不要哭了，好么。

我认识她么？

认识。

阿雅转过身，走到桌边坐在椅子上。我不知道该怎么做，我们两人沉默着。我掏出烟来，点了一支，刚收起打火机，看见她已经拿起裁纸刀，缓慢地、咯咯嗒嗒地推出刀片，我跳过去，夺下刀，扔到窗外。阿雅沉默地盯着我，说，滚开。

此后再也没有对于耳朵的记忆了，而如今，连耳朵本身也没有了。由此而来的情绪，绝非恐惧或者迷惑之类，而是一种无法自制的、莫名的走神，甚至连老妇人从马桶上站起来、提上裤子、走到我身边，我也丝毫没有觉得惊讶。

小伙子，你在我家干什么？

什么？

小伙子，你让我洗手可以么？

我让到一边，她哆嗦着拧开水龙头，却不伸手到水下，而是低头看着水流，直到水温上升，雾气蒸腾并渐渐弥漫在整个洗手间里，我和她都消失在雾化的镜子里时，她才把手伸到水里。那必定是滚烫的水，但她粗褶的老人皮肤似乎一点也不觉得烫。洗完手，她关上水龙头，走了出去。轮到我了，我把手伸过去，在差点能融化皮肤的热水里翻转手掌，脏污被冲下来，疼痛在体内急速冲撞。

由于没有了外面的衣服，而外面已经倾倒着大雨，我无法离开这栋房子。老妇人找来纱布和创伤药膏，将我损毁的双手涂上药，一层层缠裹上之后，仍没有停下缠裹，纱布绕着我的手腕、小臂、肘弯、上臂、肩膀、脖子不停地、缓缓地缠绕，许久，她才在我腰部的地方，将两个纱布的头打起死结，然后用纱布打活结套在我的脖子上，留下另一头大约两米长，并用它牵着我走到窗户旁边的沙发上，说，小伙子，你待在这里吧，既然已经没有地方去了，就待在这里吧。

从脖子往下到腰部，我的上半身和双臂、双手都被纱布裹满，一种奇异的热感渐渐从体内升起。我坐在沙发上，呆望着窗外的大雨和虽不远却难以看清的另一栋房子，它的墙壁上那扇微缩的椭圆形窗户后面发着光，我还记得那种窗户的弧度，不久前，我翻过某个与其弧度相似的窗户，进入一个小男孩的卧室。那是一个可怕的鸟舍，四壁都被铁笼堆叠塞满，每个笼子里有一只鸟，那些笼子围绕着房屋中间的一张儿童床，男孩就站在床上，腋下夹着一只灰色鸽子，一只手捏着鸽子的头部，另一只手的食指和拇指捏着牙签，他把牙签戳进鸽子的眼睛，使它发出疯狂的挣扎，爪子在他的衬衫上划擦，羽毛颤抖，释放着绝望的呼啦啦的声响，男孩因此而咯咯咯地抽笑。四面的笼子里，上百种鸟在焦躁地扑扇着翅膀，跳来跳去，铁笼被撞出上百种噪声，混在一起，犹如巨大的坦克在轰鸣。他看到了我，放松了胳膊，一只手攥紧仍在挣扎的鸽子，一只手搓动插在鸽眼中的牙签，跳下床，朝我走来。那一刻，我被正宗的、原始的恐惧和震耳欲聋的群鸟哀鸣掘起灵魂，强压住惊叫声，转身逃出那扇窗户……

我的手机铃声响了，在寂静的房子里，极为刺耳。我转头看着洗手间的方向，我记得没错的话，它在洗手台上。是谁打给我的呢？木木？还是娜娜？我不知道，或者说，我不能信任那个震动并尖叫的机器，我也不知道是哪一种犹疑让我仅仅看着那个方向而不起身走向它，去辨识究竟、得到答案。而老人此时从躺椅上醒过来，他呧吧了几下嘴唇，挤着眉眼，寻找对房子的相识感。他应该是找到了，他看见了我，我是这里唯一无法认识的东西——一个如同半个木乃伊一样的、没有耳朵的陌生人。

老人把绒毯拎起，从躺椅里站起来，再把毯子放回去。他蹒跚了几步，朝我走来。但是快到门口时，停下来，转身朝洗手间走去，他松弛的身影进去，过了一会儿又出来，手里拿着手机，举着，朝我走。我这才反应过来，那铃声并不是电话铃声，而是视频通话的铃声。

他走到我面前，把手机递给我，我没有办法去接，他发现了，便将手机屏幕面对着我，按了接听。娜娜的面孔出现在屏幕里，并没有说话，而是转身朝房间里面走，那是我们的床，床边站着另一个女人，是木木，或者，竟然是取我而代之的木木，她们正在做我与娜娜本该做的那些亲昵，那些相抚，那些丝摩，那些喘息，那些韵红，那些快乐和忧恼所滋生于之的动作，而在她们这百忙之中、在我既然已没有耳朵而索性百无聊赖之中，娜娜瞥了我一眼，这眼神虽然距离遥远，但与她驱逐我出门时的毫无差别：一种失望和厌倦混合的眼神，一种对于我为之恐惧的孩子充满无奈期待的眼神……

她们灭了灯，消失在屏幕里。在这里、站在我面前的两个老人，也灭了灯，结伴走出去。在这黑暗的房间里，在深秋大雨浇灌的陌生夜晚里，我已无处可去，我已丢了耳朵。

他开始感到齿寒

吃完晚饭之后，他便开始感到齿寒。

从牙根部开始一阵阵泛出的颤动感，叠叠淹过下牙床的钙体，他忍不住舌舔，但无用处，舌头反而将颤动递给上牙床，继而满嘴的颤抖，他一路走回来的过程便始终反反复复地蹙眉、面肌抽搐。

加上夜晚细冷雨淋着，没有伞，他就整个微颤着走路。

突袭的不适，让他产生一种抗拒，似厌恶的抗拒，但是抗拒什么呢？有一阵子，他为此迷茫失神了。而后找到一个对象，回家，是的，仿佛总得抗拒一种习性，才能有一个平衡或补偿。于是就抗拒回家吧。

他便停下来，走进旁边一个还未打烊的咖啡馆。他第一想到的是用一杯热咖啡，或许可以解决层层不绝的齿寒，他抖嗦着，不耐烦地点了单，咬紧牙关等着，越咬紧越难受，便越咬紧，他和自己的这不喜欢的感觉战斗起来，是以也不耐烦地接过咖啡，动作急切，便洒了一些出来，他也顾不上擦，在吧员意外的目光下径自走到圆桌边坐下来，吞一口下去，才放下杯子，在大衣上擦手。

但是果然，热咖啡更加剧了齿寒之感。

在穿喉的热度里，他的抗拒感随着不适的增强而增强，他决定——下意识地——继续加强抗拒。那么？

那么，他想到了暧昧。在他下意识地选择"暧昧"来抗拒感觉的秒瞬之下，容我细为分析他的心思吧：

话从五年前说起，五年之前，他一度沿着成为一个画家的道路蹒跚而行了十五年，从一开始的热情学画和大量临摹，到后来能够撇除影响，画出独具风格的作品，再到后来借助在材料上的别出心裁而获得一定范围的小小名气，他已逐渐将艺术作为终身存活的准则，他以开创出自己的绘画流派为终极目标，离群索居，寡于社交。他以凡·高自比，来慰藉作品并未获得市场认可的失落，也以终将一死或终将为艺术一死来维护自己偶有动摇的决心，他一度已经接受了诗人佩索阿的训诫，认为优秀的艺术家在当世是不会被理解的，他在历代艺术家的生平坎坷里寻找安慰，或在对后世流传的想象中保持着坚定，唯独不寄望于同代人的真正接受。同时，他抗拒着父母和家族的世俗压力，拒绝婚姻生活，更是想都没想过成为某个孩子的父亲。因为他深刻地体认到，即便全部的生命都投放在艺术里，短短一世仍然不足以完成必需的创作，怎么能在家庭生活的牢笼中损耗精力呢？屈指可数的对他表示理解和支持的朋友，也几乎接受了他对于自己人生的设想和规划。甚至有一次，他唯一可以称得上好友的乐手M在他说了如下一番感慨后，抱着他痛哭并致以诚挚的祝愿和敬佩——他感慨道：

　　我知道我是一个世俗意义上过于冷漠的人，我对家人没有爱的感觉，对他们的病患或死亡几乎无动于衷，我也难以对一个恋人保持过久的爱情，甚至至今为止，我对那些恋人也只止于喜欢而非真正的爱，因为很简单，我对她们的情感并没有一丝超过我对艺术、对生活本身的关注，所以最终，在她们无一避免地试图将我拉进日常生活之前，我毫无感觉地离开了她们。我也从没有喜欢过一个孩子，虽然有些有天赋的孩子让我感到亲切，但总归忽视不了他们的幼稚、愚蠢和自私，所以我也不可能要一个自己的孩子，因为我不会爱他，何况在这样一个糟糕的世界上，让他们降生无异于带着原罪和对一个生命的不负责任。而对待朋友，我始终只看重他的才华，至于道德，从来不在我的衡量标准之内，所以我虽然没什么朋友，但并不感到遗憾。很长一段时间以来，我都对自己这种对现实中的人难以产生爱意的状态感到沮丧和惴惴不安，我一度认为我是个情感缺失症患者，或者零度情商者，我几乎也不相信在我身上有产生爱的可能性，无论对谁。直到有一天，我意识到，我的冷漠可能只是表象。因为我发现，我仍然在愤怒，即便我对政治、法律、道德、世俗生活的一切毫无兴趣，但其实，是因为我对这些东西在世界中的样子感到厌恶，是的，我发现我不是不能爱这个世界，而是我爱不起来这个糟糕的世界。或者，我觉得它不值得爱。当一个人觉得一些东西不值得爱的时候，他的内心里其实是有一个他想要去爱的世界的，那个世界在哪里？对于艺术家来说，那个世界不在外部，而在他内心，在他试图以艺术构建的地方。我想说的是，我的爱其实是在的，但我无法爱某一个具体的人，也无法爱一个具体的时代、具体的国家，我只能在情感的纯洁领域，爱完美的人、完美的人类、完美的世界。因为这样的人和世界不存在，所以我只能选择艺术，只能自己去创造它们。或者从另一个角度来说，我热爱人类，但热爱的是人类所集合起来才能拥有的好的样子，这种样子，不可能在某一个人的身上全见。所以，我作为我，我为了艺术而存在，也等于我为了整个人类而存在。我感到，人类需要我和我的艺术，而不是某一个人需要我。个人太小了，我属于整个世界。我的生活，也因此不再是我的生活，我的生活是一个使命，我通过存在着、创作着，来实现这个使命。我将孤独一生，我将无人为伴，但我和我的作品，将在未来，和许多孤独的人做伴，和所有想要变得更好、更完美的人做伴。我觉得，这就是我，冷漠不是我的本质，冷漠只是伟大的爱在个体身上不值得体现的表象而已。

他说完这段感慨不久之后，便结婚了，婚礼之后四个月，他成了一个小男孩的父亲。曾为他哭泣的好友 M 未说一语，从此与他断绝了任何联系。

他实则完全预知了好友的消失。因为他仍然坚信，即便从世俗的视角来看，他轻易地选择家庭生活，是与他之前的决绝大相径庭的，甚至可以说，他的做法几近于将他变成了一个骗子、自大狂，以及一个笑柄，但他仍然坚信，这种选择，并非是对艺术或者对人类的背叛，而是将巨大而缥缈的无意义的世俗生活视若尘埃，由于尘埃过于渺小，即便它笼罩了一个坚定的人，这个人的内心也无须有所动摇，他认为自己是从之前将世俗视为敌对，而转为来无视它，就像瓶子对于海水来说，即便它框定了一小块海水的形状，但海水仍然是海水，仍然超过瓶子的界限而存在着。有什么能比不将世俗当作敌人而更加无视它的方法呢？在这之中，他仍然坚信自己没有改变的原因，在于，他认为自己并非为了爱情而结婚，也并非为了繁衍而生子，更非为了责任而组建家庭（他认为自己只是偶然加入了一个社会组织的形态而已），他也绝非为了满足父母的愿望而选择世俗生活的形式，他认为自己对这一转变的态度，与对秋风卷着一片落叶划过他脚边时的态度毫无区别。

所以他仍然保持着与妻子之外的女人的暧昧，只不过他设定了一个界限，即与她们止于暧昧。因为他仍然认为，某一个具体的恋人并不重要，更不唯一，暧昧存在的唯一价值在于，他以此保持着与爱情的临近感，而爱情是他进行创作的重要动力。

所以今晚，当他无法解决突如其来的齿寒之压迫，他便不自觉地试图为这压迫挣得有价的补偿，选择某种行为，解决另一种由来已久的、现成的压迫，以一种解决来替代此刻的不能解决。跨越暧昧，这便是他的选择。他给W发消息说：我正在你家旁边的S咖啡馆，有些话想说一说，你没睡的话，来陪我聊聊吧。

他的确在她家旁边的咖啡馆，她也的确没睡。

　　在等她来的那一段空置时间里，咖啡喝完了，没有了它的热度的平衡（即便那热度粗觉是加重了牙齿的不适，但当没有咖啡了，他发现齿寒远比之前更加难以忍受），口中的寒冷已经强烈到快要失去对牙齿存在的感觉了。舌头还能控制，但是它清扫探寻了良久，如果不借助记忆和手指的补充触探，牙齿们似乎已经不在口中了。他急忙去吧台点了一杯冰饮，他侥幸地猜想，也许以毒攻毒会有良效。他是用手比画着点单的，因为他试了一下，已经说不出话来了。

　　碎冰机绞碎冰块的嗡鸣让他忍不住联想到，它是在绞碎一堆水晶牙齿，他感到一阵恶心，转身跑进洗手间，在面盆里低头狼狈了一阵，却没有呕吐出来，他只好缓缓抬起头来——面对镜子。他不知有多久盯着镜中的另一个自己纹丝未动。就是那种忽然目睹超出经验的陌生事物时会有的彻底失神，将他固定在镜子面前。直到他开始接受了那个不太可能属于现实的事实：镜子复制出的，是一个嘴唇内瘪的苍老男人的面容，头发和美貌几乎脱尽，脸上的瘢痕比深壑般的皱纹更加凸显。他尝试着从嗓子里发出一点声音（或许能打破这个幻象？），但他发出的含混不清的声音确证了自己的忽然衰老已成无可辩驳的事实了。他忍不住用手去轻抚以检验苍褶密布的面容是否真切，可是镜中映出的同样苍老的手以及手指滑过脸庞却几乎钝然无觉让他丧失了最后一丝侥幸心。奇怪的是，一旦开始接受这个荒谬的事实，他首先感到遗憾的，竟然是他没有看到牙齿脱落的过程，牙齿就那么无声无息地没有了，他直觉到牙齿不应该这么不声不响就没有了，否则，今晚（？）曾忍受过的痛苦就没有了获得弥补的机会。

带着无数的不确定性，他惶惶然轻轻走出洗手间。走向吧台、走向座位还是走向出口？全新的身份和对时空的无从确认，让他难以做出最终的决定。但是紧接着，没有容许他做更多的顾虑，吧员已经看到他，并向他招手，示意他要的冰饮已经做好了。他扭动艰涩的脖颈略作环视，很容易确定，整个咖啡馆没有别人，吧员所招呼的，就是他。他不再疑惑，以新的步幅和老的身体，运用着与今晚（？）早些时候不同的蹒跚姿势慢慢走向那杯静立在大理石吧台上的绿色的以奶油盖满顶部的属于他的饮品。

他终于走到了。

他本能地用双手捧起杯子。

他缓慢地转过身。

他用十七步走回之前的座位边，但在坐下去之前，似乎想到些什么，便又走了两步，坐到旁边的椅子上去，他低下头，用内瘪的干燥双唇裹住吸管，吸了一口，然后用舌头迟疑不决地搅拌着饮料——他还没有适应这种喝法，以及这种身体下的感觉对于温度、味道、硬度等的反应。

随着一阵冷风进来，他侧抬起脑袋，看见W穿着风衣、掖着长围巾低头走了进来。

走进咖啡馆的W，抬头扫视大厅，寻找几次之后，头略低下微微笑了一下，然后自己走到吧台去要了一杯咖啡，在等待咖啡的时候，做了一次最后的扫视，便彻底放弃寻找，端起杯子走到圆桌边，在他隔壁坐了下来。她拿出手机，百无聊赖地上下翻着微信聊天列表，时而点到朋友圈里拉出几屏瞅了瞅，时而回到聊天界面，点开他头像的那一行，出神地看一会儿，某一刻拾掇起手指打了几个字，便又删掉，几次之后，索性灭了屏幕，专心喝起咖啡。

也许是他紧张地清嗓子的声音吸引了W的目光，也许并不是，因为整个咖啡馆没有其他人，她若要说话，只能对着他。

W先是注意到老人的侧脸，在准备将无神的目光收回时又停下来，迟疑片刻后，她端起杯子走到老人的桌边，轻声问，我可以坐这里吗？老人点了点头。

W坐下来，啜了一口咖啡，停顿一下，又啜了一口，终于想到要怎样开口："我可以和您说说话吗？"见老人点了头，她继续说，"如果我说的时候，您不想听了，随时可以打断我。我想，您这么晚在这里喝冰饮，您是住在这附近吗？"见老人摇了头，她继续说，"您好像不太说话，那您就当帮我个忙，听我说一说吧。"老人点了点头。她继续说：

"不知道为什么，一进来我就注意到您了。不过这也很正常吧，毕竟这么晚了，这里只有您一个人。而且您穿的外衣和我一个朋友的很像，我觉得这可能是我一下子就看见您的原因吧。但是更奇怪的是，我刚才认真看了您的样子，发现您和我朋友的样貌也很像。不要误会，我的朋友比您年纪小，大概四十岁，您看上去可以做他的父亲了，但是很奇怪，我就是觉得您和他很像。所以我想，这也许不仅是巧合，也许说明，我没有见到他的时候，可以和您说一说他。是的，我其实是想和您聊聊他。我觉得还有一个原因让我想说说他，我觉得您的孤独和他很像。嗯，我也说不上来，我就是感到您挺孤独的，所以我才敢贸然和您说话吧。我感到您的孤独，不是因为您一个人这么晚坐在这里喝冰饮，孤独，怎么说呢，就是一种感觉，孤独的人，我好像一眼就可以看出来。您点头了，那我就认为我猜的没错了。我看到您的孤独，就想到我那个朋友的孤独。其实，是因为他刚才发消息给我说想和我说话，我才来这里的，但是我来了，他却不在了，也没有给我说一下为什么就不在了。不过我已经习惯了，所以不会怪他。我自己也算是个孤独的人，所以我能理解，有时候，一个孤独的人主动和另一个人说话，是要鼓起很大勇气的，要么就是遇到什么难题了，否则他是不会开口的。所以就算他把我喊过来自己却走了，我也能理解，因为我能感觉到，他喊我来的时候，肯定是非常难过的。我这个朋友，我认识他挺久的了。我是帮朋友策划一个画展的时候认识他的，那是七八年前了，当时我们进美术馆里准备布展，他正在收拾他的画，我看见了，一下子就很喜欢那些画，他那些其实说起来都不能算是画吧，您说，哪有在活猪身上画画的啊，所以当时我印象很深，他拿着竹竿，笨拙地驱赶那些猪，猪又不会那么乖，所以他就满场地跑，满头大汗，我就去帮他赶，终于都赶到笼子里了，我就夸他画得很有意思，我们就认识了。后来我就偶尔去他的养猪场看他画画，他就蹲在猪圈里，往那些猪毛上面涂啊刷啊的，我就和他有一搭没一搭地聊天。我们什么都聊，他好像对我也不像对别人那么防备，我就渐渐了解了他的孤独。是啊，不孤独的人，怎么会和一群猪整天泡在一起啊，对不对？他其实很能说，打开话匣子就说不停，你要是听他说话就会知道，他不像他表现出来的那样笨拙，他看很多书，他把画猪当一个严肃的艺术在做，但是大部分人都说他哗众取宠，可是我不觉得。他告诉我，他打算一直画到不想画猪了，就去画别的动物。我就问他，为什么画得那么好，不去画正常的画呢，这样别人不是更能接受吗？他说，活着的人接受不接受不重要，他是画给过去的人和未来的人看的。他说他是个孤儿，谁能看懂他的画，谁就是他的亲人。但我后来知道，他其实有父母，还有一个很正常的妹妹。但是我相信他说的，也许对他来说，这些人不理解他，就不算他的亲人。他把精神上的理解看得比生命上的理解重要，所以说他很孤独，就是那种，明知道你真正的亲人要么已经死了，要么还没出生——他原话是这么说的——你却独自一人活在两者中间的时间里，所以，你只要活着，就不可能有办法解决孤独，因为你两边都够不到，两边的亲人都见不到。我就问他，那死了的人里，谁是他的亲人。他说，死了的人不知道他存在，但是他知道他们的存在，他说人都是这样，拿未来的事没有办法，只有对过去的人才有把握，他说，他读谁的书读得睡不着觉，谁就是他的亲人，他看谁的画看哭了，谁就是他的亲人，他听谁的音乐听出神了，谁就是他的亲人。这样的人，您说，怎么可能不孤独呢？一开始我只是觉得他好玩，怪里怪气的，我喜欢怪人，所以喜欢和他当朋友。但是后来，他结婚了，还生了孩子。说实话，我一开始对他还挺失望的，我觉得他没那么好玩了，有一次我喝醉了，我就不管不顾地骂他没出息。但是他说，就像他的父母生了他，但不是他的亲人一样，他也不是他妻子和他儿子的亲人，他还是整天和猪混在一起。后来换了鲫鱼，他就整天生活在河里。后来有一天，我就去河边和他聊天，我把脚泡在水里，他就闷在水里画鱼，我说一句话，好半天，他才钻出来回答我，然后又沉下去了。再后来，我想给他办个展，我们就商量着，怎么在河水里面布展，怎么找回他画过的鱼，说着说着，他忽然来了一句，说，他觉得那时候他爱我，我可没想到，他会爱一个活着的人，但他紧接着又说，他说的爱是他说的那时候才有的，说之前，或者说完了，就不一定有了，让我不要当回事。您说这个人是不是太奇怪了，爱怎么就那么容易说有就有说没就没呢？但他说，爱就是那样的，爱就跟闪电一个样，噼啪一下，爱的时候刺眼，刺眼完了就没了。他问我爱不爱他，您说，他这么说，让我怎么办好呢？我不知道怎么回答，这种爱我又不太懂，所以我就不回答，我就随他去吧。我们后来就办了那个展览，大家都穿着潜水服在水里看他的画。画展办了三天，他三天都没有露头出水面，大家都以为他出事了，我们就到处找，也找不到。他就那么消失了几个月。后来他在三角洲那边给我发消息说，他在画沙子。我问他，沙子那么小，怎么画？他说，他有办法，让我如果想见他的话，可以去三角洲。我正好没什么事情，就去了，结果呢？结果，我去了，他又不在，不知道去了哪里。我只看到一大片泛黑的沙滩，我用显微镜才看见，每一粒沙子上面，都是他的画。我反正去了，就索性在沙滩给他做了展览。您看，他就这样，有一着没一着。后来，他回家了，我们很久都没有联系过。有一天，他又冒出来，问我记不记得，有一回我们在一条高速公路的路牌上见过一个地名，叫南宋，我当然不记得了，他说他早就想着要去一趟南宋了，他觉得南宋可能会有喜欢他的人，非要去见见不可，我说，那你告诉我干吗呢？你要去就去呗。他说他已经去了南宋，但是，他找到的并不是喜欢他的某个人，而是他自己。我问那是什么意思。他说，就是字面意思，南宋有个人和他一样，有一个老婆，有一个孩子，那个人和他的老婆孩子与他和他的老婆孩子名字、长相一模一样，年龄也一样，唯一不一样的是，南宋的那个他是一个不画画的男人，他说，他本想找到一个喜欢他的人，结果却找到一个他不喜欢的人，他很失望，他要回来了。我说，回来也好，毕竟你还有老婆孩子呢。他就把电话挂了。我不知道是不是说错什么了，然后他回家了，但是一年多都没有联系过我。我听别人说，回来后，他正常多了，找了一份工作，送孩子去幼儿园，其余时间几乎不出门，整天待在家里。您肯定猜到了，我对他又有点失望了。有一天我就发消息给他，我问他现在还画不画了，过了一个月，他回复我说，还在画，但是看不到了。我问，为什么看不到了呢？他说，因为画在夜晚，天一亮就没了。我不懂是什么意思，就说，我能去看看吗？又过了一个月，他回复我说，老婆孩子不在家，我可以去看了。我就去了，是晚上，我敲门，过了半天，他才打开门，屋子里没有开灯，一片漆黑。他说直接进来吧，不要开手电筒，不用换鞋。我就往里走，他抓住我的手，拉着我往里面走。我问，画在哪里啊？他说，你先闭眼，再睁眼。我就先闭上眼，然后睁开眼。一开始，还是什么都看不到，但是紧接着，就有些小星星在眼前乱飞，我还以为是我眼花了，但是那些星星越来越多、越来越清晰，不一会儿，我发现我们就站在一片像是太空一样的地方，四周上下是那种星系、星云和闪闪烁烁的星光，而我以为我在的那个房子，却完全不见了。我就站在他画的那个宇宙里，四下里看不到尽头，连脚下也是星空。他也不理我，拿着画笔还在星空里点啊点啊、描啊描啊。您知道我当时第一个想到的是什么吗？是这个画展可以怎么办。但是他一下就猜到我想的，他说，这个不办画展了。我问，这么好看，为什么不办？他说，因为这个是画给我的，他说，后来，他又觉得他爱我，就想把这种爱的样子画出来，他说，闪电太快了，要想让它长一点，就只能在晚上画，把闪电拆开，变成无数的星星，看起来就会很多，但是没办法，天一亮，它还是会消失的。您知道吗？我当时也不知道该怎么办，他这么有一搭没一搭地一会儿说爱我，一会儿又仿佛什么都没发生过，我也不知道该怎么办啊。我想说谢谢，但是觉得好蠢啊，我就不说，就只是在他画的那个宇宙里站着。我也不觉得累。他后来不画了，陪我一直站到天亮，星星就一个个熄灭了，宇宙也慢慢地像雾似的没了，我那时候特别难过，就没出息地哭了。您说，他干吗非要这样对我呢？唉，不过，我也习惯了，所以我刚才进来没看见他，也没有多意外。哦，对了，这么和您一聊，我忽然想起来，那天晚上我们俩在他画的宇宙里，他说了一句话，他说，他觉得等他不画画了的时候，也就是很老的时候吧，老得连牙齿也没了的时候，他希望见到我，我还是年轻的样子，他说我这样子，他最容易爱上。"

W擦掉眼泪，对着老人笑起来，然后说：

"可是，我知道，他说的这些，还对别人说过。我后来其实觉得，他不是爱太少了，而是爱太多了。好啦，谢谢您，听我啰唆这么多。这么晚了，我先回去了，您也早点回家休息吧。谢谢您。"

W站起来，往门口走去。拉开玻璃门，又停下脚步，回头对老人说：

"可是，爱得多还是少，不重要吧，哪怕是闪电，也是实实在在的光。"

一次失败的变形

我相信那个真理：双手就是一对汽锤啊。我的巧克力融化了，放了两个月，敞开口，感觉已经不能吃了吧。手上有一些血迹，怎么回事？不记得了。

回家的时候我提着两个很重的书包，换了鞋，我把它们扔在地板上，刚才拉开拉链，我以为里面会是书，一般每次回家我都会塞两包书带回来的。但不是的，是两团硬空气，很粗糙的那种，表面摸起来像硬化的面包皮。掏不出来，因为书包口比肚子小一圈，它们塞得满满的。

西东给我打电话来，说他的孩子生病了，脚上长了两个脓包，过了几天，包里乳白的脓物塞满了脚踝下面的皮肤，并且有往腿上蔓延的趋势。他说他准备锯掉那双脚，不然可能会越来越糟。我真不知道该怎么安慰他，我说，唉，这也是没办法的事，你不要太往心里去了。可以装金属的义肢，其实不会有多大影响，而且还会少了两种疼痛的机会。

桌子上有上个月她带来的饼干、果汁，还没拆，我看了看保质期，还早，我决定先烧一壶热水，所以就烧了一壶热水，但是很奇怪，我没有杯子，所有的柜子里都找不到，我回忆上回用是在什么时候，就想起了有一次，她偷偷把我的杯子藏起来，然后又偷偷地还给我，还把水给弄洒了，沙发洇上湿斑，像是我们缠绵后的罪证。母亲问我，要过年了，要不要过来帮我洗一洗窗帘和沙发布，我说不用啦，你陪外公过生日吧，我已经洗过了。

我已经洗了澡，坐在沙发上，忘了买烟，现在是深夜两点，肯定买不到。我给她发短信说，没有烟了，感觉很烦。她说她也是，而且不小心开热了电热毯，根本不可能再从被窝里出来。长保的房子前两天卖出去了，这个小区我找不到人聊天。只好下去吃烧烤。遇到了她，她说好巧啊！是啊，好久不见，你最近还唱歌吗？不唱了，要毕业了，准备考试，考完了要出国，明年就走了。那多久回来？

停电了，路灯一下灭完，烧烤棚的电池还够，有的人感到好笑。停电了你还回得去吗？回不去了，可以去你家吗？可以，我们就一起爬了十二层楼，来到我家。不喘气了的时候，我说没办法洗澡了，这么冷，她说没关系，她出门的时候已经洗过了。我们往里走的时候，她被书包绊倒了，在深夜里挺响的，我蹲下来扶她，摸到了脸，她按住我的手，我们吻起来，地板太凉了，我们去床上吧，好，我们去了床上。电热毯用不了，我们在被子里抱着接吻，过一会儿不冷了，可以脱了衣服扔在外面。她的乳房有皱纹了，我没有办法做下去。我想，我不够特殊，只是那皱纹里的一条而已，如果不是因为爱情，我就无法做那件事。

我们坐在床上喝酒。她说，喝晕了我会觉得自己软，会有变形的感觉，很奇怪，明明是海里的动物，你知道的，触手啊、吸盘啊，或者自身发光，游来游去，但感觉却是在沙漠里，全身干得要开裂，就想喝水，但现在你又没有水。我想到办法，打电话订外卖，但不要吃的，只要饮料，我们要了豆浆、可乐、橙汁、雪碧等等，然后等着，继续喝酒，我躺在它怀里，被浓密的长头发盖得严严实实，我听见了它的心跳声。

有人来敲门，我以为是送外卖的，但不是的，是她。停电了，我回不了家，可以在你这里待一会儿吗？可以啊，我们就走进来，她被书包绊倒了，我蹲下去扶她，摸到了脸，她按住我的手，我们就吻起来。地板太凉了，去床上吧，好，我们去了床上。空调用不了，我们在被子里抱着接吻，过一会儿都觉得热，就脱了衣服扔在外面。对不起，她说，我不喜欢你，兴奋不起来。是啊，她身体仍然很干燥，我们在床上抽烟，等着送外卖的过来。

手机响了，我从桌子上拿起来接听，是西东打来的，他说，还是锯迟了，脓已经长到了大腿根，越来越快，可能保不住命了。我实在不知道怎么安慰，他继续说，去了海边一趟，在沙滩上玩了，小孩子很喜欢堆沙堡，让我们把他埋进去，只露一个头，像个国王似的。我听他继续说，冷，就去床上接，我钻进她怀里，她掀起胳膊抱我，用被子盖住我，我的耳朵贴着她肚脐的位置。西东说着孩子的事，我把玩着毛发和旁边触手上柔软的吸盘，跟着触手的呼吸频率，用手指敲一些散碎的节奏。从沙子里拔出来，也不愿意冲洗一下，把轮椅推回去的路上，他一直高兴地唱歌，我们觉得特别难过，酒店大堂天一黑就不见人了，灯光也很暗，他非要待在那里，还要开着门让他听涨潮，到这时候了，只能随着他，阿蓓老是哭，她的哭比孩子的事还让我烦躁，但我又不能怎么样，我烦躁死了。

干皮肤的细微处，就和鳞片是一样的，相互摩挲的过程，掉屑、掉屑，仿佛肚子上铺满了蒲公英的绒子，我吹着绒子，让它们痒得颤抖起来，它们发现了对方，很自然便缠在一起，也许因为都看不见，它们就闭着眼睛，发生爱情的感觉，触手一条条绕在另一个身上，面孔和躯体所有的孔洞一个个探进去，那些本属于自然的动作，呼吸、心跳、血流、分泌等等，全燃着幻之光。

我起来给硬空气浇水，我烧的热水还没有冷透，所以估计时间也没过去多少。它们以饥渴不耐的样子咕咚咕咚喝着我的水，在黑暗中发出让我惶以为是笑的声响。我们都不太喜欢俗常的生活，然而个个却俗常无比。我想起刚才看到她在自己的公众号上发的新小说，描述了在蘑菇城寻找妓女的故事，她说在街头假装没事儿样地走来走去，她们就会凑过来说，要吗，她就问要多少，她们就报了一个价格，可以跟我走吗，不行，只能去宾馆，好，那你说一个近的吧，她们就会领着你去旁边一个宾馆，去二楼的209房间，但是衣服都不会脱的，只给你二十分钟。二十分钟够什么呢？她说，二十分钟，根本连爱上她的时间都不够，什么也做不了的。

我很想变回以前的自己，西东说。我说是啊，你现在还写诗吗？他说，不写了，很久都不写了，连书都不怎么看。为什么？不为什么啊。嗯，孩子怎么样了？还是那样，现在到胸口了，但还活着。疼不疼？不知道，问他他也不说。嗯，估计还能活多久？感觉就像吹大的气球，随时都可能会炸，但不知道什么时候会炸。对了，说说你吧，你的硬空气还活着吗？该怎么说呢，本来就不知道算是活的还是死的，反正继续喂水呗，只要还在喝水，就算是活的吧。嗯，那下次再聊吧。好的。

　　来电的时候，我的床上只留下一摊液渍。已经干燥了，布的那一块硬结着，用刀片刮出了咔嚓的声音。我裹了大衣出门，出了电梯发现正在起大雾，月光变成一块无沿的浊辉，我顶了顶围巾遮住口鼻，往快餐店走。穿过安静的小区绿化，其间踏过一片草地，之后就觉得鞋落地是湿软的，像走在月球的表面。我一边走，一边回想着刚才在看的索拉纳斯一部电影里的街头，云雾落在街道上，正在晕开，那群人无由地慢跑着钻了进去。你们的电话打不通，怎么回事？我问点餐台后面的姑娘。她说对不起，我们电话今晚坏了，打不通。我觉得应该是她们故意拔了电话线，以避免深夜还要出去送餐。我说，点一碗老鸡汤面吧。

　　洗手间的门开了，她走到水池边洗手，然后甩着双手朝我这边走来，穿着粉色高领的羽绒服，紧身蓝黑的牛仔裤，她扎了马尾，我从来没见过她这个发型，以前都是长发直披，手还没有干，她就塞进了口袋里，磨出咯吱声。

你也在啊，她高兴地跟我打招呼，坐在我对面了，为什么这么晚还不睡？

刚才停电了，才来的。

我晚上还要回去呢，你有烟吗？

有，我掏出来给她一根，

她接烟的手势好看，跷起拇指和小指，中指和食指轻轻一夹，但是无名指却无所适从，她并不能掌控所有的手指，而且这手势明显是摆出来的，不真实。火。

我给她点上。

我们面对面抽烟，一起等着我的面，没有说话了。她很美，一眼看去我喜欢得很，但是这美貌太标准了，也不真实。很巧啊，我说，你怎么在这里？

我不能在吗？

能，去我家吗？

好，但你等会儿要帮我打车。

车好打的。

我们就回家了。但是在门口，我找不到钥匙。她的嘴唇和耳朵也好看，都好看。她说，你对我表白过吗？我说，你需要的话，我随时都可以。她说，你女朋友呢？我说，她在家里。那你干吗不敲门啊？我不知道该说什么。我们走吧，我说，我们就走下去了。在外面的雾里面散步。我左脚迈到右脚前面，右脚迈到左脚前面，我就这样走，她也不知道该说什么，一起走到海边，我们看见西东正坐在岩石上，我说你等我一下，我去和朋友打个招呼。她停下来。

孩子死了吗？我问。死了，也不知道算不算，整个是白色的，鼓起来，只有眼睛是黑色的，睁着不闭上。头发也落完了，但是脑袋还正常，更像睡着了，不知道什么时候会醒。阿蓓呢？她去买牛奶了，现在他也吃不了别的东西，只能灌牛奶。去看看吧。你去吧，我不想看了。

我进了他们的房间，看见床上鼓囊着被子，像盖住一只巨大的土豆。我走到床头，掀一点被子，看见了这个恶心的白孩子。的确眼睛仍然像纯澈的孩子一样有神，但其他地方都是死的。赤裸的皮肤是脏白色的，那些白色的糊状物在皮下不断地缓蠕着，透出极其凶恶的、无意识的气息。厌恶的情感远大于一切别的情感。我盖上被子，离开了房间。走到酒店大堂的时候，看见商务中心仍然亮着，走进去买了一包烟。收银员从埋于双臂的睡眠中抬起头，浑浑噩噩地给我拿烟，脸上印着密集的布纹痕迹，我们相互感到厌倦。

回到沙滩上，西东已经不在那里了。她也不在了。我发消息给她，你在哪儿？她回复说，你忘啦，我还要回家呢，我先走了，牛奶已经喂过了，你也早点回去吧。

我回到了那个房间。孩子的嘴角挂着奶珠，导管从床边垂下来，悬着尿包，里面是黄白色的液体。我按了一下他的额头，手指陷了下去，拿开手，皮上的凹槽慢慢复原，并鼓起更高。青细的血管在内撑的强力下拔张，仿佛即将挣断。孩子发出了咕哝声，我贴近耳朵去听，他说，把我的眼睛盖起来好吗？我好热，想睡觉了。医生说，你就帮他一下吧，这个孩子很可怜。我把香蕉皮剥开，挤出蕉仁，把皮摊开盖在他的眼睛上。在如此近的距离，能清楚听见白色脓液在他的皮下滚动的声音，如同不远处的潮水声，慵懒、绵密而无尽。

阿蓓扑在被子上伤心地哭泣着，深深陷落在绵软里不能自拔。紧接着，孩子爆炸了，整个房间铺满了油腻的白色脂肪，墙壁上、柜门上、呼吸管上、暖气片和窗玻璃上，医生的身上，阿蓓秀美的头发上。人们打着火把拥进来，叫嚷着阿蓓的名字，在堆积如山的脓膏里摸索、翻找。我跑出了医院。

在蘑菇城的运河边上，我读着她新发布的小说，走到色情招揽橱窗下面，一个褐色的女人对我做着挑逗的手势，我走进去，这是一间棉花主题的房间，六壁镶满了来自新疆的优质新棉，女人在中间的大沙发上招呼着我，但棉花更吸引我。我闭目探手，摸索着棉花的厚度和起伏，心头晕眩，感到一种莫名的快感。近似于爱情的瞬击感，非理性的、神秘的、即逝的抖动，在爱情里，我能体验到超过我自己的蛮力，原始而膨胀蜕壳的冲动。我的皮肤已经开始撑裂，内部的多足与螯臂迫不及待地舒张，极力撕扯着皮囊，我将是一只昆虫，苍蝇的幼年，蠕行于棉花大陆中，在柔软无害和干燥保温的材料里做隐居者。但是女人的手揪掉我翅膀，把我从棉花里捞出来，她带着母亲般的笑容，温柔、爱意、深不可测，一开始我仍然是想极力摆脱她的捉取，但是就和每次一样，抵抗力在贴近她深厚的甚或比棉花更软的身体时，让人绝望地消失掉。多奇怪啊，即便所有的厌恨都来自那女人，却只能在她褐色的怀抱里像孩子时那样以号哭吞吐。

　　她总以我在她面前哭泣为成就。并以各种方式收集我的眼泪作为纪念，纸巾蘸取、舌头舔舐、牙刷吸着、葡萄糖残瓶接获、巧克力混裹……比我能想到的杀掉她的方式还要多，也比我最终所选的方式要高明得多。

雪，下得太久了

　　下雪之前，我就开始怀念八年前的雪灾。那天下午，我正在擦窗户的轨道，那是一些累积了十几天的冬季灰尘，抹布沾上水，拧半干，塞进去推抹，灰尘被粘取了一些在抹布上，提起来在窗外抖一抖，落了大半，窗轨尽头折角的地方，还堆积着一些，我拿手指进去抠。这时候，雪落在我手背上面，我瞧着它，很久没有融化，仿佛雪的初降蕴蓄了它持续已久的坚决。

　　下班的时候，路面已经白透了，树枝开始下弯。我还没有戴帽子，也没有雨伞，我往家走，雪已经很深了，没过鞋帮，挤了一些在我的鞋里面。它还在落，大部分是正常的形状，有一些却有半个手掌那么大，落在我额上，像是有人扔来的。天黑得早，但因为雪色，仍然是雾白样子。回到家里，我抓紧吃饭、洗漱，然后钻进被子里御寒。但我并不睡，坐在被子里看书，我没有空调，手冷得只能放一只出来，过一会儿再换一只。我看不下去书。把书扔在一边，我缩进被子里给里妠发短信聊天，我感到我喜欢她，便更往被子里缩。不那么冷了。

　　第二天我上晚班，所以在床上待了一天，其间只是偶尔去瞧一下窗外。对于雪的感情，我和人们一样有一点无关痛痒的矛盾，既希望不要下雪，因为太冷了，也希望一直下雪，好看。这种好看挺大的，出于对宏大的洁白埋没脏城市的举动的由衷敬佩。不敬佩施雪者，因为它并不存在，敬佩的是雪本身，敬佩宾语，敬佩其优雅于雨水轻浮而嘈杂的可以安抚人的寂静，这一点上近于对雾的爱好。我吃了该吃的饭餐，去了该去的厕所，我穿好衣服，挎上包、拎起雨伞，对了，还有里妠送我的围巾，一个月了，我第一次戴，感到有些自豪。

　　我开门看见，院子里的积雪约莫达到了小腿肚的高度。我请了假，开始铲雪。房东奶奶拉开门，露出面容，看了我一眼，又缩回她黑洞般的屋子，据说是为了省电，她从不开电灯，夏季纳凉的时刻，她和她的土狗也在黑屋子门口，坐在矮竹椅上，从一张颇有年代的方桌上夹食全素的晚餐，在她无牙的瘪嘴里包裹一阵，就堆一口白酒进去。她的儿子们终年不来，虽在同一城市居住，但只留这一座单层的院子和五间平房，使她可以收租，自生自灭。我热了，摘掉围巾，回房间放在床上，又回来铲雪。我的路已经铲出一半来，所以停下来休息我的腰，抽一根烟，纸与烟丝燃退的声响与落雪倒颇似，对了，是的，大雪没错，还在下。我铲到了院门口，拉开院门，产生了犹豫。因为路上的雪已经深齐膝盖，在我铲雪的过程中，它又厚了不少。往前一回的大雪，大概是我十一岁的时候落的，当时学校临时放了假，我们都被困在村庄里不能出门。那田野毫不平坦，在雪中行走颇具危险，水渠与田埂都藏在雪被下面——它足够大，抹平了大地的坑疤，给人带来全世界都是爱斯基摩家园的感觉。我穿着棉裤和外公坐在火炉边，他编织着彩色的提篮，单田芳说着武侠故事，冬天氤氲着干香菇的味道。但眼前的雪是更切实的阻挡，我请的两个小时假快要结束了，必须快一点赶到公司去。

8635房间在凌晨三点打电话来，需要一条浴巾。我用对讲机告诉阿朱，她说她刚才在北楼大厅滑倒了，正在屁股疼，不能送，我估摸着暂时也没有什么电话了，就自己从房务中心的布草库里取了浴巾，准备送去。我披上保安的防寒大衣，坐电梯到主楼大厅，然后穿过暗淡寂寞的连廊去北楼，北楼大厅的确如阿朱所说，很滑，我小心地走到电梯口，乘到六楼。经过8629房间时，我听见女人的呻吟，慢下脚步，但仍然走过了房门，她的声音小了一些。我不能停下，就继续往前走，按门铃，然后给一只光滑的从半开门缝里伸出的女人的手递过浴巾，我没有碰到她的手指。往回走，我很慢，在8629房间门边停了下来，听了十分钟他们做爱的声音。他们停下来了。我准备离开时，女人嚷起来。我继续停着。他们继续争吵，听不清楚内容，但是知道她哭了起来。过一会儿，门把手松动，我往后退了两步，女人裹着浴巾从房间里蹿出来，啼哭着往我前面的过道快步走去。她光着脚，头发披在背上，浴巾裹住了腋下至膝上的背部，但肩膀和小腿光裸着，在昏暗的过道里即将消失。我看男人并没有追出来，就快步去追她。我到她身后的时候，说，你好，请问你需要什么吗？

她没有回头，继续往前走。我问，你好，请问你住哪间房？她回头看了我一眼，她很年轻、很漂亮。我和她几乎同时到达电梯口，我抢先按下按键，问她，你好，请问你要去哪一层？我们并排站在电梯里，一同到达一楼，电梯开门，冷风进来，一楼的走廊不是地毯，而是地砖，有保洁拖过不久留下的水痕。我拦住她，把鞋脱下来，我拿着她的脚穿进去，然后半拥着她走出电梯。我引她去一楼的服务间，告诉她，那边有我们的女服务员，我带你去看看有没有衣服穿。我们来到服务间门口，敲门，阿朱没有应我。我用房卡打开门，台灯亮着，阿朱不在里面。我把对讲机拧小，让她进去。她坐进扶手椅里，已经不再哭了，她抬起脚把鞋向我踢了几公分，然后盘腿在椅子里，说，谢谢。我走过去，就着椅子的扶手穿鞋，看清她半露的乳房，我准备脱大衣给她，但忍住了。我弯腰拿起她的脚，为她掸脚底假设存在的灰，她痒得笑了起来，我就越发挠，她越发忍不住，用双腿圈住我，伸手把我抱住，埋脸在我的腰上笑，笑着便再哭了起来。我蹲下来捧住她头，用额头为她擦眼泪，她吻我的鼻子，我吻她的嘴，她的浴巾松开了，没有穿衣，我也松掉大衣和工作服，我抱她放在布草堆上，我们贴紧如此，相互揉滑，并且不觉得一点儿冷。白布草如同雪堆，只是更加无温而柔软，具有可恢复的弹性，我们陷进去。太软了，我插入和提出的弹度被消解了许多，我们都不满意。我再次抱她起来，改放到折叠床上的过程里，对讲机发出细微的信号，好在听不清楚，我们继续运动，她的声音与在8629中时如出一辙，从她的肌肤上甚至能体会到8629男人的残余体温。好在我并不太受干扰，依旧做到了投入而有效地运动，从她纯然欢叫的声波中便可判知。门的感应器响了，我被迫停下来，将她扔进布草堆，离开她身体，我匆然抄起布草盖住她。但是我来不及穿自己的衣服，阿朱停在门廊处，盯住了我的裸背和回望的面目。

新闻里播报了一连串雪灾造成的损失，我亲眼所见的在我上班路上的一座彩钢厂房被压垮这一事件，并不在播报内容里。雪之大而广远超出我们的生活经验。过年前一周，里妍要从北京回来，一夜的火车——唯有火车还在正常运行——早上七点到站。我五点钟起床，半小时后出门打车。路面因为积雪上冻，比原先高出了至少二十公分，雪路坚硬而光滑，行走非常困难，很多地方几乎是滑行过去的。在路边等了半个小时，没有出租车。第五辆雪橇由六只狗牵引过来时，我拦下它。十天前，雪橇开始出现在城市的雪路上，成为几近瘫痪的公共交通系统的替代品，引起了不小的热议。人们一面谴责出租车和公交公司的大面积停运以及政府在除雪事件上的无能，一面不掩喜悦地谈论着雪橇和雪橇犬。一时间，狗成为非常珍贵的物种，滑雪爱好者最先组成了雪橇联运协会，越来越多的狗和奇形怪状的自制雪橇被组织起来。一开始，人们并不重视此事，只觉得待几日雪化之后，这些头脑冲动的人就将成为笑话。官方媒体也参与到嘲笑行列中，并做出了对安全抱有忧虑而无奈的表情。但大雪持续降落，几天后，糟糕的出行状况让所有对雪橇协会的嘲讽变成了被嘲讽的对象，而协会的支持者越来越多。这段时间，在速白得如此彻底的城市中所见的景象，让我想起了外公家门外的雪原，及其沉默而强大的覆盖能力。外婆的蛇箍病就是在那场大雪寒冻中渐愈的——经过半年多的中医、西医束手无策地治疗，我们在当时几乎放弃了希望，但在大雪始落大约一周后，层层棉袄包裹下的她那生满奇怪斑疹的腰与背，逐渐复愈平滑，斑疹一片片隐弱在皮肤中消失不见，最终，她腰部的皮肤甚至比其他部位更加白皙、年轻。

近日所落的雪粒已不再庞大，但仍然细密而坚持。拉我乘坐的雪橇的六只狗，有两只萨摩耶、一只金毛、两只哈士奇和一只混血土狗，土狗与房东奶奶的极为相似，硕大的头颅、浑浊的眼神、宽厚的前身和细瘦的后身、干燥粗糙的体毛，我竟然忍不住喊了它的名字，它也竟然回头看了我。若真是那只狗，恐怕也不足为奇，现在一只普通土狗（只要体形中等以上）的租用价格已经达到了每天六百元。驾橇人戴着北方的遮耳棉帽，呼出的热气在路灯下喷腾，狗趾的每二十四次啄冰声被杂乱地分摊在橇底擦雪的嘶嘶声中。我躲在手套、围巾、帽子和大衣中，仍然抵不过冷风与碎雪的刮擦，甚而呼吸困难，只能侧脸低头，不再看驾橇人的背影。所以目光溶解在雪路略粗的表面上那些飞速流过的路灯返照里，如大卫坠入深空的超维度空间时让人目眩的景象。偶有迎面而过的雪橇以及散然歪陷在雪中的车辆此类，不足赘述。

我和里妠顺其自然地拥抱，都感到在雪天的会面并不热烈，我们接吻、微笑，以增强爱情的仪式性。我们穿过站前广场的过程中，在上下两处小坡时，纷纷滑倒，微疼的喜悦感让我们更觉接近，这是好的。在广场前，好不容易拦到了雪橇，我们把行李架在铝合金后架上，用绳子固定好，然后并排坐在人造革质的座位上。

我们去哪里呀？去我们酒店，我安排好了。

为什么不去你家？酒店不便宜吧？我想到积雪的院子和六面冰冷的卧室，以及房东奶奶的偷窥，她不怎么说话，也许是没有牙齿的缘故，但不清楚，她常会悄无声息地站在窗前或门口，让我想起一些细小的旧事，那是约莫七岁的时候，我和爸妈在屋里看电视，冬季夜晚的电视剧，我不是很明白，我靠在枕头上不知不觉已下滑了许多，后腰已经贴在了床单上，我搂妈妈的手臂也几乎平平摊下来了，妈妈打着毛衣，给我散发着温暖，爸爸在地上泡热水脚，盯着电视，他的眼前冒蹿着热气，侧面的脸圆圆的，鼻子挺得不高，我越过鼻子看见了窗户，外面有一个影子，头部的影子，像是谁在透过窗户观察着我们。我问爸爸，那是谁啊？爸爸撇头去看，然后对那个影子问是谁，可是他不回答，只是盯着我们看。妈妈停下来了，也跟着喊是谁啊。他们轮换着问了好几遍，也没有回答。爸爸把湿脚穿上拖鞋，起身出了卧房，他是走过堂屋打开大门了，我们听见了吱呀声、他在门外的喊声，他一喊，我们发现那个人影子就不见了。爸爸回来了，嘀咕着说好像没人。我们就继续看电视。过了一会儿，那个人又出现了，看着我们。我觉得寒冷，往被子里缩告诉爸爸他又来了。妈妈也缩紧了似的，爸爸提起屋角的扁担，边骂他边出去，我听见门开了他出去吼他的声音，偷眼去看窗户，那个人影就又没了。房东奶奶也是这样，我明明看见她在窗户看着我，看得我感到了多余的冷，我就假装不知道是她地吼是谁啊，她就从窗子里不见了。因为下雪，我说，酒店住客不多，部门奖励每个员工两天的免费房，不要钱啊，我们去住很方便啊。

哦，好吧，里妠说完，我们就没有说什么了。她靠在我的胳膊弯里，我感到她冷，抱紧了一些。六只哈士奇的雪橇是专业的雪橇，不锈钢橇架后面镶着五颗星。协会每天都会发布最新的雪橇型号和乘坐价格，纯哈士奇或萨摩耶或马莱缪特犬的雪橇价格最高，这种被称为阿拉斯加号或西伯利亚号，我们乘的就是西伯利亚号，据说目前只有五辆这种型号的。更少的是阿尔卑斯号，协会保持着亲民的形象，除了代表尊贵的四辆阿尔卑斯号接受高价预订之外，其他所有都是随机滑行于城市各处。我们到达酒店，大约需要花费六倍于出租车的价格，虽然敞坐于细雪寒风之中，但专业雪橇的速度一点也不慢于出租车，我和人们一样不觉得这是昂贵的，反而为乘到专业型号而庆幸。我把这些告诉里妠，里妠哦哦地答应，她已经冻得失语了，我能理解。六根皮带从驾橇人的手中延伸出去，在雪夜飘荡，狗呼出的热气出口即灭，路灯透过雪雨闪烁细光，描摹着某种肃穆、寂静的氛围，独属于雪灾之城。

办理完入住手续，我们进了房间，放下行李，拧开中央空调，里妠去浴室洗澡。去掉大衣和帽子、围巾，我百无聊赖地在房间里巡走，想着今晚将来的事情和可以预见的沉默氛围。我无意识地、习惯性地检查起门廊酒水柜里的玻璃杯，迎光旋看，有一只的水迹没有擦净，我用方巾补擦了一遍。写字台上的火柴数量不够，餐巾纸没有抽头折角，烟灰缸的摆放角度不规范，抽屉里少一只洗衣袋，床头电话线打结未捋顺，落地灯灯泡不亮了，晚安卡洇了茶渍需要更换……我百无聊赖地在便签上记录下来，然后编短信发给阿朱。然后我把灯都关掉，只留一个床头灯，我坐在圈椅里抽一根烟。里妠洗好了，走出来，用小浴巾擦着头发：换你洗了。我走过她身边的时候，突袭抱了她一下，吻了她的耳朵，那被水汽热红了的耳朵，她肌肤的敏感之处，她笑得开心。我进了浴室开始洗澡。中间听见敲门声，我停了一下，好像是服务员送来了里妠要的一样东西，门关了，我继续洗澡。我拿浴巾擦水的时候，抽落了里妠的内衣，弯腰去捡，胸罩湿了一半，我左手拿它甩着，右手去捏取内裤，瞥见了自己打堆的腹部和紧缩短小的阴茎，那些冷漠缩褶的皮肤引起蕴藏很久的无奈和厌倦感，而这感觉又是某种脱离本体的悬浮性的存在，仿佛我感到的东西与我本身是无关的，恍如垂坐于漆铁栏杆内部那水泥墩上的抚摸着自己脱毛的腹部的年迈的冷漠猩猩，既做沉思的表情，也无甚沉思的结论。我紧握内裤，挤出有限的吸水，然后连同胸罩扔在洗手台上。我围上浴巾开始刷牙、剃须、修剪鼻毛、吹头发，对了，为什么她不用吹风机呢？我不知道。过了一些时间，我走出来，看见里妠已经侧躺在床上睡着了？她如蝶分置的腿、敷衍着半裹的浴巾、散开的长发、半拳放在左手心的右手背，像是一个召唤符，内设一套情人间的隐喻规则，杂糅着暧昧的诱导、交合的默许、假寐的欲望、和解的宽容，以及对被入侵的期许。这种状态预示着一种彻底打开的契约，尤以女性的细声在相爱的条款末尾预先签名，仿佛在说，我都已准备好了，全部献给你，你将以什么来交换呢？这狡猾的姿态已经设定好了答案，我无可否定、只可遵行的答案。我遵行它，捡起她的脚趾，以吻前行，以头拱解浴巾，温柔摆放她至平躺的形状，我简省了一点步骤（我判断这是她能接受的范围），从小腿肚跃至微隆的乳房，舔舐凸糟，柔抚凹脐，以手指穿梳她最为珍贵的毛发，探入她的裂缝，那如蜗牛质地的峡谷，散发着不可思议的吸力，设若体外的万物如干燥而磨损人的海崖，那峡谷就是挪威的大旋涡，自我第一次触及它的边缘开始，就将不可挽回地旋行下沉，进入她空旷的身体宇宙，并且再难逃逸。这就是引力的规则。然后那些单调的抽送、女人闭目乏味的激喘、四臂疲劳的互探等等，不足赘述。

我觉得你变了，里姁说，你是不是有什么情况？

我没有，你为什么这么说？

我们做的时候，你不投入，还在想着心思。你在想什么？

…………

我们半年没有见面，你就给我这副死样子吗？凭什么？

没有。

你说谎的时候，我能看得出来。

我没有说谎，我说了什么？

为什么这么快就泄了？

你这让我怎么回答？我也不想啊，最近太累了，昨晚没有休息好，我五点就起床去接你了。

这么说我还得感谢你了？呵呵，我跑几千里路过来就是为了感谢你吗？

你是在迁怒吧。

你是在敷衍吧。我为什么偏要在今天来？坐一夜的硬卧，在他妈的冻死人的时候来，你记得吗？

（我想不出来，今天是什么日子？我根本记不得什么）……

我就知道你不记得。那你知道吗，我受够了你的冷漠和自私，关于我的什么你都不记得，我要你这样的男朋友干吗？

我不可能记得所有的事，你也有忘的时候，你直接告诉我不行吗？

呵呵，你真是太搞笑了，我告诉你？那谁来告诉我？你不记得，我凭什么就记得？

每个人记得的事不一样，敏感的点也不同。

又来你这套大道理，老娘活这么大，还要你来教育吗？我他妈就是犯贱，找你这样不负责任的东西。

……你过激了，冷静一点吧。

冷静？你要我冷静是吗？我这就冷静给你看！

她从床上蹿下去，勉强裹了一下浴巾，拉开门冲了出去。她哭着。乏味、单调的哭，同每一次哭并无不同。哭是另一项契约条款，是此时、此次我不愿意再遵守的条款，或者说，不愿意立即遵守的条款。我拿起烟抽了起来。一支烟需要几分钟？六分钟？那就是六分钟她没有回来。我披上浴巾，塞上拖鞋，打开门，在走廊里往两头看，她不在，她自然不在。我打开廊壁的窗户，雪已掩至自行车棚的半门高度。我注意到窗轨里落积的灰尘，在被窗框和玻璃挡阻而成的半臂高的雪面半透过来的天光下，静落着灰暗的影子。我用手抠赶那些灰尘到框角，然后捏起一撮搓了搓，扔到窗外去。我进了房间，关上门。

我给阿朱打电话，问她有没有看见我房间出去的人，她说没有。她说你没事吧？需要帮忙吗？

周一早上要开部门晨会，我无法去送里妠。不过她说她已经料到了，也不需要我送了。经理在征集部门人员的春节休假需求，简单统计之后，他问，哪些人可以过年值班，算三倍工资哦。我说房务中心我可以值全部班，阿朱说她今年也不回家，可以值楼层全部班。还有三人愿意值班。经理重新排定了班次之后，叮嘱了所有人防寒防冻，祝愿大家归乡顺利，然后宣布散会。我可以回家休假两天，然后就是连续五天的驻店。大雪已经累高到一米以上，主要路面被铲出了大约一米的通道，两边的堆雪也因此高至肩膀。多日不见太阳，空中的降雪构成了奇幻般的雾状的世界景象，偶然看见一两个脑袋在雪面中移动，是一种无法言说的淡然的日常感受。雪橇协会宣布，由于冻伤和事故，协会的雪橇联运业务今日开始暂停。政府疲于除雪和在媒体上对市民做无用的安抚，事实上已从人们的现实生活里销声匿迹了。世界只剩下无尽的大雪和雪盖下无数房间里四百万人的沉默不语。所有人都在等待雪停，等待太阳。所有车辆已被掩埋，玩雪的儿童也不再出现。军用直升机被调用，往数千家超市夜以继日地投放救灾物资。网络中断，通信线路在反复失灵和短暂恢复间表示着存在。雪灾伤亡人数从昨天开始已不再播报，娱乐节目、音乐和广告逐渐恢复和占据电视与广播。

我的钥匙塞不进锁孔。我捧着锁哈气，才能塞进去，再哈气才能拧开，终于打开院门。我走过房东奶奶的房间，仍然没有灯。她门口的凹形雪道表面已经光滑洁白，看来好几天没有走过。我踏过去，发现她的门没有锁上。门扇与木框的"]"形缝隙像是一个黑色的引用，提醒着一些含义，里面渗出细风，比雪再冷一点的空气，我的手搭上门把往里搡一丝，木轴发出的尖叫声摄人心魄，我不能往里张望，我离开门口，回自己的家了。

酒店南楼封楼了，北楼只有两间住客，由小关负责。主楼只住了一间，我和阿朱在主六楼的房务中心值班。深夜两点，我们估计客人已经睡了，就把办公桌收拾一通，清空桌面。阿朱去餐厅借了一架火锅，她拿出准备好的料包、冻菜一一摆在火锅旁边。我们先用锅煮了调料做锅底，我们面对着坐在桌子两边，等水开。阿朱说，现在已经是新年了，新年快乐。

新年快乐。

我们也算是在吃年夜饭哦。

是啊，虽然不是饺子。

你们那儿是除夕吃饺子啊？我都是初一才吃。

现在已经初一了。

哈哈，对啊，新年第一顿，我们吃火锅，也很难忘，对不对。

热气从")"形的锅盖缝钻出来，卷出海浪般的曲线，散失在空气里，某些分子进入呼吸，加热我们的身体，可以微移头部，获得不同湿度和温度的气体，这是一种默默的表情。很安静的氛围，只有火锅发出嘶嘶的响，电话响了，稍微震人一跳，我说，你接吧，阿朱嗯了一声，站起来走到电话边，背对我提起话筒。她说"你好房务中心"，"你好"连成快速的"裒"音，房务中心快成"坊这新"，这是对标准语的简省，可以省一点时间出来。当你一天要接听一百通以上的电话，每个电话的开头都是同样的六个字，这种连通和简省就自然而然形成了。这是我的发音方式，她学得很像很像，她按照着装规范，用发套把委屈盘起的长发笼络在脑后，后颈留下一些松散的出逃的碎发，随性搭放在白衬衫的硬领上。左右肩上，衬衫压着轻隆的高度略为不同的胸衣肩带，右边的肩带沿着蝴蝶骨下滑，在中间的部位旋起莫比乌斯带的线条，那么，这条带从肩膀通向胸部的过程中，一定对应旋起了另一条莫比乌斯，要捋顺它很容易，一根食指，从背后挑起它离开皮肤，往肩上滑，到肩膀的时候，为了让翻转变柔和，手指就落低贴在皮肤上，在肩带和肩膀的夹缝中越过肩顶、路过锁骨时，就完成了归位。但我没有停下来，继续往下滑动，慢速并再次挑起带子，会让胸罩略为提起，这一扇右乳也被微微上托，触动了她，她等着被触动所以这一刻长出一口气，脱了气她就软弱了，瘫在我双臂环抱中，我绷着的上唇抚摩她精巧干净的耳郭，我的鼻息掩盖了外部杂响，灌进她耳朵里，她只能听见我。她听见的如同海啸，在被撞毁的危机中发抖，尤其夜晚的风暴自然会催生一个人内心的抵挡，她情感中回旋的声响不只是我，还有激浪中碎落的桨，秋风萧条围绕的木屋，在门缝啸叫而入的气流中扣上纽扣，家人的呼唤，晚餐敲击木桌的光彩，在草地奔跑的自由，逃离闹市人流的忧郁，对不齿的秘密所保持的沉默，归乡的冲动，被大雪围困的安宁，见一个亲密朋友的乐趣，保持距离以让喜爱自己的人处于焦虑并在这焦虑的电流中发笑，平凡的骄傲，不说话以掩藏的自卑，对未来生活的理想方式的出神，在诱惑中的迷惑，关键的迷惑，记忆中构成多米诺平衡的职责感，未完成的事情，不情愿而必须捋顺的缠绕的电话线，一个深具象征意义的夜晚，一种从头开始的刷新生活的愿望，对情人不堪的历史的拒绝，关键的拒绝，痒，关键的痒，静电刺入皮层的疼痛……她自己已成为一场复杂的风暴，以风暴对抗风暴，她说，等一下，客人刚才要了一个东西，我先送过去。要了什么？要一个避孕套。

我等着火锅的沸腾，以便开始加入食材。我不等着阿朱回来，这是不需要的。

第一次知道雪洞，是初四早晨下班的路上。在酒店待了五天，我仍然不想回家，可能是因为空调？总之我不太情愿地走。我和阿朱、小关一起走出酒店大门，在高过头顶的雪道中走，各有因雪而来的莫名快乐。十四天没有停止，落雪已经成为非常安稳的生活事件。云灰色的天空，极其耐心、沉着地降着无穷的白色物质，均匀、持久、温和，具有一种和海水经年淘洗砂石一样的坚固感，不过，雪所做的不是侵蚀而是掩盖，以它由细节构成的隐形巨手，如同在地面上一层层地涂抹白漆般，一点点刷新这一粒星球。十四天对于它来说，应该是短短一瞬，它拥有很多时间，和足够的冷静，我隐隐感到，它只是开了个头而已。它已经用庞大的安静消灭了城市人群不可一世的喧嚣，我还能记得一点这些喧噪，存在于四时不休的人流、嗡嗡低语的大型超市、从马路尽头源源不绝涌出的汽车、无线电波精力旺盛的聒噪、为公共事件而议论纷纷，甚至每一张夜床上蹩脚的鼾声与呼吸，雪的冷淡影响了城市这个脏器皿中的人类布朗运动，而这一切只是个开头而已。

在十字路口我们分别，我往北继续走，大约一百米，右前方出现一个雪洞。洞的忽然显现，让我不自觉地记起了河边的爱丽丝，我猜想大约三种原因让我们这么记起：无穷的草叶在英国的下午风中闪烁/无穷的雪花也在天光下闪烁，兔子洞意外地突现/雪洞意外地突现，爱丽丝必将坠入其中/我必将走入其中。我假设着自己，带着兴奋感和探求欲，却如爱斯基摩人一样故作镇定地走入顶部莹白、底部灰暗的雪窟，但我立刻意识到，阿拉斯加的通行道是建立在雪面之上的，他们的屋宇由晶莹剔透的冰砖建筑，而且他们燃起火堆，不会有不合时宜的灰暗。而我的下半身，却如没入水下一样没入冷凝的黑暗之中。在雪中生活，我们毕竟不如爱斯基摩人熟练和镇静。

我继续往深处走去。

雪洞的传闻，早几天已经听到过，但是小关在说它的时候，也说了无人知道其来源，我们三人便围着火锅各自抒发着猜测：政府暗中建造的秘密通道，但用途是什么呢？艺术家们的疯狂行为，但是其错综复杂和规模之大又不像是少数人能做到的？外星人的阴谋，先降雪再挖洞，干神秘的事情？喜马拉雅雪人的杰作？红十字会的救援工程？政府建的疏散通道，为了把这个城市的人送到外面去？我反驳阿朱说，你太天真了，如果真是这样，他们早就大肆宣传了。阿朱说，你怎么知道没宣传，你又没看到新闻，我们现在都看不到新闻了。小关表示赞同。我说，不可能，几百万人，太多了，救不完的，通到外面的所有交通早就封掉了，要救人还不如用直升机。我们便开始讨论起直升机救援的可能性。我却在阿朱间或出神地扫视我的眼神中出神了，只剩小关一个人在滔滔不绝。这样的谈话无非聊胜于无的臆想而已，火锅下面的酒精燃尽了，翻滚的泡沫平息下来，热气不再蒸腾而出，小关最后说累了，将双膝抱起，缩在沙发上睡着，阿朱起身关了灯，便侧头靠在我的膝盖上，握着我的手大约闭起眼睛，这是她单方面的默契，虽然面对的是一个睡者，但当第三人存在时，我仍然无法接纳任何亲昵的动作。我在犹豫如何拒绝阿朱的倚靠，却在犹豫中，在注视着窗外路灯映照出的细密不绝、无休无止的雪花纷然的寂静中，放弃了做任何动作的想法，我知道，她会将此理解为双向的默契、共守的

条约、我已因为爱而接纳她的默许，并在这误解的歧途上
持续前行至未来某一个必将出现的悲伤时刻。姑且在那时
刻到来之前，在这无止境的白色灾难之中，静静等待吧。
我这么思索着，也驰然地陷入梦境。

　　雪洞的直径不大，只比我高出一个头颅而已，所以脚
下明显地在渐深而不可视的阴影中触出了洞底的弧面，是
以我必须双手伸展，像高空走索人一样以防失去平衡时无
支撑地跌倒。好在这种危险并未出现，很快，我就适应了
在弧面上走路的状态，我的双手重新插入大衣的口袋里。
时而我仰头观察半透明的弧状的顶部，时而我远看在前方
逐渐弯曲而失去尽头的通道，在这交错里，时而我也想象
若有人在我头顶上走过，会不会踏穿洞顶而落在我的面
前、我的身后、我的头上，不过稍微冷静一想，便知道这
是不可能的，首先，如今已经没有什么人会出门了（除了
去附近超市领取救灾物资），即便出门，也不会在深不知
底的雪面上走路，这显然比深不知底的水更危险，因为就
算全城的人都会游泳，却绝无一个人会在陷入雪中时游动
丝毫，就像你不可能在沼泽里游泳一样。于是我在心中将
这压住城市的事物称为雪沼，而我，正在雪沼的内部缓慢
穿行。

　　在转过一个几乎九十度的拐弯的时候，远处飘来一个
穿着蓝色衣服的身影，在其趋近我的过程里，我看不到他
/她隐没在阴影中的下半身，但那逼近的速度，和浑浊中
传来的交叠的粗喘——不难分辨是狗的粗喘——让我很容
易判断出，正是一驾飞速的雪橇在送她而来——是的，在

我惊恐于无法避让对方的时候，我分辨出了她是一个长头发的女子，这时，她便喝出了高亢的声音，刹住前进的惯性，四只我不辨其类的黑色大犬停在我颤抖的腰身前，最近的两只几乎贴身并立，昂起头盯着我，突出的舌片一股股喷着热气，热气撞在我的裤子上散佚不见。她，显出了较我更多的惊讶表情，并语气生硬地喝问我是谁，为什么在这里。我说回家的路上看见这个洞，就好奇地进来看看了。她说不可能，洞口是隐蔽的，不可能随便就遇到，你到底是谁，来干什么。我说我没有骗你，真的是这样。我一边说，一边傻瓜般回头做着无用的比画，我的笨拙动作并非因为惧怕她的质问，而是迫于我不知道其攻击性有多大的黑犬。好在她渐渐理解和接受了我的说辞，不再纠结于我可能存在的恶意，并示意我不该在此出现，这雪窟不可能抵达我要回去的地方，我应该折返回头，离开这里，而且，如果我这么做的话，过不多久，就将面对越来越多的岔道并不可避免地迷失其中，如果没有地图，没有人能走得出去，她说，你快回家吧。

但我没有家能回了。

为什么？

房东奶奶已经失踪了，而且早就停电了，我的屋子里没有空调，就算有空调我也回不去，因为我住的地方已经被雪压倒了，连房东奶奶可能都被压死了，我已经没有家能回了。

但你刚才说你是在回家路上进来的，要是没有家，你怎么会回家呢？

我只是往那个方向走，我本来就想着，能遇到一个待着的地方就待在那里，等雪停了再说。所以我才会进这个洞，我以为里面有能待着的地方。

我知道你一直在骗我，不过无所谓，如果你不听我的劝告，那就继续往前走吧，而且，你要做好心理准备，雪是不会停的，他们说，至少一百年都不会停，那时候，你早就死了，我也早就死了，所以无所谓，你爱走就走下去吧。

他们是谁？他们凭什么知道雪不会停呢？

他们之前是雪橇联运协会，现在是什么也无所谓了，他们已经住到雪下面来了，他们说从现在开始，人们就要学会在雪下面生活。

你怎么知道的？你也是他们的一员吧？

我是可怜这些雪橇犬才帮他们的。你不知道上面的人在捕杀一切能吃的动物吗？他们已经吃够了袋装食品。我只是帮协会照顾这些雪橇犬，我做过兽医，我自己也养狗，我知道怎么照顾它们。

所以，雪洞是协会挖的？

不是的，雪洞本来就在，自从下雪开始，雪洞就逐渐有了，没有人挖，至少没有人承认挖过，也没有人看到别人挖，所以他们说，雪会一直下的，雪洞也会一直生长下去。

你好像什么都知道。

我还知道你是谁。

我是谁？

你是那个酒店的服务员，你跟着我，带我去一个堆着毛巾的房间，你和我做爱。

原来是你。我仔细回想她的样子，发现，她的确就是这个样子，只是穿了蓝色的衣服，我却一下子没有认出来。真的是你。

是我，谢谢你。

为什么要谢我呢？你后来怎么走的？我完全找不到你了。

无所谓吧，你本来也没想过要再找到我。不过，不管你来这里想干什么，我还是相信你不坏，那就与我无关了，你想走，就走下去吧。

她说完示意我让一下道路，拍了拍连接着黑犬颈部的绳索。我急忙说，我还不知道你叫什么，我到哪儿能找到你？

她没有停止离开，也没有回头，但她说她叫李娜，她说我是找不到她的，然后，就在我全身贴着洞壁而弯曲的姿势下，迅速驶离，消失在漫长的我来向的雪洞深处。

我别无他法，只好继续往里面走。果然，正如她说的，第一个岔道开始出现，不久后是第二个、第三个、第四个，一簇簇的更多个，有的水平岔向左或右或左前或右前，有的则岔向更深的地下或向斜上方蔓延而去。在我无逻辑地随机选择若干次之后，我明白，我已经不可能再找到回去的路径了。不知道走了多久，也许半天？也许更久。在此，我只能通过饥饿感来判断大致时间，在我熬过了三波越来越长久的饥饿感之后，在无论朝哪个方向延伸都保持着顶部半透明、底部昏暗的无尽头的雪洞之中，我终于走入了第一个雪沼内部的空阔处，那是一个大约五百平方米的椭圆形雪厅，沿着雪厅弯曲的周壁密布着上百个通向各个方向的洞口，犹如被空间弯曲而拉伸呈闭环的蜂窝的表面，让任何试图通过判断方向来进行入口选择的想法都变得毫无意义。我便漫然地往雪厅中央的一小块隆起的雪堆走去。当我四肢并用艰难地爬上冻结坚硬的雪坡时，看到了第一批生活在这里的人：两个光头的小男孩（七八岁的样子）、四个蓬头垢面的大人（一男三女）、一个老妇。他们正围坐在一块用凝结的雪块拼搭的圆桌周围的雪地上，身边趴伏着三只狗，一只小黑白斑点狗、一只棕色的成年腊肠犬、一只说不上来品种的满身黑色长毛的巨型犬。狗和人一律举头望着我，除了那个老妇人，她仍然半低着头，仿佛正盯着雪桌中央冒着热气的火锅。我笨拙地打了个招呼："嗨，你们好，我路过这里，想讨点吃的。"似乎过了好几分钟那么漫长的时间之后，那个老妇人也如电影慢放的镜头般缓缓抬起头来面对着我，我立刻认出，她就是失踪了的房东奶奶。我已经记不清最后一次见到她是哪一回，是那天上午我铲雪准备出门时缩回门洞里的那张模糊面孔吗？是我起夜时瞥见窗外走廊里侧立注视着我的朦胧身影吗？是里妈走后我回去时坐在院子里生火的佝偻的轮廓吗？是那天清晨在院子里呼唤丢失了的土狗的沙哑声音吗？是将一盆污水泼在我们门口而后又快速消失的枯白的手吗？是院中雪层上新踩出不久并渐渐被雪花再度填满的窄小的脚印吗？我只能确定，最后一次肯定在这场大雪中的某一天发生。在年初二早晨让阿朱顶班，我自己回家去取一本书的时候，穿过迷宫般的雪路我置身于巷口院门前的时候，她已经不在那个房子里了。她的儿子们四五个挬带着不足数的妻子和孩子在门口的雪地上叽叽喳喳地争论着我听不懂的内容，我穿过透明的间隙看见，那五间平房塌陷在院落尽头的台阶上，隆起各不相同、大大小小、尖尖凸凸的被雪床雕琢出的复杂形状，我自己那一间已完全成为一个白色废墟，而她那一间的那扇曾遮挡着永久黑暗的内室的木门，却仍孤零零地矗立着，仿佛在倒塌的惊愕中还没有明白过来自己应该扑倒的命运，仿佛它曾掩护着的黑暗已经被白雪抹平的现实让它失措得忘记做出反应，我和她的子孙们怀着各自的心绪最终一致注视着那扇门，在漫天雪花中陷入不自觉的沉默。后来，我重新惦记起我的书，并想象到，它们已经在重压之下变形，已经在寒冻和潮湿之下毁灭。我竟意外地失去了惦记，我想不出那片废墟里还有什么别的事物值得取出来，我在记忆中默数那些日常里的平凡物件的名字、颜色、触感、被使用时的声音等等此类之时，她寡淡破旧的竹椅和被她迟缓地坐出来的吱呀声、她每天黄昏时会用深绿色抹布擦上几遍的小杉木桌子、桌子上静置的两三个带蓝色边线的大瓷碗、碗边那贴满厚厚的无尽层数指纹的玻璃小酒杯、杯旁默立的被粗糙皮肤摩挲得发光的小号金属行军酒壶、从桌面上或者无牙的瘪嘴唇间夹取剩骨（往往还牵连着许多肉质）的尖头已经发黑的木筷子、仰头张嘴接住筷子抛出的剩骨肉的与她几乎同样衰老的土狗、狗尾摇摆着扫撞其上而发出颤动和吱呀声响的阻挡室内黑暗溢出的沉默木门——正是此刻矗立在我们那群人面前的那一扇——等等诸如此类的事物，涌入我默数时的记忆和脑海，以更加清晰无误的声色味形淹没了我对自己曾拥有的物件的印象，从这印象的深度来说，我和她的子孙们在院门口注视她曾生活的遗迹那一刻，恐怕才算是我最后一次见到她吧。

我再次被动地打破沉默，对她喊出一句"奶奶，你也在这里啊"，他们和狗便陆续低下头，重新关注起雪桌面上的火锅。在我犹豫着是否可以滑下去，坐在他们身边的时候，房东奶奶又一次慢慢抬起头，以哑嗓门对我说："你饿吧，我知道，雪下得太久了，下来一起吃。"我从那个秃了一半头的男人手里接过一双筷子，发不出语言，与他们默默吃起来。火锅里竟然可以夹出肉块，咀嚼中却发现没有一丝盐味，但肉质韧滑，几乎能肯定是狗肉……

后来，我便在那个雪厅里生活了一段日子。

地球仍在转动，半透明的雪晶构成的穹顶阻挡了我们射出去的视线，却没有阻挡日夜交替的光照变化，我们仍然保持着在黑暗中睡眠、在光亮中饮食和排泄的习惯。大约每隔三天，那个男人就会带着黑毛巨犬在天亮时钻入某个雪洞，天黑前回来，有时候带着食物，有时候带着一些陌生人和奄奄一息的狗，他们以照顾、救护那些狗换取食物。我曾经很期待李娜再次出现，但是直到我在几个月后离开雪厅，也没有见过她。在那个没有天空——对于那样一种整日落着雪花的天空，有没有，似乎也毫不重要——的雪沼深处的世界里，我经历好几年的游历，后来，我也成为协会的护犬人，拥有自己的雪橇，在无尽蔓延的雪洞中滑行。我们那些人，相互间很少说话。我不知道那些岁月算不算是世界末日的一种，如果算是，那它就是一种超出了我们想象力的末日，它来得如此安静，也让这个城市的四百万人和数十万建筑和数以亿万计的物件寂静地失踪了，没有大逃亡，没有大恐慌的蔓延，没有彻底的饥饿，没有什么意外死亡，唯有无数的、无数的雪花，从米粒大小到手掌大小的雪花，极其耐心地一丝丝地将我们生活之间的空隙填满，以此隔绝了每一个人。真正的末日也许就是这样难以解释，又形式简单，就像我们始终没有弄清楚雪橇联运协会的那看似简单的存在和组织方式的背后，到底是什么样的力量在源源不断地输出永远不缺的病弱的犬类和狗肉，以及，既然给狗肉，为什么又不给我们食盐，以及，雪将在什么时候停下？真的是一百年之后吗……

图书在版编目（CIP）数据

雾岛夜随 / 不流著 . -- 成都 : 四川文艺出版社，
2020.1

ISBN 978-7-5411-5531-4

Ⅰ.①雾… Ⅱ.①不… Ⅲ.①短篇小说—小说集—中
国—当代 Ⅳ.① I247.7

中国版本图书馆 CIP 数据核字 (2019) 第 253123 号

本书中文简体版权归属于银杏树下（北京）图书有限责任公司，并由其授权出版。

WUDAO YE SUI

雾岛夜随

不 流 著

出 品 人	张庆宁
选题策划	后浪出版公司
出版统筹	吴兴元
编辑统筹	朱 岳　梅天明
责任编辑	陈雪媛
特约编辑	孙皖豫
装帧制造	墨白空间·陈威伸
营销推广	ONEBOOK
责任校对	汪 平

出版发行	四川文艺出版社（成都市槐树街 2 号）
网　　址	www.scwys.com
电　　话	028-86259287（发行部）　028-86259303（编辑部）
传　　真	028-86259306

邮购地址	成都市槐树街 2 号四川文艺出版社邮购部 610031
印　　刷	北京天宇万达印刷有限公司
成品尺寸	130mm×210mm　　　　开　本　32 开
印　　张	5.5　　　　　　　　　字　数　100 千字
版　　次	2020 年 1 月第一版　　印　次　2020 年 1 月第一次印刷
书　　号	ISBN 978-7-5411-5531-4
定　　价	36.00 元